马来西亚的印度人及其历史变迁

罗圣荣 著

中国社会科学出版社

图书在版编目（CIP）数据

马来西亚的印度人及其历史变迁／罗圣荣著 . —北京：中国社会科学出版社，
2015.8

ISBN 978 - 7 - 5161 - 4923 - 2

I. ①马…　Ⅱ. ①罗…　Ⅲ. ①印度人—移民—研究—马来西亚　Ⅳ. ①D733.838

中国版本图书馆 CIP 数据核字（2014）第 228884 号

出 版 人	赵剑英	
选题策划	郭沂纹	
责任编辑	郭沂纹　安　芳	
责任校对	芦　苇	
责任印制	李寡寡	

出　　版	中国社会科学出版社	
社　　址	北京鼓楼西大街甲 158 号	
邮　　编	100720	
网　　址	http://www.csspw.cn	
发 行 部	010 - 84083685	
门 市 部	010 - 84029450	
经　　销	新华书店及其他书店	

印刷装订	三河市君旺印务有限公司
版　　次	2015 年 8 月第 1 版
印　　次	2015 年 8 月第 1 次印刷

开　　本	710×1000　1/16
印　　张	15
插　　页	2
字　　数	256 千字
定　　价	48.00 元

凡购买中国社会科学出版社图书，如有质量问题请与本社联系调换
电话:010 - 84083683

序

马来西亚是东南亚的一个重要国家，也是一个多民族国家。由于地域和历史的联系，马来西亚成了中国和印度两国移民的目的地之一，移居马来西亚的华人和印度人也成了该国两大重要的民族群体。在中国的东南亚研究领域，由于"血比水浓"，人们对华人的研究已经非常深入，成果已是汗牛充栋。但是，对东南亚另外一个著名的外来移民群体——印度人，我国学术界给予的关注还不是太多，对于他们的研究可以说才刚刚起步。因此，罗圣荣博士的这部《马来西亚的印度人及其历史变迁》，是对我国学术界在这方面相对薄弱的研究的一个推进。

罗圣荣是我所带的博士生，这部专著是在其博士论文的基础上稍加修改而成的。记得在商讨选题时，我考虑到马来西亚是一个多民族国家，华人和印度人是该国两大重要的外来移民群体，他们与当地的马来人共同构成了今天马来西亚的三大主要民族。他们对马来西亚的社会、经济和文化的发展都作出了重要贡献，但与当地主体民族马来人的关系都存在着一些问题，这两个移民群体非常值得关注和研究。而我国学术界对华人的研究已经很多，但对该国印度人群体的研究却相对薄弱，这是一个很好的切入点。同时，罗圣荣具有较好的英语基础，可以较为充分地利用国外的资料和相关研究成果。所以，我们最后决定把这个问题作为他博士论文的选题，几经努力之后，他最终独立撰写完成了他的博士学位论文，也就是现在的这部专著。

罗圣荣博士的书中所说的"印度人"，主要是指英国殖民统治时期从英属印度移居到今天的马来西亚境内各地的各个民族群体。作者利用所收集到的国内外文献资料，在前人研究的基础上，对今天定居在马来西亚的印度人的由来及其在历史上各个时期在今天马来西亚各地的发展进行了较为系统的梳理，并对他们在当地各个时期发展的情况，包括人口数量的变化、族群和宗教构成、职业分布、面临的问题进行了较为深入的分析，还专门把今天马来西亚的印度人同该国的华人群体进行了比较，并对这些问题都提出了自己的见解。

　　总的说来，这是一部对马来西亚的印度人及其历史变迁进行较为系统的研究的专著。虽然作者对相关问题的分析还谈不上深入，在相关的理论方面也还谈不上有更多的创新，但是，我仍然认为，这部著作还是从一个新的视角把我国对东南亚历史和现状问题的研究，特别是对马来西亚历史和现状问题的研究向前推进了一大步。

何　平

2014 年 6 月

目　录

前　言 ……………………………………………………………… （1）

绪　论 ……………………………………………………………… （1）
　第一节　本选题的由来及意义 …………………………………… （1）
　第二节　国内外研究现状及本书创新 …………………………… （4）
　　一　国内研究现状 ……………………………………………… （4）
　　二　国外研究现状 ……………………………………………… （12）
　　三　研究的现状评析 …………………………………………… （20）
　　四　本书的主要创新之处 ……………………………………… （21）
　第三节　研究框架与研究方法 …………………………………… （22）
　　一　研究框架 …………………………………………………… （22）
　　二　主要研究方法 ……………………………………………… （22）
　第四节　相关概念与说明 ………………………………………… （23）
　　一　民族、种族和族群 ………………………………………… （23）
　　二　关于印度人 ………………………………………………… （24）
　　三　马来亚与马来西亚 ………………………………………… （26）
　　四　"邦"与"州" ……………………………………………… （26）

第一章　马来西亚印度人的由来 ………………………………… （27）
　第一节　英殖民统治前马来亚的印度人移民 …………………… （27）
　　一　1511 年以前马来亚的印度人 …………………………… （28）
　　二　1511—1784 年马来亚的印度人 ………………………… （34）

第二节　英属马来亚时期的印度人移民 ……………………………（38）

　　一　英属马来亚时期印度人移民马来亚的原因 …………………（38）

　　二　英属马来亚时期印度人移民类型与过程 ……………………（47）

　　三　英属马来亚时期印度人人口的变化 …………………………（60）

　小　结 ………………………………………………………………（66）

第二章　英属马来亚时期的印度人 …………………………………（67）

　第一节　战前马来亚的印度人社会结构分析 ………………………（67）

　　一　印度人社会结构分析 …………………………………………（67）

　　二　劳工社会与非劳工社会 ………………………………………（72）

　第二节　战前马来亚印度人的文化教育 ……………………………（101）

　　一　印度人的教育 ………………………………………………（101）

　　二　印度人文化的移植 …………………………………………（104）

　第三节　第二次世界大战期间马来亚的印度人 ……………………（105）

　　一　第二次世界大战期间马来亚印度人的民族主义运动 ………（105）

　　二　马来亚印度人民族主义运动对印度人社会的影响 …………（114）

　第四节　战后马来亚印度人社会的转型 ……………………………（116）

　　一　马来亚印度人社会转型的原因分析 …………………………（116）

　　二　马来亚印度人社会转型的过程 ………………………………（118）

　小　结 ………………………………………………………………（128）

第三章　独立及马来西亚建立以来的印度人 ………………………（129）

　第一节　独立以来马来西亚印度人的政治 …………………………（129）

　　一　独立后印度人的政治选择 …………………………………（129）

　　二　独立以来印度人国大党及其角色分析 ……………………（136）

　第二节　独立以来马来西亚印度人的经济与就业 …………………（140）

　　一　独立以来印度人的经济状况及其贫困问题 ………………（140）

　　二　公民权与印度人的就业 ……………………………………（148）

　第三节　独立以来马来西亚印度人的文化 …………………………（152）

　　一　国家整合下的印度人教育 …………………………………（152）

　　二　伊斯兰教复兴运动对印度人宗教及其社会的影响 ………（159）

第四节　独立后马来西亚的印度人穆斯林的认同问题 …………（163）

　　一　马来西亚的族群边界缘起及其发展 ……………（164）

　　二　新经济政策与印度人穆斯林的认同 ……………（167）

　　三　族群政治与印度人穆斯林的认同 ………………（170）

小　结 ………………………………………………………（174）

第四章　马来西亚印度人与华人社会的比较 ………………（175）

第一节　印度人与华人社会基本情况比较 …………………（175）

　　一　印度人与华人社会人口及分布比较 ……………（175）

　　二　印度人与华人社会影响力比较 …………………（178）

　　三　印度人与华人社会差异性分析 …………………（180）

第二节　印度人与华人社会的认同比较 ……………………（185）

　　一　印度人与华人社会对本族群文化认同的比较 …………（185）

　　二　印度人与华人国家认同转变的比较 ……………（187）

第三节　马印族群关系与马华族群关系比较 ………………（191）

　　一　马华族群关系回顾 ………………………………（191）

　　二　马印族群关系回顾 ………………………………（192）

　　三　马印族群关系与马华族群关系比较 ……………（194）

小　结 ………………………………………………………（197）

结　语 …………………………………………………………（198）

附　录　评《马来西亚印度人的历史、问题及其未来》…………（201）

参考文献 ………………………………………………………（205）

表格索引 ………………………………………………………（220）

后　记 …………………………………………………………（222）

前　　言

　　移民社会是当今世界一种常见的社会生态，由于外来移民与本土族群在族群渊源、体质特征、语言文化乃至群体利益诉求方面的差异，由此导致的政治认同问题（国家认同与民族认同之间的差异）是外来移民和本土民族之间冲突与融合的主要问题，这对外来移民甚多的东南亚地区而言尤为如此。外来移民和本土族群的融合与冲突，是东南亚多元社会生态的一大特点。如何才能更好地解析东南亚地区这种常见的社会生态现象，厘清这些问题的根源，从社会发展的观点来看，需要从历史的角度来追溯东南亚各个移民社会形成的原因和过程，分析其社会变迁的动力。

　　"东南亚"是指亚洲东南部地区，包括越南、老挝、柬埔寨、泰国、缅甸、菲律宾、马来西亚、文莱、新加坡、印度尼西亚、东帝汶等11个国家。该地区人口众多、资源丰富、幅员辽阔，北接东亚大陆，南望澳大利亚，东濒太平洋，西临印度洋，西北与印度、孟加拉国相毗邻，是连接亚洲和太平洋、太平洋和印度洋的桥梁地带，具有举足轻重的战略地位。但在殖民统治前，因为整个东南亚地区人烟稀少，加之特别适宜农耕时代的气候条件、独特的地理位置，交通相对便利，故而成为众多外来移民群体的向往之地，东西方文化在此交相辉映，多元文化遂成为当今东南亚地区的一大特色。自有确切的史料记载以来，东南亚地区就吸引了邻近的东亚华人、南亚的印度人不断迁徙至此定居，甚至远在西亚的阿拉伯人、欧洲大陆的欧洲人也在此流连忘返，留下不少后裔。由此，东南亚地区初具本土文化与外来文化并存的复杂多元复合社会的雏形。不过，由于当时的移民人数相对较少，多元文化的特点在殖民时代之前并不突出，只留下一些多元文化的历史印记。殖民时期的大规模移民活动，则从根本上改变了东南亚地区固有的相对单一的民族社会结构，为当今东南亚复杂多元的社会生态奠定了人口基础。

从 16 世纪初到 18 世纪末为东南亚的早期殖民时代，由于当时西方资本主义发展尚处于资本原始积累阶段，殖民活动普遍是以商业资本为基础的。因此，早期的殖民国家在东南亚地区普遍奉行重商主义，争夺对香料产地的控制和垄断海上贸易，是他们在东南亚殖民活动的基本内容。因此，东南亚早期的殖民时期并未引发大规模的移民潮。不过，到了 18 世纪末，随着工业革命的兴起，以工业资产阶级为代表的新一代资本主义新生力量很快就超过了商业资产阶级的力量。东南亚的殖民主义在工业革命的推动下迅速进入东南亚殖民主义发展史的第二阶段。以商品输出为主要特征，重商主义政策已被自由竞争的经济政策所取代。这一时期，欧洲殖民者通过殖民征服战争或政治欺骗等手段，逐步将大部分东南亚地区纳入殖民统治的版图。东南亚国家在经济上成为西方殖民列强的商业市场、原料产地，政治上的独立和主权日益丧失。从 19 世纪后半叶开始，东南亚地区便开始卷入世界资本主义市场。这一时期虽然东南亚地区的移民显著增多，但仍未达到足以改变东南亚地区人口结构的程度。不过，随着殖民资本的不断倾注，东南亚地区为吸引大量移民开始积聚最为原始的移民动力——经济动力。

工业革命后，随着资本主义的不断发展，从 19 世纪末至 20 世纪 40 年代，资本主义的发展已经进入一个新的阶段——垄断资本主义阶段，以资本输出取代商品输出成为垄断资本主义的主要剥削手段。东南亚地区已经完全沦为西方各殖民宗主国的商品市场、原料产地和投资场所。在西方资本主义经济的强力冲击下，各殖民地的主权丧失，东南亚地区封建的自然经济开始趋于解体，资本主义经济在东南亚地区萌芽。此时的东南亚已完全纳入资本主义世界的经济体系，东南亚各国基本上完成了向半殖民地、半封建社会形态的转变，其社会结构发生了深刻的变化。事实上，东南亚地区除了政治上日益殖民地化外，在社会人口结构上，移民在东南亚各国人数明显增加，并且具有了比较显著的地位和社会影响力。东南亚地区的人口从 1870 年的 5500 万人迅速增至 1940 年的 1.45 亿人，70 年的时间共增加了 9000 万人口，约为 70 年前的 2.64

倍。这种人口数量的倍增，外来移民在其中占了相当大的比例，东南亚的移民社会已经具备一定的规模。第二次世界大战后，由于东南亚殖民地国家相继获得独立，移民社会也日趋本土化，但外来移民与本地族群在经济利益、政治诉求、文化教育方面的分歧，成为二者之间矛盾与冲突的导火索。也正因如此，移民和本土民族的矛盾与冲突为第二次世界大战以来东南亚各国的复杂族群关系（如马来西亚、印度尼西亚、缅甸）增添了一个影响至今的关键因素。

在东南亚的移民社会中，印度人是仅次于华人的第二大移民群体，其分布遍及东南亚地区的每一个国家。长期以来，由于血缘、文化和地缘等因素的天然联系，我国国内对东南亚移民社群的研究主要集中于华人社群，不仅研究热忱一直方兴未艾，研究成就也可谓硕果累累。相对于东南亚地区华人社群研究的方兴未艾，中国国内对东南亚印度人社群的研究则明显热忱不足，几乎无人问津。随着印度的崛起，印度政府越来越多地关注印度移民的生存与发展状况，世界各地印度移民的影响力，也不断引起印度政府的注意。印度政府为加强与世界各地印度移民的联系，吸引他们的投资，近来甚至取消了独立以来一直禁止的双重国籍政策，为世界各地的印度移民拥有双重国籍大开绿灯。世界各地的印度移民的国际影响力由此可见一斑。由于中印同为21世纪亚洲颇具影响力的新崛起的大国，无论是媒体还是学术界都常以龙象之争来比较中印，这种比较也自然延伸至海外华人与印度人的比较。因此，世界各地的印度移民不仅激发了印度本土对世界各地印度人（尤其是东南亚印度人）的研究热情，也自然激起中国学者对世界各地华印移民影响力之比较的研究兴趣。东南亚地区作为海外印度移民最多的地区，与印度仅一水之隔，印度与东南亚印度人社会之间的相互影响最大，东南亚的印度人社会因此受到国内外学者的更多关注。

在整个东南亚地区，马来西亚是东南亚印度人人数最多的国家。印度人在马来西亚的由来与历史变迁，为东南亚印度人社会之代表。本书选取东南亚地区中最具代表性的马来西亚的印度人为研究对象，主要从马来西亚印度人的由来、英属马来亚时期的印度人、独立及马来西亚建立以来的印度人以及马来西亚印度人与华人社会的比较等四个维度来对马来西亚印度人社群进行个案性的研究，以利于读者从历史与现实的双重视角来了解东南亚的印度人社群历史由来及其变迁，并通过与同属移民社群的华人社群相比较，以帮助读者更好地了解东南亚地区复杂多元的社会生态。

回顾马来西亚（东南亚）的印度人历史，马来西亚印度人的由来大致可以分为两个阶段：英殖民统治之前和英殖民统治期间。在英殖民统治之前，马来半岛就已发现印度人活动的印迹，以至部分学者认为早期的马来半岛和东南亚其他地区曾经有过一段辉煌的"印度化"时代。虽然此说法证据不足，尚存争议，但早期的印度人对马来半岛的影响力由此可见一斑。尽管如此，在英殖民统治前，马来西亚的印度人并不多见，造成今天马来西亚乃至东南亚印度人众多，则主要系英殖民时期从南亚次大陆大规模移入的结果。

虽然殖民统治下的印度人在经济上获利匪浅，但总体上仍然摆脱不了在西方殖民统治下被剥削奴役的命运。在英国殖民统治者的刻意安排和压制下，印度人参与当地政治意识淡薄，客居意识强烈，鲜有扎根意识与之相对的是，这些印度移民绝大多数心系母国，热衷关注印度政治局势，这种对母国强烈的政治与文化的情感依附进一步强化了印度人与本土民族的疏离感。忽视殖民地的政治参与，殖民统治时期虽然有不少有识之士已经意识到这个潜在的问题，但在狂热的爱国热忱之下，这些问题都暂时得以掩盖。但掩盖并不意味着问题已不存在。第二次世界大战后，印度和马来西亚的政治形势发生巨大变化，无论是马来西亚还是印度，都不承认双重国籍；而土生的马来西亚印度人也逐渐在人数上占了优势，对于他们而言，马来西亚已是故土而非客土，历史的天平促使印度人慢慢地从"漂泊"向"根植"位移。马来西亚的印度人在内外因素的作用下，开始其命运的重大转变。从第二次世界大战后到马来西亚独立，马来西亚的印度人完成了由移民社会向定居社会的转型，并完成了政治认同的转变，蜕变成今天的马来西亚印度人（族群）。

不过，尽管独立后的马来西亚印度人已臻本土化，对当地的政治认同上也逐步深入，但在马来人几乎垄断政治、独揽大权的前提下，无论是在政治诉求、经济利益分配，还是在文化教育或就业优先方面，都受到马来人炮制的土著与非土著"二元论"的压制和困扰。处于马来西亚第三大族群的印度人社会逐渐陷入边缘化的境地。

作为马来西亚的两大移民群体，马来西亚的印度人与华人在历史上有许多相似之处，但这两个移民群体无论是在社会结构、政治影响力、政治认同方面，还是在与马来人的族群关系方面都存在较大差异。华人比较严密的社会结构、族群观念与印度人比较松散的内部联系、淡薄的族群意识形成鲜明的对比，印度人甚至因为族群内部宗教的差异（印度教与伊斯兰教）而内部发生分裂，以至在独立后两者的发展境遇几乎无法相提并论。

本书主要是针对马来西亚印度人历史由来及其历史变迁的研究，这种研究有助于读者从另一个侧面解读马来西亚多元社会形成的历史和复杂的政治生态。虽然独立以后的马来西亚一直在为构建一个马来西亚现代民族国家而奋斗，历届马来西亚执政集团也在为如何打造一个全新的"马来西亚民族"而殚精竭虑，但是独立以来马来西亚印度人社会的境遇和浓厚的族群政治现实似乎表明，构建马来西亚现代民族国家的梦想依然任重道远。本书力图通过对马来西亚印度人的个案研究，希望推动国内学术界对东南亚印度人及其他移民社会的进一步研究，从历史与现实的双重维度，更好地帮助读者理解东南亚移民社会与本土族群矛盾和冲突的实质和根源，打开洞悉东南亚多元复合社会的另一扇窗口。

罗圣荣

2014 年 8 月 31 日于云南大学东陆园

绪　　论

第一节　本选题的由来及意义

东南亚地处太平洋与印度洋之间，又是亚洲大陆和太平洋群岛及澳洲大陆的连接地带，具有十分重要的战略地位。由于这一独特的地理位置，东南亚又成了诸多文化和族群交会的地方，被誉为"人种博物馆"和"人类学者的乐园"。

长期以来，在东南亚诸多移民群体中，除华人外，还有一个为数众多的印度人群体也颇为引人注目。根据相关资料，印度人在很早以前就从南亚次大陆来到东南亚，他们在东南亚的活动甚至比华人更早，二者都在东南亚地区留下了许多早期活动的印迹。然而由于人数少，早期到达的印度人都不得不操新居地的语言，随风易俗，自然同化的作用显而易见。虽然早期的印度人对东南亚的影响依然不容忽视，但在西方殖民势力入侵东南亚以前，东南亚的印度人实际并不多见，只有少量的印度商人和僧侣在此活动。随着西方殖民势力的入侵和资本输入，东南亚被纳入西方殖民体系（泰国虽然幸免于殖民统治，但由于进行自我改良，实行较为开放的对外政策，也在一定程度上不可避免地卷入了西方资本主义经济体系）。

从 19 世纪下半叶到 20 世纪上半叶，西方殖民势力在东南亚实行大规模经济开发。与早期的殖民统治强调的重商主义所不同的是，此时的殖民统治将东南亚国家变为商品市场、原料产地和投资场所。在现代科技广泛应用于生产劳动之前，殖民地的经济开发仍然急需大量人力资源。不过，东南亚本土人烟稀少，人口自然增长率不高，劳动力甚为短缺，殖民者不得不从周边国家和地区输入大量外劳以解燃眉之急。

与此同时，印中两国随着西方列强的入侵，先后沦为殖民地和半殖民地国家。在西方资本主义经济的强烈冲击下，印中两国传统的自给自足的自然经济正在逐步解体，土地兼并问题加剧，失地农民倍增。此外，小规模的手工作坊生产受到大规模的机器生产的严重冲击，手工业者失业人数剧增。在蓬勃发展的殖民地经济的刺激和殖民者的鼓动下，广大印度人与华人几乎同时大量移民东南亚，以缓解生存压力，同时也满足了殖民地经济迅速发展的客观需要。不过，尽管殖民地经济对外劳的刚性需求引起了大规模的印度人移民东南亚地区，但在第二次世界大战以前的东南亚印度人社会具备很强的流动性，保持本族文化，关心母国政治，对客居地的政治发展基本没有兴趣，客居意识强烈，绝大多数没有久留之意。

第二次世界大战后，随着东南亚各殖民地民族主义的兴起，东南亚迎来了殖民地解放运动的高潮，西方奴役下的各个殖民地纷纷以各种方式解除殖民枷锁，赢得独立。印度也在 1947 年终获独立。欣喜之余的东南亚印度人很快发现其不得不面对一个十分痛苦的难题，即如何选择国籍问题，是归化客居地、效忠新生的独立国家，还是继续做祖国的公民，曾经一度十分困扰移居马来西亚的印度人。在争取双重国籍的努力宣告失败后，东南亚的印度人不得不在新独立的殖民地国家与母国印度之间作出痛苦的选择。放弃印度国籍、归化寄居地的印度人经历了自身角色的重大转变。在内外因素的作用下，他们最终完成了国家认同的转变和社会的转型，完成了由移民社会向定居社会的彻底转变。转型后的印度人开始成为东南亚各国民族大家庭中的永久一员，并逐渐蜕变为今天的"印度族群"，但习惯上，我们今天依然称之为"印度人"。

改革开放三十余年来，中国的国际地位不断提升，海外华人也逐渐成为学术界关注的研究热点。东南亚系海外华人最多且最为集中之地，是研究海外华人的重点区域，自然获得学者们的更多青睐。关于对东南亚第一大移民群体——华人的研究，国内外都成立了不少相关的研究机构。由于起步早，对于海外华人的研究，不论是研究论文还是相关著作，都堪称硕果累累。近些年来，随着印度国力不断殷实，印度的崛起已是必然，印度开始频频出现在世界的聚光灯下，受到世界的广泛关注。为了增强海外印度人对印度文化甚至政治的认同感，印度政府不顾部分国家的担忧，不惜解除禁锢已久的双重国籍制度，以吸引世界各地印度移民的投资，并借此输出印度软实力。随着国力的提升，世界各地印度移民的生存状况也频频受到印度政府的更多关注和学界的重视。

印度与东南亚地区仅有一水之隔，部分地区还有陆地相连，气候条件也非常类似。因此，在殖民地时代，东南亚是印度移民的首选之地，在东南亚外来移民群体中仅次于华人。不过，学界对于东南亚印度人的研究程度显然不如对华人的研究。在国内，对于东南亚印度人的研究领域还刚刚起步。尽管如此，如果选取整个东南亚地区的印度人作为研究对象，则将受到所涉及国家太多、研究情况过于复杂等条件的制约，研究程度也无法做到详尽深入。

在整个东南亚地区的国家中，马来西亚的印度人最具代表性，他们不仅人口数量最多、社会影响力最大，本族群的文化保持得也最为完整，与主体族群马来族群的关系也最为复杂，他们在东南亚印度人中的特点尤为鲜明，可以视为东南亚印度人社会的代表。因此，本书选取最能够代表东南亚印度人社会的马来西亚印度人族群为研究对象，既能避免上述一些不利因素的干扰，亦可以尽量做到对样本研究的全面和深入。

总之，本书希冀通过对马来西亚印度人的研究，达到以下几个目的：其一，通过追溯马来西亚印度人社会形成的历史渊源，还原马来西亚印度人乃至整个东南亚印度人社会形成及其发展过程，并解析其第二次世界大战后社会转型之动力；其二，作为马来西亚的第三大族群，马来西亚印度人总体上一直处于弱势，本书将探讨造成这种弱势境遇的原因，以及这种弱势的境遇对马来西亚的民族关系和现代民族国家的构建有何种影响；其三，作为东南亚典型的移民群体，马来西亚的印度人社会与华人社会有何异同，通过对二者的比较来帮助读者更好地洞悉东南亚地区移民社会各种问题的原因及实质。

第二节　国内外研究现状及本书创新

一　国内研究现状

目前国内关于马来西亚印度人的研究成果较少，主要从历史、语言文化、认同、族群关系、政治参与、社会现状、华印族群社会比较等角度对马来西亚的印度人族群社会进行研究。

从历史的角度而言，研究成果主要有罗圣荣、汪爱平的《英国殖民统治前的马来亚印度人》（载《东南亚纵横》2009 年第 3 期），肖宏飞的《英属马来亚种植园的印度劳工（19 世纪至二战前）》（载《东南亚纵横》2006 年第 3 期），罗圣荣、汪爱平的《英殖民统治时期马来亚的印度人移民》（载《南洋问题研究》2009 年第 1 期），石沧金的《日据时期马来亚印度人的独立运动简析》（载《暨南史学》2009 年第 6 期），石沧金的《简析日据时期马来亚印度人的独立运动》（载《东南亚研究》2010 年第 3 期），石沧金、潘浪的《二战前英属马来亚印度人的政治生活简析》（载《世界民族》2010 年第 6 期）。

《英国殖民统治前的马来亚印度人》一文对英国殖民统治前马来半岛的印度人的历史及其对马来亚的影响进行了梳理。作者认为从公元初到此后的一千余年里，南亚次大陆就不断有印度教和佛教商人及僧侣涉足马来半岛。而印度孔雀王朝后期，大草原上游牧部落的兴起切断了印度人与西伯利亚之间传统的黄金贸易通道，迫使印度商人转向东南亚水域，寻找新的黄金供应地。在此情况下，早期到达的印度人不仅为马来半岛带来了印度的宗教文化，也输入了印度王权的概念。因此，早期的印度人在马来亚的影响巨大，以至马来半岛早期的那些兴起的国家多为印度化国家。从公元初年到 13 世纪，透过婚姻和文化的交融，马来半岛见证了一个印度化的时代，而印度的宗教文化是这个时代最为明显的特征。不过，随着马六甲王国的兴起及其当权者改宗伊斯兰教，早期在马来亚的印度教和佛教徒的影响日渐衰落，印度的穆斯林的影响在马来半岛地区的影响日渐壮大。与早期的印度人不同，很多印度穆斯林商人在马六甲时期被吸纳到马六甲王国的统治集团，甚至一度操纵了王宫政治，与外来的葡萄牙、荷兰侵略者对抗，以维护其既得利益。从这个侧面也可以看出马六甲王国追逐商业利益的商业本性。不过由于印度莫卧儿王朝的衰落，曾经在马来亚红极一时的印度各色商人逐渐失去了原有的影响力，他们在马来亚的贸易主动权也逐渐被欧洲人所垄断。而印度沦为英国的殖民地，也加速了印度人在马来亚乃至东南亚地区影响力的式微。研究表明，殖民统治前的马来亚印度人，不仅见证了马来亚宗教文化的历史变迁，也从另一个侧面反映了印度在马来亚（东南亚地区）影响力的起伏。

《英殖民统治时期马来亚的印度人移民》一文对英国殖民统治时期印度人移民马来亚的国际背景及地区背景分别进行了剖析。作者认为，就国际层面而言，殖民时期印度人大规模移民马来亚，不仅与欧洲资本主义国家的殖民地经济发展状况有直接的关系，亦与奴隶贸易有很大的关联。因为奴隶贸易是西方殖民统治者建立殖民地经济一个不可或缺的组成部分，是维系殖民地经济正常运转必需的条件之一。19世纪初，随着西方国家相继废除奴隶制和禁止奴隶贸易，殖民地人力资源短缺的问题开始凸显。因此，禁止奴隶贸易和废除奴隶制客观上加速了印度人乃至华人以劳工形式向英国等西方资本主义帝国的海外殖民地如马来亚输出的步伐，在某种程度上实际是奴隶贸易寿终正寝后被稍加粉饰后的一种变相的"现代奴隶制度"。从地区背景来看，主要有三个原因：其一，英国的殖民统治为印度人大规模移民海外铺平了道路。在殖民统治时期，印度的内政外交完全在殖民者的肆意操控之下，此举为印度人大规模移民海外扫除了政治及立法上的一切阻碍。其二，印度民族工商业受到排挤，大批印度人无以为生。在英国殖民者的打压下，印度的民族工商业等均受到压制，民族工商业开始衰落，大量的英国商品进军导致印度一些传统的市场被英国资本所侵占，数以万计的手工业者失业，在国内失去谋生之路。其三，土地兼并和高利贷盛行使得失地农民剧增，人口激增也导致劳动力严重过剩。作者还从移民输入地马来亚的视角分析了马来亚大规模的种植园经济、马来亚劳动力短缺，以及印度劳工的特殊优势等移民背景。论文最后认为，英属时期印度人移民与华人移民彻底改变了马来亚社会移民与原住民的社会结构，对马来西亚未来的族群关系的紧张客观上制造了人为的隐患。

《英属马来亚种植园的印度劳工（19世纪至二战前）》一文对英属

马来亚时期印度劳工流入的历史缘由作了简要的回顾，重点研究了马来亚种植园里印度劳工的境况（政治、经济、生活环境），并对种植园里印度劳工后代的教育问题作了一些探讨。作者认为，引起印度劳工大量移民马来亚的主要原因是殖民地马来亚种植园经济，特别是橡胶种植业的蓬勃发展。当时橡胶产业作为一项前景广阔的高利润产业，激发殖民者巨大的投资热情。与此同时，西方工业所需要的橡胶仍然主要来自巴西。随着19世纪末西方汽车业和其他橡胶工业的发展，对橡胶的需求不断增加，英国人的利益逐渐被掌握巴西橡胶供应的美国人所侵占。在这种情况下，英国人不得不寻求新的橡胶种植基地。但马来亚人力资源严重不足，在橡胶业迅速发展时期，马来亚的种植园对劳工的需求与日俱增，英国资本不得不向它的殖民地印度寻求人力资源，以满足马来亚的经济发展需要，印度劳工开始大量流入马来亚。为吸引印度劳工移民，殖民者主要采用了契约制度、坎加奈（kangany，即监工）招募制两大招募方式，以及后来的较为广泛采用的劳资移民的移民方式。不过无论何种方式，都在殖民者的严密控制之下。看似前景广阔的印度劳工，实际在英国资本的残酷压榨下，无法享有基本的政治权益，收入微薄，居住设施简陋，生活环境恶劣，而他们的后代也基本无法摆脱在种植园里劳作的宿命。但随着劳工们自身意识的觉醒及社团组织的发展，迫使英人放弃先前对劳工的残酷压榨，转而采取其他比较人道的方式来管理工人，改善待遇，劳工的境遇才有所改善。

《英殖民统治时期马来亚的印度人移民》一文主要对殖民时期马来亚印度劳工移民的境遇、印度移民社会变迁进行了基本分析。作者认为尽管殖民政府不断声称工资待遇要比印度好得多，但各种证据表明印度劳工实际受尽非人的待遇。虽然1912年、1923年两部劳工法有意庇护印度劳工，但法律实际从未认真执行，不过一纸空文。此外惊人的劳工非正常死亡率也同样暴露了劳工饱受的非人待遇。由于殖民政府在择业上的限制，印度劳工几乎没有择业的自由，基本集中于种植园，生活在社会的最底层。而与同时期的华工相比，其待遇也明显普遍要低。随着时间的推移，马来亚的印度移民社会开始出现一些明显的趋势。其一，土生的印度人的比例在不断增加，为漂泊到根植做好了认同的基础；其二，女性移民日渐增多，表明印度人在马来亚安家乐业的人口增多，一个文化与种族更加趋于稳固的印度人社会已然出现在马来亚半岛；其三，移民社区渐趋成熟，移民劳工的流动性开始降低，各种宗教文化配套设施逐步完善，印度人在潜移默化中开始扎根马来亚。此外，作者还从土生的比例、社会结构、文化背景等角度对华印移民社会进行了简单的比较。

《二战前英属马来亚印度人的政治生活简析》一文主要对英属马来亚时期印度人的政治生活进行了分析。作者首先对英属时期马来亚印度人的社会状况进行了分析。作者认为，马来亚印度人的这种非单一性、地域差异、职业差异、种姓制度等原因造成马来亚印度人社会的严重分化，而生活环境的相对孤立加剧了这种印度人社会内部的疏离感，印度人的职业普遍集中在社会底层导致印度人缺乏支撑政治诉求活动的经济基础。而外国侨民的身份和意识使得当时的马来亚印度人与祖籍国印度一直保持较为紧密的政治、经济及情感联系。上述原因导致马来亚印度人在政治上默默无闻乃至"失声"。不过19世纪末20世纪初的亚洲争取民族独立与解放的民族主义运动，也开始唤醒马来亚印度人的沉睡的政治意识，马来亚印度人开始加入反抗英殖民者的民族主义运动，各种政治团体也开始兴起。而马来亚被日军侵占之后，以雪兰莪州的印度劳工大罢工为标志的马来亚印度人高涨的民族主义最终得到爆发。而日据时期马来亚印度人希冀利用日本人争取印度独立的运动注定将无果而终。其目的虽然可以理解，但手段却为人所不齿。《日据时期马来亚印度人的独立运动简析》则主要对日本占据马来亚时期印度人民族主义独立运动进行了简要的分析。

此外，还有一篇翻译文献——《第二次世界大战前马来亚的印度移民》（载《中山大学研究生学刊》1986年第4期）。文章的原作者系新加坡的苏瑞福（Saw Swee-Hock），由周益群翻译。该文主要分析了马来亚印度移民的类型及劳工移民对马来亚社会的影响。

从比较的视角来研究马来亚印度人的主要有石沧金的《二战时期马来亚华人与印度人政治活动的比较分析》（载《南洋问题研究》2011年第4期），罗圣荣、汪爱平的《马来西亚马华族群关系与马印族群关系之比较研究》（载《广西师范大学学报》（哲学社会科学版）2011年第2期），梁英明的《马来西亚种族政治下的华人与印度人社会》（载

《华侨华人历史研究》1992年第2期），罗圣荣的《马来西亚华印社会比较研究》（载《南洋问题研究》2012年第1期），陈建山的《马来西亚华人与印度人的文化认同和政治参与》（载《国际研究参考》2013年第7期）等研究成果。

《二战时期马来亚华人与印度人政治活动的比较分析》一文从民族主义和身份认同的角度比较了第二次世界大战期间马来亚华人与印度人的政治活动的异同。作者认为，马来亚华人和印度人由于在政治地位上长期未受到英国殖民统治者的重视而被边缘化，他们不能获得居住地的国籍进而享有当地的公民权。因此，当时华印两族在政治上多认同于祖籍国，与其保持密切的联系，并积极参加支持祖籍国的各种政治活动。而第二次世界大战期间华印两族的强烈的民族主义运动都是受到20世纪初以来亚洲民族主义运动的结果。这个是华印两族的最大共同点。但相较之下，华印两族在政治上呈现出更多的差异性。其一，华人在政治上远比印度人更为复杂、激进乃至成熟，而印度人深受甘地非暴力不合作思想的影响，政治主张上较为温和。其二，华人对马来亚的政治认同要强于印度人。因为战前的马来亚印度人社会比华人社会更具流动性和不稳定性。其三，马来亚华侨抗日运动不但是中国人民抗日战争的一部分，也是世界反法西斯战争的一部分，而与之相反的是，马来亚印度人的独立运动是在日本占领者的扶持下兴起，并被其控制和利用，就这点而言，马来亚印度人是与法西斯站在一起的。作者最后进一步解释了造成这种差异的主要原因是英人与日本人分而治之的政策的隔阂，以及华印两大族群祖籍国政治生态迥异等因素。

《马来西亚马华族群关系与马印族群关系之比较研究》一文主要从族群关系的角度来比较了马华族群关系与马印族群关系，作者认为马华族群关系与马印族群关系一样都属于非马来人与马来人关系的范畴，其实质是移民与原住民之间的关系。不过就重要性而言，马华族群关系无论是马来西亚内外，其被关注的程度显然要超越后者，马华族群关系对马来西亚社会的影响远高于马印族群关系。从对抗的角度而言，马华族群之间的矛盾和冲突显然要比马印族群的对抗更为激烈，而马印族群之间在第二次世界大战这种环境下甚至还有合作的历史。而在文化的领域，马华族群主要围绕语言和教育等问题展开激烈的角力，而印度人对宗教权力的维护似乎超越了对母语教育的热忱。从历史发展的纵向角度来看，马华族群关系的历史比较曲折，大致可以分为战前关系淡薄、日据时期矛盾激化、战后的磨合与冲突以及 20 世纪 90 年代以来的缓和与反复四个阶段，而马印族群关系基本可以以"5·13"事件为分水岭，分为前后两个阶段。不过，从横向的维度比较的话，马华族群关系又不及马印族群关系复杂，马华族群关系基本可以视为两个单一群体之间的关系，但马印族群关系除了在称谓上可以视为两个不同群体的关系，他们的关系还得依据不同的宗教派别来定论。例如，马来西亚的印裔穆斯林与马来人之间关系一直比较暧昧，但印裔印度教教徒则关系比较疏远，甚至因为宗教关系而矛盾重重。

《马来西亚种族政治下的华人与印度人社会》一文从种族政治角度研究了马来西亚华人印度人参与政治的情况及制约二者的因素。作者认为马来西亚政府在文化上强制推行"马来化"或"伊斯兰化"运动，既不利于各民族（族群）之间的团结，也不可能达到真正的文化上的统一。由于种种原因，马来西亚华人似乎比马来西亚印度人更难融入马来人社会。无论是华人还是印度人，在马来西亚未来的政治发展进程中，他们的影响力都将越来越被削弱，但与华人社会相比，印度人社会对马来西亚政治的影响力将更显得无足轻重。作者实际从参与政治的角度分析了华印族群社会的不同特点。《马来西亚华印社会比较研究》则从华印族群的社会结构、华印社会认同、社会影响力、族群关系四个角度对马来西亚华印两大移民社会进行了比较全面的比较。作者认为，在结构上印度人社会远比华人社会复杂；在影响力方面，由于华印社会经济实力悬殊，华人影响力远非印度人所能比拟；在族群关系方面，马华主要矛盾表现为华人为伸张平等的政治诉求及维护母语教育的地位而与马来人纷争不断，则在维护本族群的宗教文化传统方面，印度人与马来人针锋相对。

《马来西亚华人与印度人的文化认同和政治参与》一文将华印两族的文化认同与政治参与作了一些比较。作者认为，华人和印度人移民到马来西亚后，文化认同各有侧重点。华人的文化认同更倾向于语言和传统习俗方面，而印度人更侧重于宗教文化方面。在第二次世界大战前、第二次世界大战期间及马来西亚独立后，马来西亚华人和印度人的身份认同发生了一系列变化。虽然认同观念的转变是逐步、缓慢的，但最终都由对祖籍国的文化认同逐渐转变为对所在国的文化认同；同时，其最终认同则由侨民身份转变为公民身份。作者认为，虽然华人和印度人在马来西亚的政治领域里仍然不占主导地位，但在他们对马来西亚国家认同强化之后，也赢得了当地族群的更多信任。

对战后以来马来西亚印度人社会及其现状研究的成果主要有罗圣荣的《马来西亚印度人的处境——兼谈马来西亚不平等民族政策》（载《世界民族》2009 年第 2 期），《马来西亚的族群边界与少数族群的认同——以印度人穆斯林为例》（载《南洋问题研究》2014 年第 1 期），石沧金的《马来西亚印度人的政治参与简析》（载《世界民族》2009 年第 2 期），阮金之的《民主转型环境下的当代马来西亚印度人族群抗争运动》（载《东南亚研究》2010 年第 2 期），洪丽芬的《马来西亚印度人社群研究——以印度人社群语言状况为例》（载《南洋问题研究》2011 年第 4 期）。

《马来西亚印度人的处境——兼谈马来西亚不平等民族政策》一文对马来西亚印度人的政治地位、经济状况、社会生活进行分析后发现，作为第三大族群的印度人处境基本处于被边缘化的境地。作者在此基础上进而分析了造成这种边缘化的主要原因是马来西亚当局长期的政策和制度上的偏差。研究的最后根据马来西亚印度人的处境问题，暴露出弱势群体在不平等多元国家里的生存和发展问题。作者最后认为，在这种不平等的多元中，各族人民虽然享有形式上的平等的公民权，但在这种"平等"的背后仍然有所区别。一个国家的资源再分配如果都根据民族（族群）身份来划分，那么最没有权利保障的少数族群往往也就是最容易在市场经济中被淘汰的群体。因此，弱势群体和少数族群身份往往具有重叠性，支配群体的精英不只依托人口与资源上的优势，还享有对暴力工具的合法性垄断。因此，弱势群体要想在这种不平等的多元结构环境下通过正常渠道来争取自己的权益，基本上难以实现。

《马来西亚的族群边界与少数族群的认同——以印度人穆斯林为例》一文从历史的角度探讨了马来西亚族群边界的成因及其划分标准。作者认为这种以种族和宗教为主要依据的族群划分标准，让身兼双重身份的马来西亚印裔穆斯林不但没有因此享受这种身份重叠的优势，反而饱受身份重叠之苦。马来西亚的印裔穆斯林的认同既遭到了同为穆斯林兄弟的马来族群的否定，也遭到了以印度教教徒居多的印度人族群的拒绝。为获取政治、经济等社会资源，印裔穆斯林不得不在马来族群与印裔族群之间寻找皈依。印度人的案例表明，马来西亚多元社会的融合之路依然任重道远。

《马来西亚印度人的政治参与简析》一文主要对马来西亚印度人参与政治的历史及其发挥的影响和作用进行了一个概述。作者认为，在马来西亚独立前，尤其是第二次世界大战前，马来西亚印度人关心的主要是母国印度的命运，在加入马来西亚国籍后，他们才开始真正地参与当地政治。印度人既有长期参与执政的重要党派，也有一些较为积极活跃的反对党，许多印度人的社会团体也在努力维护其族群的政治权益。印度人对马来西亚的政治参与具有明显的普遍性，但总体上而言，印度人在马来西亚政治中扮演着不太重要的角色。

《民主转型环境下的当代马来西亚印度人族群抗争运动》一文从民主转型的角度对马来西亚争取自身的利益诉求进行了研究。作者首先对1998年以来马来西亚的政治民主运动的发展进行了回顾，在这种民主运动的推动下，深陷族群困境的当代马来西亚印度人不再甘于本族群全面边缘化的地位，积极掀起了族群抗争运动。虽然随着马来西亚政局的发展，在其国内的政治议程中都已经无法漠视印度人边缘化问题，不过，作者同时认为，就现实情况而言，政治上不再沉默的马来西亚印度人很可能从被全面边缘化的族群困境陷入与华人类似的另一个族群困境，即无论是巫统，还是安瓦尔的公正党，都是以马来人利益为核心的政党，印度人还是无法获得真正的平等。作为少数族群，马来西亚印度人只能在"两害相权取其轻"的无奈对策下尽可能地争取自己的最大利益。

《马来西亚印度人社群研究——以印度人社群语言状况为例》一文是一篇为数不多的从语言的角度研究马来西亚印度人的研究成果。作者的研究表明马来西亚的印度人社群以泰米尔语言群占大多数。印裔族群的内部差异可以从语言、宗教、社会地位、教育、种姓分别开来；也依来源地分成两大阶层：一是来自印度东南部的穷困劳工，二是来自斯里兰卡受教育懂英语的淡米尔人。作者从语言的角度，实地调查马来西亚老、中、青三个不同年龄层的印裔，探讨了印裔的语言问题。通过研究，作者认为，不论在社会还是家庭里，马来西亚印裔的常用语言都是泰米尔语，其次为英语和马来语。但泰米尔语的使用在逐代减少，而英语有慢慢取代泰米尔语的趋势。在政经文教条件的影响下，印裔族群语言态度开始改变，要维持泰米尔语为主的语言环境，前景并不乐观。

此外，涉及对马来西亚印度人研究的还有王士录的《东南亚印度人概论》（载《东南亚研究》1998 年第 3 期），作者从宏观的角度对东南亚印度人的分布及职业状况、印度移民对东南亚国家社会经济发展的历史贡献，以及东南亚印度人的社会经济发展三方面作了概述性的研究。由于在东南亚国家中，马来西亚的印度人人数最多、影响最大，故作者对其着墨比较多。另有何平的《东南亚的印度人及其历史变迁》（载《东南亚南亚研究》2011 年第 2 期）对东南亚印度人的由来、发展和历史变迁的情况作了一个概要的论述，其中在举例时常以马来西亚的印度人为例，因此也算是涉及对马来西亚印度人的研究成果之一。

二 国外研究现状

相对于国内对马来西亚印度人几乎还属于一片空白的研究现状，国外的研究却比较丰富，既有论文、专著，也有相关的研究报告和期刊文献，由于涉及的文献较多，所以这里只能介绍一些比较有代表性和影响力的作品。

桑德胡的《马来亚印度人的移民和定居》[①] 堪称是研究马来亚时代印度人移民社会的代表著作。桑德胡的研究从结构上来看可以分为三部分。第一部分主要是英属时期印度人移民马来亚的原因及其趋势。主要对英属马来亚之前的印度人、印度人移民马来亚的原因、移民的类别、移民的相关的法律条文、移民的特点这些问题进行了比较详细的研究。桑德胡认为印度人移民马来亚是多种因素合力的结果，不能把目光仅仅局限于殖民地马来亚和印度两地来分析印度人移民马来亚的原因和动力，要从资本主义扩张的全球视野来看待这个问题。第二部分主要讨论

---

① Kernial Singh Sandhu, *Indians in Malaya-Some Aspects of their Immigration.*

了英属时期马来亚印度人的结构及其人口上的增长、印度人在马来亚的分布和居住特点、语言结构等问题。第三部分主要通过分析马来亚印度人在工业、农业、交通、商业等部门的经济状况，进而分析了马来亚印度人的基本生活状况及马来亚印度人在整个马来亚经济中所扮演的角色。R. N. 杰克森的《劳工移民与马来亚的发展》[①] 主要对 1786—1920 年马来亚的移民进行了研究，其中由于印度移民马来亚规模大、人数多，因此作者在研究中给予了比较多的关注，当然主要是从宏观的角度对英属马来亚时期的印度人社会的各个方面如移民的原因及动力、移民类型、移民的政治生活、经济状况等进行一个简要的分析。马哈詹尼《缅甸与马来亚印度少数民族的角色分析》[②] 主要从历史的角度对殖民时期马来亚和缅甸的印度人的移民马来亚原因、移民类型、政治、经济及其所面临的问题进行了比较详细的研究。针对殖民地马来亚的印度人，Mahajani 对马来亚印度人的研究分为三部分来进行。第一部分是对战前英属时期马来亚印度人的社会进行了剖析，首先作者对整个社会从民族结构的角度进行了解析，然后对马来亚印度人两种不同的阶层——劳工阶层和商业阶层的特点分别进行了研究，特别是对劳工阶层对现状的态度进行了细致的研究。作者还对战前印度人的政治活动进行了一定程度的介绍。第二部分是日本侵占马来亚时期的印度人。作者主要对日据时期马来亚印度人的民族主义运动进行了研究。第三部分作者对马来亚印度人在战后所面临的一些问题如政治身份的转型、认同的转型、政治参与等问题。该书的特别之处是涉及外来的少数民族——印度人与当地的民族主义运动的关系问题。作者对马来亚的民族主义运动对印度人的影响作了一定的分析和评价。文中作者讨论了日本的占领对印度人的影响，并对战后的印度人的政治发展作了特别的研究。实际上该书主要是从政治的角度探讨了殖民地缅甸、马来亚印度人的政治发展历程。

　　涉及对马来西亚印度人的社会经济的研究中比较有代表性的有：尼

---

①　R. N. Jackson, *Immigration Labour and Development of Malaya*, 1786 – 1920, Kuala Lumpur: Government Press, 1961.

②　Usha Mahajani, *The Role of Indian Minorities in Burma and Malaya*, Cambridge Univ Press, 1960.

拉坎德·艾耶《马来西亚的印度人问题：移民问题简要调查》① 中，主要关注了马来亚印度劳工的情况，并对 1938 年前的马来亚印度人经济状况作了分析。同时，作者也讨论了印度人的政治构建的问题。尼拉坎德·艾耶充分利用了一些珍贵的统计数据来加以分析说明印度人移民以及职业的分布等情况，是不失为有关对战前的马来亚印度人一本比较有代表性的专著。该书总体上还是针对马来亚印度劳工社会经济的研究。对种植园的印度人进行专题性研究的是 P. D. 韦伯和 S. 马里安潘，在《种植园视角下的马来西亚印度人》② 中，作者针对西马橡胶种植园里的印度人社会生活进行了研究。作者仔细分析了他们在种植园里的生活模式，以及他们是如何与种植园紧密联系在一起的。此外，作者也讨论了种植园里印度人的低收入情况。实际上该书是从社会学的角度研究了马来西亚种植园里印度劳工的社会及其经济生活。丹尼尔·J. 拉宾达论文《马来亚雪兰莪州和霹雳州的橡胶和石油业》③ 主要从社会学的视角评估了种植园印度工人的生活质量，并从四个方面来进行了分析研究：第一，收入和支出；第二，教育、经济和社会的流动性；第三，健康状况和总体生活水平；第四，对生活的态度以及宗教实践情况。实际上该论文主要还是对马来亚种植园里印度劳工社会经济状况的研究。印度政府经济顾问办公室出版的《马来亚的印度人经济》主要从经济的角度对马来亚印度人进行了考察。该书首先对马来亚的经济状况进行了简要的分析，然后分析了印度人移民马来亚的原因、人口及职业的分布、马来亚印度人人口的增长变化，接着对马来亚印度劳工移民的类型、工资状况、社会及经济地位、性别比例进行了分析，最后从土地所有权、金融资本、切蒂亚人的高利贷活动、橡胶园产权等角度分析了马来亚印度人的经济实力。研究的结果认为，马来亚印度人在马来亚的经济生活中扮演了重要的角色，不过，有近一半的印度人集中在橡胶园里扮演胶工的角色，这在一定程度上影响了印度人移民在马来亚的

① Neelakander Aiyer, *Indian Problems in Malaya: A Brief Survey in Relation to Emigration*, Kuala Lumpur: The Indian Office, 1938.

② P. D. Wiebe, S. Mariappan, *Indian Malaysia: The View from the Platation*.

③ Daniel, J. Rabindra, "A Social-Economic Study of the Indians in the Rubber and Oil Palm Estates in the States of Perak and Selangor", *M. A. thesis*, *University of Malaya*, *1978*.

经济地位。文章对切蒂亚人在马来亚的高利贷行为表示了赞赏，认为切蒂亚商人的商业行为有助于马来亚的向外界开放。随着土生的印度人出生率的不断增长，马来亚印度人的定居特性开始进一步明显。研究认为，马来亚印度人很好地适应了马来亚的经济生活，并预言马来亚的印度人将会有一个美好的未来。

对马来西亚印度人宗教的研究主要有：C. D. 托马斯在《海外印度人：西马的印度人》① 中对马来西亚印度人的基督教有所探讨，其主要讨论了西马的印度基督教徒增长的趋势，并研究了印度人特别是印度裔基督教徒的人口统计情况。R. 雷乔在其论文《西马的泰米尔人的印度教信信仰模式和实践》② 中主要分析了西马泰米尔印度人的宗教信仰和习惯，作者最后特别对不同的宗教习惯如圣经中的种种规定对在以伊斯兰教为国教的马来西亚的西马泰米尔印度人生活所带来的影响等问题。

对马来西亚印度人的教育有所研究的主要有两篇论文和一本专著。M. 阿瑞萨那亚的论文《马来联邦泰米尔文教育的发展（1900—1941）》③ 主要研究的是马来亚印度人的教育问题。论文讨论了在第二次世界大战前的泰米尔文教育，它尝试探讨泰米尔文母语教育的发展情况，并揭示了在 1942 年前的马来联邦不利于泰米尔文教育发展的背后因素。另一篇则是 T. 马瑞木图的博士论文《家庭背景对马来西亚半岛年青一代泰米尔人教育和事业的影响》④ （Ph D. , 1975）。这是一篇研究马来西亚印度人为数不多的一篇博士论文，它主要剖析了马来西亚泰米尔人年青一代的家庭背景与他们的教育之间的关系问题。该论文以森美兰为例，选取了 369 对父母及他们的孩子为抽样样本。作者根据对样本数据的分析，发现社会经济的背景对那些青少年的择校性影响很大，

---

① C. D. Thomas, *Diaspora Indians: Church Growth among Indians in West Malaysia*, Malaysia Indian Evangelism Council, Penang, 1978.

② R. Rajoo, "Patterns of Hindu Religious Beliefs and Practices among the People of Tamil Origin in West Malaysia", *M. A. thesis, Department of Indian Studies, University of Malaya, Kuala Lumpur, 1970.*

③ M. Arasanayangi, "The Development of Tamil Vernacular Education in the Federated Malay States (1900 – 1941)", *B. A. academic exercise, Department of History, University of Malaya, Kuala Lumpur, 1968.*

④ T. Marimuthu, "The Influence of the Home Background on the Educational Carees and Aspration of Tamil Youths in Peninsular Malaysia", *University of Manchester, 1975.*

基本是按照社会经济的背景来选择学校接受教育。但是，考虑到能坚持
完成学业的背后因素，作者认为"父母的期望、鼓励以及青少年所学知
识的兴趣比社会经济背景的影响更为重要"。这个分析也透露了印度人
社会父母与青少年在理想、抱负及对机遇的把握上存在明显的代差。马
来西亚泰米尔青少年明显要比其父辈们乐观。通过两者之间的对比分析
发现，两个群体移动的方向也有明显的不同。同时作者也发现，他们之
间在价值、态度、志向上并没有多大的区别。R. 桑斯拉姆的《少数民
族的教育：以马来西亚的印度人为例》① 则以马来西亚的印度人为例，
论述了少数族群的教育问题。

　　对马来西亚的印度人政治及社会转型、变迁的研究成果比较多，主
要的代表成果有：拉贾斯拉瑞·阿姆帕拉维帕的《马来西亚的印度少数
族裔和政治变革（1945—1957）》②，S. 萨布拉马尼亚姆的论文《马来
亚的印度人政治（1945—1955）》③，R. K. 简恩在其《新垦种植园里的
南印度人》④，拉贾斯拉瑞·阿姆帕拉维帕的论文《马来亚印度人的社
会政治发展（1920—1941）》⑤（Kuala Lumpur：M. A. thesis，Department
of Indian Studies，University of Malaya，1969）等研究成果。

　　拉贾斯拉瑞·阿姆帕拉维帕的《马来西亚的印度少数族裔和政治变
革（1945—1957）》⑥。该书将马来亚的印度人作为一个整体来研究，主
要回顾了印度人在 1945—1957 年政治的转型。需特别指出的是阿姆帕
拉维帕强调了马来亚印度人的语言集团的区分和阶级的分层，并认为这
种状况在很大程度上影响了这段时间印度人在政治方面的发展。更为重

──────────

　　① R. Santhram，"Education of Minorities：The Case of Indians in Malaysia"，*Petaling Jaya*：
Child Information，*Learning and Development Centre*，*1999*.

　　② Rajeswary Ampalavanar，*The Indian Minority and Political Change in Malaya*，*1945 - 1957*，
Kuala Lumpur：Oxford University Press，1981.

　　③ S. Subramaniam，"Politics of the Indians in Malaya，1945 - 1955"，*Department of Indian
Studies*，*University of Malaya*，*Kuala Lumpur*，*1974*.

　　④ R. K. Jain，*South Indians in the Plantation Frontier*，Kuala Lumpur：University of Malaya
Press，1970.

　　⑤ Rajeswary Ampalanvanar，"Social and Political Developments in the Indian Community of Ma-
laya 1920 - 1941"，*Department of Indian Studies*，*University of Malaya*，*1969*.

　　⑥ Rajeswary Ampalavanar，*The Indian Minority and Political Change in Malaya*，*1945 - 1957*，
Kuala Lumpur：Oxford University Press，1981.

要的是，阿姆帕拉维帕认为马来亚印度人的政治进程与当时的印度人处在"马来亚是从日本占领到独立的转变"这样一个更为广阔的政治背景有关，实则上也是回应了马来人和华人对政治与宪改所作出的反应。S. 萨布拉马尼亚姆的论文《马来亚的印度人政治（1945—1955）》的论文①集中关注了 1945—1955 年马来亚印度人政治方面的发展，突出强调了从殖民统治到自治政府中印度人所扮演的角色。作者认为正如华人和马来人一样，在即将取得独立的前夕，印度人也心怀焦虑，努力捍卫自己的利益、地位和权利，为达到此目的，印度人也组建了自己的政党来施加影响。为此作者特别研究了马来西亚印度人国大党从 1946 年成立到 1955 年之间的发展历程。整个论文实际上是研究了战后马来亚印度人政治觉醒的缘起及其活动情况，也可以视为对马来西亚印度人在这个时期政治态度上的变化和转型方面的研究。R. K. 简恩在其《新垦种植园里的南印度人》②一书中，从人类学的角度研究了来自南印度的劳工在马来亚的工作以及其后裔转化为马来亚公民这段历史。简恩将他的注意力集中在印度人社会的互动上，他以一个种植园里的印度人为例，详细论述了在其中印度人社会生活的变迁，研究的时间跨度长达 70 年。这个种植园被视为马来亚印度人社会的一个缩影。简恩认为在种植园里，印度人不但生产和出口橡胶，也在其中历经一切应有的社会发展过程。拉贾斯拉瑞·阿姆帕拉维帕的论文《马来亚印度人的社会政治发展（1920—1941）》论文③则分析了印度人对印度本土的认同和对自身文化的传承，并最终因为时局的变化而融入当地社会。作者也认为马来亚印度人在社会关系、家庭的传统及宗教习惯方面仍然保持自己的特色。在社会组织形式上作者认为马来亚的印度人社会依然反映出以种姓和语言为类别的划分痕迹。该论文主要从社会学的角度来研究了马来亚印度人社会的变迁。阿姆吉特·考尔的论文《马来亚的北印度人：对尤其是居

---

① S. Subramaniam, "Politics of the Indians in Malaya, 1945 - 1955", *Department of Indian Studies*, *University of Malaya*, *Kuala Lumpur*, *1974*.

② R. K. Jain, *South Indians in the Plantation Frontier*, Kuala Lumpur: University of Malaya Press, 1970.

③ Rajeswary Ampalanvanar, "Social and Political Developments in the Indian Community of Malaya 1920 - 1941", *Department of Indian Studies*, *University of Malaya*, *1969*.

住在雪兰莪州的北印度人的经济：社会和政治活动的研究（1800—1940）》①，评价了北印度人在马来亚历史中扮演的特别角色，全面研究了他们的经济活动，分析了他们的特点，重点分析了北印度人的政治、社会活动。作者阿姆吉特·考尔认为1800—1940年这段时间为马来亚北印度人的一个关键时期，它标志着北印度人从临时的客居者到马来亚永久居民的逐步转变。

对早期的马来西亚印度人社会某些方面的研究比较有代表性的还有：欧瑞吉桑在其论文《槟榔山与城镇地区的工人与商人家庭的比较》② 中，对彭亨地区城市里的两个不同阶层的印度人进行了对比研究。一个阶层为独立的零售商，另一个阶层则为政府的劳工雇员，论文集中讨论了丈夫、妻子的角色，与官方的关系、社交习惯、父母的团结、家庭的价值观等。该研究深刻剖析并刻画了这两个阶层家庭生活的鲜活场景。拉贾克瑞希南·拉马萨米的论文《印度泰米尔人的种姓观念：对四个乡村和城镇居住区的个案研究》③ 以马来西亚为例，研究了种姓制度在海外印度人社会延续的问题。作者对印度人移民海外提出了新的解释，认为种姓制度的存在是推动印度人离开印度的关键因素之一。社会的等级、婚姻以及交往的对象都是基于对种姓制度不可逾越的社会现实。此外，种姓现象也带有一定的政治化痕迹。总之，作者认为泰米尔人中的种姓制度是一个依然延续的社会现实。但这个研究并没有涉及非印度教徒的种姓制度，因此研究有一定的局限性。

从历史的横向和纵向两个维度比较宏观地来研究马来西亚印度人的目前主要有：泰特《马来西亚印度人：历史，问题和未来》④，阿拉萨拉姆·席娜帕的《马来西亚和新加坡的印度人》⑤ 两本比较有代表性的

---

① Amarjit Kaur, "North Indians in Malaya: A Study of their Economic, Social and Political Activities with Special Reference to Selangor, 1800s – 1940s", *University of Malaya*, 1973.

② A Comparison of South Indian Working and Commercial Class Families in Urban Penang, M. Soc. Sc. *University Sains Malaysia*, *Pulau Pinang*, 1979.

③ "Caste Consciousness among the Indian Tamils: A Case Study of Four Rural and Urban Settlements", *University of Malaya*, 1979.

④ *The Malaysia Indians: History, Problems and Futrue*, Strategic Information and Research Development Centre, 2008.

⑤ Arasaratnam Sinnappah, *Indians in Malaysia and Singapore (Revised edition)*, Oxford University Press, 1979.

专著。

《马来西亚的印度人：历史，问题和未来》[①] 是迄今为止最新出版的一部比较系统地研究马来西亚印度人的学术专著。作者泰特 1929 年生于英国伦敦，1952 年第一次作为殖民官员被公派到殖民地马来亚，在殖民地政府服务，对殖民地马来亚的历史有着相当深入的了解。泰特受马来西亚有关方面的邀请，在其晚年撰写了这部专著。泰特在其毕生的最后一部著作里对马来西亚的印度人作了比较深入的研究，由于其特殊的身份，这部专著对于研究马来西亚的印度人的历史及其变迁颇具参考价值。笔者也很荣幸应马来西亚方面的邀请为其著作撰写了书评。（见附录部分）泰特从宏观的历史角度对马来西亚印度人历史发展进行了比较全面的研究。泰特把马来西亚的印度人的历史发展分为三个阶段：1900—1945 年为马来西亚印度人的第一个阶段，主要对马来西亚印度人的政治、经济及其社会状况进行了分析；1945—1957 年作为第二个发展阶段，对战后到马来亚独立期间马来亚印度人的转型进行了研究；1957—2007 年作为马来西亚印度人的第三个发展阶段，其中主要对马来西亚印度人对独立以来所面临的种种问题进行了比较深入的剖析。

阿拉萨拉姆·席娜帕的《马来西亚和新加坡的印度人》[②]，是一本比较综合的著作。该书按照作者自己的观点，实际上它是本"有关马来西亚和新加坡印度人的一本资料性专著"。这部著作成书较早，第一版为 1970 年出版，但第一版错误较多，出版后不久作者即对该书进行了修订，并最终于 1979 年再版。由于该书成书较早，内容基本和前面许多著作与论文一样，视野局限在 20 世纪 60 年代以前，特别是对英属马来亚时期的印度人有关情况的记述，且作者并不是以学术研究的态度来研究马来西亚和新加坡的印度人，而只是为读者提供一些早期的马来西亚和新加坡印度人的参考资料而已。

此外，值得关注的两本涉及马来西亚印度人的论文集为由 I. J. 巴

---

① *The Malaysia Indians*: *History*, *Problems and Futrue*, Strategic Information and Research Development Centre, 2008.

② Arasaratnam Sinnappah, *Indians in Malaysia and Singapore* (*Revised edition*), Oxford University Press, 1979.

哈杜尔·辛格编撰的论文集《东南亚的印度人》①和 K. S 桑德胡与 A. 阿·玛尼合编的《东南亚的印度人群体》②。《东南亚的印度人》收录了有关马来西亚印度人的三篇文章，其中，最为引人注目的是 V. 苏瑞亚那瑞尔《东南亚的印度〈被遗忘的少数族群〉》一文。文章从多个角度，概述性地揭示了早期的马来西亚社会中，特别是新经济政策实施以来在不平等多元的族群政策下对总体上处于不利境遇中的弱势群体印度人族群的影响。而 R. 拉奥的《马来西亚半岛的印度人：地方自治主义和党派主义》一文则从另外一个角度剖析了马来西亚印度人内部的社会问题，它从语言、宗教及文化等方面剖析了马来西亚复合社会中印度族群社会内部存在分裂的这个社会现实问题。《东南亚的印度人群体》又是另外一部有关东南亚印度人的论文集，其中涉及马来西亚印度人的论文共有 19 篇之多。这些论文从历史、社会、政治、经济等不同的角度对马来西亚的印度人进行了研究。

三 研究的现状评析

综上所述，对于马来西亚乃至东南亚印度人的研究在国内还属起步阶段，在国外则比较丰富。这些专著、论文，从不同的角度，对各个时期的马来西亚印度人的不同方面进行了研究，对马来西亚印度人的历史、政治、经济、文化和社会等都有所涉猎，取得了非常可观的成就。在研究方法上，除了主要运用历史学的研究方法外，也有不少成果采用的是社会学、经济学、政治学等学科的理论和方法来进行研究，所有这些都为本书的研究提供了很好的基础。

当然，迄今为止这些研究成果对马来西亚印度人的研究，也存在一些不足，主要表现在如下几个方面。首先，就国内研究而言，尽管马来西亚（东南亚）印度人已经引起更多学者的关注，不过就现有的包括本人在内的研究成果来看，迄今为止没有一本相关的专著，都是研究篇幅有限的论文，成果的形式比较单一，缺乏对该问题研究的深度和广度。其次，就国外的研究而言，研究成果比较丰富，成果形式包括专

---

① "Indians in Southeast Asia", *Sterling Publishers Private Limited*, 1982.
② "Indians Communities in Southeast Asia", *Institute of Southeast Asian Studies*, 1993.

著、论文、研究报告等。不过就现有的专著来看，除了泰特先生的专著是新出（2008 年出版）的以外，其他的研究的时间都已经相距现在至少 40 年，成果已经无法反映目前马来西亚印度人的社会现实。泰特先生的研究主要突出的是马来西亚印度人的政治发展，虽然整体性、宏观性有所突破，但其局限性也是明显的：一方面，其对殖民统治前的印度人未有任何交代，对殖民地时期印度人移民的境遇也缺乏一定的分析；另一方面，对独立后的印度人的境遇主要分析的是其政治上的境遇，而对其经济地位、文化教育的现状分析则明显不足。最后，现有的研究成果视野比较狭隘，主要关注的是对马来西亚印度人的研究，对情况类似的华人与印度人之间的比较研究在外文文献中目前还没有出现。在国内虽然有所狩猎，但也仅限一两篇篇幅有限、对两者某个方面进行比较论述的期刊论文，缺乏全面性，不足以剖析华人与印度人社会各自的特点。

四　本书的主要创新之处

其一，本书以宏观的角度，从时间和空间两个维度对马来西亚印度人社会的历史由来及其变迁作一个较为系统的研究，以尝试弥补国内对马来西亚印度人研究领域的方面的不足，推动东南亚相关研究领域的发展。

其二，由于受到某些政治因素的干扰，种族性议题在马来西亚依然是个敏感的议题。迄今为止对独立以来马来西亚印度人所面临的困境没有系统的分析，很多方面甚至没有触及，特别是对其问题的根源没有深究。本书希望在研究的时间上有所跨越，对马来西亚印度人的现状作一番研究探讨，以找出影响其发展的背后因素。

其三，在研究方法上，本书希望开阔视野，突破以往的研究中基本将视线聚焦在印度人身上的方法，拟采用比较研究的方法，将马来西亚的印度人与马来西亚的另一个移民群体——华人族群进行系统的对比研究，以便更好地理解、把握马来西亚印度人社会的本质特点。

第三节　研究框架与研究方法

一　研究框架

本书除绪论和结语外，正文共分四章。

第一章：马来西亚印度人的由来。马来西亚印度人的由来可以分为两个阶段：英国殖民统治前和英国殖民统治时期（英属马来亚时期）。在第一阶段，马来西亚的印度人并不多见，由于人数少而基本被当地社会同化，但其影响却不容忽视。后一阶段主要是英殖民时期的劳工移民，完全是为了满足殖民经济拓展的需要而不顾未来对殖民地社会有何种潜在的影响。后一阶段的移民是构成今天马来西亚多元族群社会的根本原因。

第二章：英属马来亚时期的印度人。本章主要探讨英属马来亚时期的印度人社会。本章分为三部分：第一部分主要对战前的印度人社会从不同的角度对其进行分析；第二部分主要分析马来亚印度人在第二次世界大战期间的民族主义运动及其影响；第三部分主要研究战后马来亚印度人社会的转型问题。在战后，由于内外因素的影响，马来亚的印度人开始了全新的转变：从移民社会向定居社会转变，并在认同上以取得当地公民权为标志完成其落地生根的社会转型。

第三章：独立及马来西亚建立以来的印度人。本章将主要探讨作为马来西亚第三大族群的印度人自独立以来的政治、经济状况、文化教育以及在伊斯兰教运动对其宗教的影响等，分析在携有种族色彩的族群政策的困扰下马来西亚印度人所处的境遇。

第四章：马来西亚印度人与华人社会的比较。本章根据前面的研究结果，将马来西亚印度人从多个角度与情况极为相似的马来西亚华人进行比较，以更好地揭示马来西亚印度人的特点及其存在的问题。

二　主要研究方法

在资料的运用上，为了最大限度地保证论据资料的可靠新颖，本书除了将充分利用一些相关的历史档案文献外，还将充分参考国内外最新的研究成果，并结合马来西亚当地的一些资料进行研究。这些资料包括资料汇编、调查访谈、官方统计、学术专著和最新的报刊资料和网络资源等，即利用一切可资利用的资料进行本书研究。

在研究方法上采用多学科的理论和方法。尽管本书主要还是从历史的角度来进行研究，但由于研究的主题涉及政治、经济、社会等诸多方面的内容，实际上已是一个跨历史学、民族学、政治学、民族政治学、民族社会学、经济学等学科的论题。因此，在本书中上述学科的研究方法和理论都将有所涉及。本书还将采用宏观研究与比较研究的方法。

本书将克服以往对马来西亚印度人研究缺乏宏观联系的局限，尽可能将对其的研究与一国更宏观的政治、经济环境结合起来进行。同时，把研究对象——马来西亚印度人的问题与马来西亚国内的其他族群进行比较研究，特别是与其有很多相似之处的华人进行比较研究，希望能够借此比较客观地把握马来西亚印度人的特点及其所面临问题的特殊性。

第四节　相关概念与说明

一　民族、种族和族群

一般而言，在英语中与民族、种族与族群等中文词语所对应的英语分别为 nation（民族）、race（种族）和 ethnic groups（族群）。长期以来，在学术界以及相关的论著和媒体大多数称一国内部的族群为民族、种族或族群。三者定义存在一定的差别。种族，即人种，是具有区别于其他人群的共同的遗传体质特征的人群。种族与民族完全不同，种族是根据人们的皮肤颜色、头发的形状和颜色，眼、鼻、唇的形状以及血型等生理、生化性质而划分的。民族是根据在历史上形成的具有共同语言、共同地域、共同经济生活和共同心理状态等特征的人们共同体而划分的。因此，种族是属于自然科学范畴的概念，民族是属于社会科学范畴的概念。[①] 族群与民族的区别主要在于它们所处的政治状态或地位的不同。或者说，两者的主要差异在于是否具有政治属性这一点上，政治

---

① 参见李绍明《种族和民族》，载《中国民族》1982 年第 12 期。

属性是理解民族实质的关键①，"族群"则更多地强调其文化性，而"民族"则强调的是政治性。② 因此，民族通常表示政治实体，种族则侧重于人种来源，而族群则更强调带有其他非政治性差异，如语言、宗教和文化习俗等的群体。③ 这种区分目前逐渐被国内多数学者所接受，近年学界一般改称一国内部的不同种族为族群。笔者也按此称马来西亚的印度人为印度人族群，表述马来西亚国内马来人与华人、马来人与印度人之间的关系则为族群关系。但在涉及第二次世界大战时期的民族主义时，笔者认为在第二次世界大战期间马来亚的印度人民族主义依然是印度民族主义在海外的延伸，是为了建设一个民族国家而引发的思想和行动上的波澜。因此，本书在涉及民族主义时还是沿用"民族主义"而不用"族群主义"来表述。但本书所参考或引用的国内外以往文献中很多习惯上采用的是"种族"与"民族"等术语。为了保持引文原貌，本书引用资料时依然按原文引用。因此在书中继续会出现"民族""种族"，以及"民族关系""种族关系"等多种表述方式。

二　关于印度人

根据印度国籍法与有关印侨和印度人研究领域达成的共识，海外的印度人移民及其后裔，加入当地国籍被称为印度人，一般在其前加上所在国别与印度国内的人民以示区别，未加入当地国籍的被称为印侨。第二次世界大战前的马来亚没有统一的公民权和国籍，当地的印度人基本隶属英国殖民统治下的印度籍侨民。第二次世界大战后，马来亚殖民政府推出统一的公民权，部分取得马来亚公民权的为马来亚印度人，其余的依然是印侨。1957年马来亚独立后，在印度人和华人的努力争取下，以承认马来人的特权为交换条件，非马来人入籍条件放宽，相当一部分印侨归化为马来亚公民，马来亚印侨社会也转化为马来亚印度人社会。但本书为了行文方便，无论是独立前还是独立后，都将所有来自南亚次

① 参见李红杰《论民族概念的政治属性——从欧洲委员会的相关文件看"民族"与"族群"》，载《民族研究》2002年第4期。
② 参见徐杰舜《论族群与民族》，载《民族研究》2002年第1期。
③ 参见马戎《民族社会学：社会学的族群关系研究》，北京大学出版社2004年版，第37页。

大陆的人统称为"印度人"或者"印度族群"而不论其历史分期上的不同表述。

　　马来西亚的印度人并非单一的族群，"印度人"① 这个称呼是独立后马来西亚政府出于政治的目的和行政管理的需要，对早先来自印度次大陆各个语言集团②的总称，总数约为 180.7 万；印度人也是马来西亚的第三大族群，其人数仅次于马来人和华人，占该国人口的 7.6%。③他们可以根据语言、宗教以及来自的地域来对其进行划分。从语言的区分来看，占绝大多数的是泰米尔人（占印度人总数的 80%），其次是北印度人（主要是锡克人和旁遮普人占 7.7%）、马拉雅兰人（占 4.7%）、泰卢固人（占 3.4%）、斯里兰卡泰米尔人（占 2.7%）、巴基斯坦人（包括孟加拉人占 1.1%），其他人共占印度人总数的 0.4%。若按宗教信仰区分，印度教徒最多（占 81.2%），其次是基督教徒（占 8.4%）、伊斯兰教徒（占 6.7%）、锡克教徒（占 3.1%）、佛教徒（占 0.5%）、其他人（占 0.1%）④。在独立前，由于语言和宗教各异，印度人内部的纠纷也时有发生，但独立后随着时间的推移以及为了自身发展的需要，各个语言集团已经逐渐建立起对"马来西亚印度人"这个新的族群的认同感。

---

　　① 印度和巴基斯坦两国本是同根生。在十几个世纪中，生活在南亚次大陆的印度教徒与穆斯林共同创造了灿烂的文化。当然，从历史的角度来说，印度次大陆在历史上从来就没有形成一个真正意义上的统一的政治实体，只是英国的殖民统治把它们联合起来。1947 年 6 月 3 日，英国最后一任印度总督蒙巴顿公布印巴分治的"蒙巴顿方案"，由此种下了印巴分裂及两个国家持续半个多世纪冲突的祸根。同年印度和巴基斯坦分治继而各自独立，后在印度的干涉下，巴基斯坦内部又分裂成巴基斯坦和孟加拉国两个国家。因此，本书所说的印度人，实际是来自印度次大陆的移民及其后裔的总称。

　　② 在印度，其国内长期否认我国实行的民族划分的方法，经过长期的混血，印度国内的各个民族在种族的特征上也不明显，而印度政府为了国家的稳定而否认各个民族的区别，统称为"印度人"即相当于"国族"的概念，在具体涉及我们所说的各个民族时通常以"某某语言集团"或者"语言群（语族）"来代替。

　　③ 此数据系马来西亚统计局 2004 年调查报告数据。参见古小松主编《东南亚民族》，广西民族出版社 2006 年版，第 17 页。

　　④ 参见 S. B. Sivananthan, "Community Centers for the Empowerment of Indian Women in Malaysia: Report on the Survey Conducted to Identify Locations for Establishing Community Centres" (in http: //www. fnfmalaysia. org/article/cc_ center_ survey_ report_ 1st_ phase. pdf.)

三 马来亚与马来西亚

马来西亚全称马来西亚联邦，由马来半岛的马来亚和婆罗洲的沙巴、沙捞越组成。马来半岛称西马，婆罗洲的沙巴及沙捞越称东马。历史上，马来亚和新加坡同为英国殖民地，1948 年新加坡分离出去，马来亚组建马来亚联合邦，并于 1955 年获得自治，1957 年正式独立。1963 年，马来亚与新加坡及北婆罗洲的沙巴、沙捞越组建马来西亚联邦，1965 年新加坡退出，遂形成现在的国家格局。本书研究的重点是西马的印度人，也就是在前马来亚的印度人，因为西马是马来西亚的政治和经济中心，且印度人 95% 以上居住在西马，东马的印度人基本没有什么影响力。研究内容涉及 1963 年前的历史时，一般称马来亚，如涉及整个马来西亚情况时，则称马来西亚。

四 "邦"与"州"

马来半岛上各"州"（Negeri），独立前称之为"邦"（Negeri 之原意）。1957 年共同建立联邦后始改称为"州"。

第 一 章

马来西亚印度人的由来

马来西亚的印度人并非土著,而是长期以来从南亚次大陆不断移民到马来西亚的结果。从历史上来看,印度人移民马来西亚大致可以分为两个不同的时期:英殖民统治前与英属马来亚时期。尽管这两个时期都不断有印度人移民马来亚,但前后两个时期对形成今天马来西亚第三大族群的作用却不能相提并论。

第一节 英殖民统治前马来亚的印度人移民

印度人移居马来亚的历史最早可以追溯到公元初年左右,当时移居马来半岛的印度人主要是僧侣与商人。① 诚如温斯泰德所言,马来人同印度人的接触,远在公元前几个世纪,虽然还不能证实,但几乎是定论了。② 从地理位置来看,马来亚与印度两国正好扼守孟加拉湾的两端,遥遥相望。在缺乏现代化交通工具的古代,水上交通是联系世界各地的重要途径。在中亚,炎热的夏季季风吹向大陆,而在寒冷的冬季风向正好相反。中亚季风的这个自然规律为孟加拉湾两岸的人民提供了一种可资利用的条件。孟加拉湾两岸的马来人或印度人很早就掌握了这种

---

① K. A. Nilakanta Sastri, "The Beginnings of Intercourse Between India and China", Delhi: *Indian Historical Quarterly*, XIV, 1938, pp. 380 – 387. 关于这个观点,学术界普遍持认同的态度,如理查德·温斯泰德在其《马来亚史》(姚梓良译,商务印书馆 1974 年版,第 35 页)中以及霍尔的《东南亚史》(中山大学东南亚历史研究所译,商务印书馆 1982 年版,第 31 页)中都提及这个问题。

② 参见理查德·温斯泰德《马来亚史》,姚梓良译,商务印书馆 1974 年版,第 35页。

季风的规律,并将其运用于航海。① 这些经验代代相传,为隔海相望的马来亚和古印度之间通过水路建立联系成为某种可能,双边贸易、人员往来、文化交流也随之展开。

一 1511 年以前马来亚的印度人

(一) 马六甲王国前马来亚的印度人

在早些时候,东南亚被誉为财富充盈之地,马来亚则被冠以"黄金半岛"② 之称。长期以来,这一地区因其盛产胡椒和其他热带雨林产品而享誉世界,起初是名贵的木材,其后便是上等名贵的香料。③ 尽管如此,它们的富庶,直到公元初的几个世纪才被发觉。此后的一千多年里,印度大陆不断有一批批商人及僧侣横跨孟加拉湾,来到这块传说中的黄金宝地。

首批印度船只到达东南亚地区的确切时间今天已无从考证,不过多数人认为这是在公元前最后的两个世纪中的某一时期。"孔雀王朝时期,印度黄金的供应来自西伯利亚,即来自中亚的北部地区,而在孔雀王朝势力衰落后,大草原上游牧部落的兴起切断了印度人与黄金来源地之间的联系,迫使他们转向其他地方。因此,一些历史学家据此认为,在此之后,为了寻找'黄金地',印度商人开始驾船进入东南亚水域。"④

印度人不仅为当地人带来了印度历法、法律,也为马来半岛的马来人输入了王权的概念。在公元 1 世纪至 2 世纪,马来半岛先后出现了狼牙修、羯荼、赤土、丹丹、盘盘等盘踞一方的邦国。这些邦国普遍受到

---

① 参见尼古拉斯·塔林《剑桥东南亚史》(上册),王士录等译,云南人民出版社 2003年版,第 153 页。

② 黄金半岛 (Golden Khersonese),公元 2 世纪中期,希腊地理学家托勒密在其《地理志》中提到在印度以东有一个名为黄金半岛的地方。(转自 [新西兰] 尼古拉斯·塔林《剑桥东南亚史 (上册)》,王士录等译,云南人民出版社 2003 年版,第 150 页。) 该地究竟是指何处尚无定论,但学者多倾向于认为黄金半岛即指"马来半岛"。如保罗·惠特利所著的《黄金半岛》(吉隆坡版 1961 年版) 在第七章专门讨论了黄金半岛,从前认为这是指缅甸,但经过考证应该是指马来半岛。(参见 [英] D. G. E 霍尔《东南亚史》,中山大学东南亚历史研究所译,商务印书馆 1982 年版,第 35 页。)

③ 参见 [新西兰] 尼古拉斯·塔林《剑桥东南亚史》(上册),王士录等译,云南人民出版社 2003 年版,第 150 页。

④ 同上书,第 154 页。

印度人文化的影响要大于中国文化的影响。据说"马来亚"这个名称，最早就是来自南印度的古代语言。① 早期的印度人在马来亚宫廷中影响巨大，他们通晓梵文宗教经典、法律文书，熟谙印度文学经典，常被聘为祭师、大臣、教师和国王的顾问。例如，羯荼（Kedah）是一个位于今天马来西亚西北部吉打州的古国，来自印度科罗曼德尔的印度商人在前往中国和东南亚国家的途中，经常在此停船补充淡水食物、进行交易，有的印度商人则长期居留此地传播印度的宗教和文化。在当今该地区的考古发现中有相当数量的神庙和印度文化遗物，这些遗物里既有印度教的，也有佛教的。② 事实上羯荼深受印度文化的影响，不仅接受了婆罗门教和佛教，而且还让婆罗门教的僧侣在朝廷中发挥了重要的作用。婆罗门教就是从这个时候开始深入马来半岛的其他地区，吸引了众多的信徒。③ 因此，在公元初的几个世纪里，马来亚的那些当权者特别依赖于这些印度人，他们是当地王权文化以及管理才能和经验不可或缺的源泉。④

在印度文化持续不断的影响下，从公元前至公元 13 世纪，马来半岛的文化几乎都深深烙上了印度文化的印记，马来半岛也借此见证了马来亚的印度化过程。梵语被尊崇为神圣的语言，并作为传播文学之用语；古印地语对马来语的影响亦很广泛，已深入日常生活中的各个方面。现代马来语中依然保留了大量的梵文和古印地语借词。（见表 1—1、表 1—2）古印度的经典著作如《吠陀经》《往世书》《梵书》《印度史诗》等在马来亚广为流传。印度文化对马来亚的影响由此可见一斑。在理查德·温斯泰德先生的《马来人的文化历史》（*The Malays：Cultural History*）一书中，对早期的印度文化对形成现代马来文化的巨大贡献作了深入的分析。⑤ 尽管后来的马六甲王国改宗伊斯兰教，但早期的印度人移民及其文化对马来亚的影响毋庸置疑。

---

① 参见王民同主编《东南亚史纲》，云南大学出版社 1994 年版，第 162 页。

② 参见理查德·温斯泰德《马来亚史》，姚梓良译，商务印书馆 1974 年版，第 39—42 页。

③ 参见朱振明主编《当代马来西亚》，四川人民出版社 1995 年版，第 57 页。

④ 参见尼古拉斯·塔林《剑桥东南亚史》（上册），王士录等译，云南人民出版社 2003 年版，第 237 页。

⑤ 参见 Richard Winstedt, *The Malays：A Cultural Story*（Revised Edition），Singapore：G. Brash, 1981, pp. 18 – 33, 63 – 90, 139 – 152。

表 1—1	马来语中的梵文借词（部分）	
Abantara = abentara 传令官	Duka 悲痛、苦恼、困惑、悲观	Jambu 南洋珍果、莲雾
Acar 甘酸味南洋食物	Dupa 乳香、香料、焚香	Jampi 魔法、咒语
Acara 宗教礼仪	Gada = gadah 棍棒、小旗、枪旗	Jasa = bakti = setia 功名、功绩、恩泽
Adil 公道、正当	Gadamala = lengkuas 一种香料植物	Jaya 灵魂、幽灵
Agama 宗教、教派	Gading = danta 象牙、象牙制品	Jentera = jentra 车轮、纺织车、齿轮
Anda 麝香、麝香猫	Gahara = gehara 合法、正式	Jiwa 生命、灵魂、精神、魂魄
Angkara = anggara 邪恶、暴行、狂暴、淫逸	Gaharu = gahru = kayu gaharu 沉香木、制造香精的坚木	Kanji 淀粉、糊、粥
Angsara = huruf 文字、字体	Gajah 大象	Kerana 原因、因为
Anugerah 好意、恩赐	Gangsa = angsa 鹅	Keling = kalinga 南部印度人人种
Bahtera = perahu 小舟、厢船	Genta = genta 钟	Kota 堡垒、要塞
Bala 军士、陆军、平民、人民	Gergaji = gaji-gaji = gaji 锯	Kuasa 权力、支配力、大家、体力、伟大
Bidadari = Widadari 天人、神仙	Garuda = burung geroda 神鸟、神鸳	Singghasana 王座、王位
Chempa = cempaka 木兰科黄花树	Gnta = genta（hindi）铃、呼铃	Sri = Seri 幸运、成功、吉祥
Dadeh = ladeh 凝固的牛乳产品	Gombala = genbala 牧羊者、畜牧	Suka = ria 欢喜、满足、狂喜
Daksina = selatan 南方	Gula 砂糖	Telaga 水井、池、湖水
Dewa 神人、妖精、仙女	Guru = gulu 教师、传导师、教授者	Tembaga 青铜器、赤铜、黄铜
Dewana 朝廷	Harta = herta 财产	Utsaha 勤勉、尽力
Dewangga 编织	Hinda = herta 财产	Warna = urana = werna 优等、高级
Dewasa 光阴、日月	Indera = indra 加在天神前面的名字	Warna = urana = werna 颜色、色调
Dewata 神格、神性、神的本质	Istana = astana 王宫、宫殿	Wasangka 疑惑、疑心
Dina 贫穷、卑贱	Isranggi = stanggi 熏香、香烟	Warta = werta 新闻、报道、世评
Diraja 王族	Jambu 南洋珍果	Wira = perawira 英雄、勇士、伟人
Denda = dnda 罚金、减奉	Istimewa 特殊、特别	Yogi 行者、苦行者
Dosa 罪恶、罪障	Jaga = djaga 照顾、警戒、保护、注意	
Endul = hindola 摇篮、摇床		
Erti = arti = herti 意味、理解		
Derata 不幸、受苦		

资料来源：武富正一：《马来语大词典》，旺文社 1946 年版。转自［马］周泽南《马来西亚语言规划之研究——单语政策与弱势语族诉求之冲突》，硕士论文，中国台湾淡江大学，2006 年，第 44—45 页。

表1—2　　　　　　　　马来语中的印地文借词（部分）

Abaimana = apamanya 女性生殖器、肛门	Bichara = bicara 审议、诉讼	Gerahana = gerhana 月蚀
Abilah 水痘	Bidadari 天人、神仙	Gua = goa 洞岩窟
Acar 甘酸味南洋食物	Chakerawala 天空、天界	Hanuman 印度史诗的神猴
Achi 姊、妇女、伯母、叔母	Chempa = cempaka 木兰科黄花树	Jaga = jiaga 照顾、警戒、保护、注意
Afsun = fasuna = perona 魔法、妖术、魅力	Cuti = chuti 休假	Jambu 南洋珍果
Alpa = lepa = lupa 怠慢	Dadeh = Iadeh 凝固的牛乳食品	Jannah 天国、净土、极乐世界
Ana = rupee 货币单位	Daerah 管辖区域	Jawab 回答、解答、应战、答辩
Angkara = anggara 邪恶、暴行、狂暴、淫逸	Dandi 小乐器	Kali 倍数、乘
Anggerka 外套、上衣	Dap 皮鼓	Kota 堡垒、要塞
Anggor = anggur 葡萄树、葡萄	Dedak = busi 米糠	Kshatriyas 武士阶级
Antara 中间、间隙	Dhobi = dobi 洗濯屋、洗濯工人	Kuli = bruruh 苦力、劳动者
Autah 虚言、夸言	Dukan = dukkan 店铺、商馆、工场	Sri = seri 幸运、成功、吉祥
Bahaduri 勇猛的、武士般的	Duka 悲痛、苦劳、困惑、悲观、苦恼	Suka = ria 欢喜、满足、狂喜
Baju = jubah 上衣、外套	Endul = hindola 摇篮、摇床	Sundal = pandayang 娼妓
Bangkah = pangkah 种姓阶级——僧侣、武士、农商、苦力	Ganda = Kali 倍数单位	Tambur = tambor 乐器——太鼓
Beristeri 结婚了、有妻子了	Gari 手枷	Telaga 水井、池、湖水
Beristeri 婆罗门教僧侣	Gelinggam 赤铅、铅丹	Tembaga 青铜器、赤铜、黄铜
	Guni = goni 装米谷类的黄麻袋	Tera = chop = chap 印章、封印
	Guna 用途、价值	Beta 王自称、朕

资料来源：武富正一：《马来语大词典》，旺文社 1946 年版。转自周泽南《马来西亚语言规划之研究——单语政策与弱势语族诉求之冲突》，硕士论文，中国台湾淡江大学，2006 年，第 44—45 页。

（二）马六甲王国时期马来亚的印度人

15 世纪马六甲王国的兴起结束了马来半岛南部四分五裂的局面。马六甲王国何以皈依伊斯兰教，其历史缘由众说纷纭。① 不过在马六甲王国伊斯兰教化的过程中，商业贸易等经济印度显然扮演了不容忽视的角色。根据《马来纪年》的记载，巴塞②王国是在得到阿拉伯穆斯林商人和印度穆斯林商人传教士的帮助下建立起来的一个穆斯林国家，巴塞充分利用伊斯兰教的纽带作用，巴塞王国的商业和人口都相当繁荣。③ 从另一方面来看，马六甲在伊斯兰教化的过程中，大体上保留了传统的社会政治制度，它的主要官职名称多是本地传统的和印度式的，鲜有伊斯兰的职称。④ 而很多和宗教有关的马来语词汇仍然是源自印度梵文的词汇。这些都是宗教文化相互融合的表现，即使是印度教《吠陀经》所偏爱的咒文，通过简单地附加一句关于信仰安拉的表白，也可以合法化了。⑤ 商业在马六甲皈依伊斯兰教过程中的作用是显而易见的。或受此影响，马六甲早期的统治者也积极效仿巴塞王国的做法，试图通过皈依伊斯兰教把穆斯林商人吸引到马六甲来。而伊斯兰教在马来亚地区的迅速传播，也将东南亚地区所谓的"贸易时代"推向了高潮。⑥

---

① 多数学者认为马六甲皈依伊斯兰教是出于商业发展的需要。马六甲海峡素来是东西方重要的交通要道，而当时正值中世纪后期，穆斯林商人特别活跃。由于商贸是马六甲王国兴盛的基础，为了吸引西亚和印度的商人（当时绝大多数是穆斯林）并得到他们的支持，马六甲王国皈依伊斯兰教似乎势在必行。马六甲王国"田瘦谷薄，人少耕种"，单靠农业很难繁荣起来。参见（明）马欢《瀛涯胜览》；但也有学者认为，马六甲苏丹是为了脱离暹罗及满者伯夷两大佛教强邻的威胁，必须寻求经济上的自给自足及军事上的外援，故以联络中东穆斯林国家和远东中国两大势力来抗衡。参见蔡源林《马来西亚伊斯兰教化的历史根源》（http：//www. islambook. net/xueshu/list. asp？ id = 3089 2002 - 11 - 10）。

② 巴塞王国是13 世纪苏门答腊王室的后裔摩罗悉楼在阿拉伯商人谢赫·伊斯迈尔和来自南印度的苏丹穆罕默德的传教下建立起来的，王号为苏丹·马利克·阿斯——萨利得（意为纯洁的君王）。参见梁志明等《古代东南亚历史与文化研究》，昆仑出版社 2006 年版，第 359—360 页。

③ 参见李一平《试论伊斯兰教在东南亚岛屿地区的传播》，载《南洋问题研究》2005 年第 2 期。

④ 参见邹启宇《伊斯兰教在东南亚》，载《亚非》丛刊 1982 年第 1 期。

⑤ 参见约翰·F. 卡迪《东南亚历史发展》，中译本，上海译文出版社 1985 年版，第 214 页。

⑥ 参见梁志明等《古代东南亚历史与文化研究》，昆仑出版社 2006 年版，第 366 页。

　　不管马六甲苏丹出于何种目的，伊斯兰教在这里得到了充分的认可。一次来自穆斯林泰米尔人的宫廷政变，则加速了马六甲皈依伊斯兰教的进程。[①] 马来统治者遂开始了"自上而下"[②] 的宗教改革，此举促成了伊斯兰教在马来半岛一统天下的基础。当地的印度教信徒纷纷改宗伊斯兰教，印度教不可避免地开始衰落。直到 19 世纪后期，随着大批印度移民的到来，印度教才又逐渐兴旺起来。[③] 随着马来半岛印度教（还有不少佛教徒）与伊斯兰教的此消彼长，印度教徒和佛教徒的影响在马六甲王国日渐衰微，印度穆斯林乘机开始登上马六甲的政治、经济舞台，成为影响马来亚的最主要的外部因素。因此，在马六甲时代，往来于马六甲海峡、孟加拉湾里的印度商船，主要是印度的穆斯林船队，他们在这片区域的商业影响已经远远超过印度教商人的影响。在同时代的欧洲人对东南亚的商业活动的记载中，主要提及的是印度穆斯林商人以及他们的商船，从这里也得到了很好的印证。[④]

　　早期的伊斯兰教是个富有扩张性的宗教，它本身是在商业城市的背景下成长起来的。由于伊斯兰教中并不存在那些教士阶层，因此，穿越孟加拉湾来到马来亚传播伊斯兰文明的先驱很可能就是那些商队的成员，他们实际上是伊斯兰教基本信仰在早期最显著的传播者。[⑤] 就此而言，印度穆斯林与那些早期就来到马来亚的印度教、佛教的先驱者之间存在本质的区别，即那些穆斯林商人不仅从事商业活动，他们还是伊斯

---

　　① 参见理查德·温斯泰德《马来亚史》，姚梓良译，商务印书馆 1974 年版，第 82 页。关于东南亚的伊斯兰化的过程与马六甲苏丹王国产生的外部条件及其发展过程，至今尚无比较权威的定论。但学者们普遍接受的是，在马六甲作为一个商业中心的兴起、在这个地区作为首屈一指的马来人港口城市，以及在东方的土地上传播一种新的信仰（伊斯兰教）方面，印度人及其同胞（系指穆斯林）无疑扮演的是具有重要意义的支配性角色。参见 Sandhu, Kernial Singh, *Indians in Malaya：Some Aspects of their Immigration and Settlement*（*1786 - 1957*），London：Cambridge U. P.，1969，p. 25.

　　② 蔡源林：《马来西亚伊斯兰教化的历史根源》（http：//www. islambook. net/xueshu/list. asp? id =3089 2002 - 11 - 10）。

　　③ 参见姜永仁、傅增有等《东南亚宗教与社会》，国际文化出版公司 2012 年版，第 299 页。

　　④ 参见 Cite from Sandhu, Kernial Singh, *Indians in Malaya：Some Aspects of their Immigration and Settlement*（*1786 - 1957*），London：Cambridge U. P.，1969，p. 26.

　　⑤ 参见尼古拉斯·塔林《剑桥东南亚史》（上册），王士录等译，云南人民出版社 2003 年版，第 422 页。

兰教精神责无旁贷的骑士。

由于早期的马来半岛的繁荣完全有赖于穆斯林商人的商贸活动,那些长期致力于印度和东南亚之间商贸往来的印度穆斯林商人也因此备受马来统治者的欢迎,而共同的宗教信仰,成为印度穆斯林商人在马来亚得心应手又一关键因素,印度穆斯林商人因此颇受马来苏丹们的赏识。在马六甲王国统治时期,很多印度穆斯林商人自然被吸纳到马来统治机构,其影响力已经不再局限于王宫或港口,而早期的印度教徒和佛教徒的影响一般很少超出旧时的王宫或港口以外的地方。[①] 印度穆斯林充分利用宗教和商贸活动,不断博取马来统治者的信任,进一步巩固了与马来穆斯林统治者的关系。而与印度穆斯林商人背道而驰的是,日渐衰落的印度教商人却选择与马六甲王国的劲敌葡萄牙人为伍,此举自然无益于他们与马来穆斯林的关系。[②] 因此,当马来人、荷兰人在马六甲海域不断袭扰葡萄牙人的贸易之时,印度教商人的贸易也无法幸免,印度教商人在马来亚的影响力进一步被削弱。与此同时,穆斯林总体上在半岛地区巩固了他们的地位,特别是那些印度古吉拉特人及泰米尔人,在15世纪末之前,就已成为马六甲王宫里一股举足轻重的力量,一度操控了马六甲大臣的任命。一位具有纯粹的泰米尔血统的商人卡西姆(Kasim)被任命为马六甲的首席大臣即是最好的例证。[③] 马来亚的印度穆斯林商人享受这种优越的地位一直持续到18世纪末。[④]

二 1511—1784年马来亚的印度人
(一) 葡、荷殖民时期马来亚的印度人

1511年,葡萄牙人的入侵使辉煌一时的马六甲王国成为历史,马

---

① 参见 Sandhu, Kernial Singh, *The Coming on the Indians to Malaysia*, in K. S. Sandhu & A. Mani, *Indian Communities in Southeast Asia* (ed). Times Academic Press and Institute of Southeast Asian Studies, 1993. p. 151.

② 参见理查德·温斯泰德《马来亚史》(上册),姚梓良译,商务印书馆1974年版,第35、128—129页。

③ 参见 Sandhu, Kernial Singh, *Indians in Malaya: Some Aspects of their Immigration and Settlement (1786 - 1957)*, London: Cambridge U. P. 1969, p. 28.

④ 参见 Khoo Kay Kim, "Malay Attitudes towards Indians", in K. S. Sandhu & A Mani (eds), Indians Communities In Southeast Asia, Singapore: *Times Academic Press and Institute of Southeast Asian Studies*, 1993, p. 266.

来半岛重新陷入割据争雄的局面。不过，16 世纪葡萄牙及 17—18 世纪荷兰的商业殖民主义虽先后侵入马来半岛，但由于葡萄牙与荷兰殖民者的主要目标是建立一个试图控制印度以东的海上商业帝国，以便夺取印度、印尼群岛、中国等地经济资源，其只要在航路所通过的沿海地区占据殖民地，以利于物资的转运即可。① 因此，葡萄牙人占领马六甲，非但没有消灭马六甲苏丹政权，反而迫使其王室及马来流亡贵族向四方扩散，此种结果也助长了马来半岛甚至印尼各岛地区的伊斯兰化运动。② 17 世纪末，伊斯兰教在大部分马来世界确立。由于宗教的缘故，印度穆斯林商人不仅没有陷入不利境地，反而在改宗伊斯兰教的马来穆斯林港口广受欢迎，获得了更多的商业机会，并逐渐成为马来半（群）岛地区唯一的印度供货商。虽然如此，荷兰人并未将印度穆斯林商人视为宗教上的宿敌，仅把其作为贸易上的竞争对手而已。③

随着荷兰人在马六甲堡垒的陷落，荷兰人也成为继葡萄牙人之后在马六甲的匆匆过客，印度穆斯林商人又趁机加强了他们在马六甲的地位。印度教商人此时发现已经无法在改宗伊斯兰教的马来港口与印度穆斯林直接竞争了。在这种情况下，很可能是出于经济利益上的考量，迫使马来亚印度教商人不得不退守陆地继续发展。

虽然葡、荷殖民时期印度穆斯林商人比印度教商人获得了更多的商业机会，但马来亚和印度两地持续不断的冲突和动荡也阻碍了马来亚印度穆斯林商人的进一步发展。④ 从 17 世纪开始，莫卧儿王朝的统治与影响每况愈下，最终使曾经盛极一时的莫卧儿王朝四分五裂，南亚次大陆局势动荡，引发各地滥发货币，印度商业发生信贷危机，印度的商业发展遭到沉重打击。⑤ 这对印度的海外贸易来说是个沉重的打击。无论

---

① 参见蔡源林《马来西亚伊斯兰教化的历史根源》（http：//www. islambook. net/xueshu/list. asp？id = 3089）。

② 同上。

③ 参见 Sandhu, Kernial Singh, *Indians in Malaya: Some Aspects of their Immigration and Settlement* (*1786 - 1957*), London: Cambridge U. P. , 1969, p. 29.

④ 参见 Bremmer, *Report of Governor Balthasar Bort on Malacca, 1678*, JMBRAS, 1927, p. 123.

⑤ 参见 Kristof Glamann, *Dutch-Asiatic Trade, 1620 - 1740*, Copenhagen: Danish Science Press, 1958, p. 66.

是印度教还是穆斯林商人，他们在马来亚的影响都遭到空前的削弱，形势的发展对他们二者都不利。曾经几度被印度人支配的马来亚海上贸易，都悉数落入欧洲人之手。规模小、管理落后的印度商行很难与那些规模庞大、实力雄厚，并率先实行了现代集权化管理的葡萄牙人、荷兰人及英人的现代公司竞争。欧洲人逐渐主宰了马来亚的商业舞台。

在葡萄牙人与荷兰人的贸易垄断下，马六甲的贸易主导权逐渐易至欧洲人之手，在马六甲的印度商人开始备受打击。[①] 但印度商人此时并未完全被排挤出马来亚，在一些马来苏丹的邀请下，印度商人辗转到马来亚的其他地区继续商业活动，如吉打、霹雳等地。然而随着印度和马来亚相继被征服，特别是前者沦为西方殖民地，加速了印度人在东方海外贸易的进一步衰落，其结果是印度人对马来亚的影响又进一步式微。此时，无论是在政治上还是在经济上，印度人对马来亚当地事务的影响都已显得无足轻重了，直到 20 世纪最初的几十年才有所转变。然而时过境迁，印度人再也未能在马来亚恢复他们昔日的辉煌地位。因为在英殖民统治下大规模涌入马来亚的印度人已完全是另外一个阶层，无论从何种角度来看，这些印度人和他们的先辈都已不可相提并论了。

（三）英殖民统治前马来亚印度人的定居情况

在葡萄牙、荷兰以及英国的相继统治下，印度人成为马六甲的永久居民。有关资料表明，从 17 世纪开始，一些印度人开始在马来亚定居下来，并试图以农业为生。[②] 至 1641 年年底，马六甲就已有印度

---

① 例如，葡萄牙人的贸易垄断使马六甲港口贸易深受影响而造成无法弥补的损失，同样的货物价值低的在这里因为所付关税反而价值高了。商人们就改道前往马来亚的柔佛和霹雳的河口以及苏门答腊的日里和亚齐，而来自中国的帆船也不敢再在暹罗湾中的北大年以南冒险航行。当葡萄牙人跟踪追赶，把所有印度船舶全都烧毁并把所有企图从马六甲溜走的印度船员沦为奴隶时，这个强暴的措施进一步减少了港口的贸易而不得不被抛弃。而在荷兰人统治时期，其对航行于马六甲海峡的商船实行管制，不准印度穆斯林商人进入马来半岛港口。参见理查德·温斯泰德《马来亚史》（上册），姚梓良译，商务印书馆 1974 年版，第 172 页；梁英明、梁志明等：《东南亚近现代史》，昆仑出版社 2005 年版，第 141 页。

② 参见 Sandhu, Kernial Singh, *Indians in Malaya: Some Aspects of their Immigration and Settlement* (*1786 – 1957*), London: Cambridge U. P., 1969, p. 26.

穆斯林和印度教教徒 574 人。① 印度人在此依然秉承了他们的宗教习俗，在 18 世纪，荷兰人甚至授予印度教教徒一块土地用以修建印度教庙宇。持续不断地来自科罗曼德尔海岸的移民则维系了泰米尔穆斯林的宗教认同，此举通过与当地马来妇女通婚而得到了进一步强化。②

比印度人定居马六甲略晚些时候，一些印度人开始在更北边的吉打定居，他们都是来自科罗曼德尔海岸的穆斯林茱莉亚人。这些定居点大概始建于 18 世纪，当时马六甲与穆斯林世界的贸易已被封锁。当莱特爵士发现槟榔屿后，开始有印度人追随移民来到此地。根据有关资料，18 世纪早期的槟榔屿和威尔士省均有为数不少的茱莉亚人在此定居，充当渔夫、小贩、农民等角色。③ 此后，从槟榔屿到科罗曼德尔海岸的港口之间都有定期的航运，印度茱莉亚人就是这样不断抵达槟榔屿的。不过他们当中的绝大多数人只是临时的客居者，在挣够一定的生活所需后就返回印度，也有少数一些人在此定居，并与当地马来妇女通婚。到了 19 世纪末，定居下来的大部分印度人开始融入当地马来社会，由此产生了一个叫爪夷土生（Jawi Pekan）④ 的马来印度人混血社会群体。当马来亚的大规模印度劳工移民开始后，印度茱莉亚人自发移民马来亚的浪潮就自然减退了。

总之，在英殖民统治建立前，印度人对马来亚的影响深远，直至今日也很容易在马来半岛找到残存的印迹。尽管如此，在英人到来之前，马来亚的印度人却不多见，他们中的大部分聚集在如今的马六甲州。由于人数少，这些印度人不得不操新居地的语言，同化的作用显而易见，这是英殖民统治前的马来亚印度人并不多见的最主要原因。今天马来西亚为数众多的印度人，则完全是英殖民统治下的以劳工为主体的近代移

---

① 参见理查德·温斯泰德《马来亚史》（上册），姚梓良译，商务印书馆 1974 年版，第 228 页。

② 参见 Arasaratnam, Sinnappah, *Indians in Malaysia and Singapore*（Revised edition）. Bombay: Oxford University Press, 1979, p. 7.

③ 参见 T. J. Newbold, *Political and Statistical Account of the British Settlements in the Straits of Malacca*, London: Oxford University Press, 1839, Vol. I, p. 8.

④ 爪夷土生（Jawi Pekan），即印度人和马来人的混血后代。（http://en.wikipedia.org/wiki/Jawi_ Peranakan）

民及其后裔的总称。

第二节　英属马来亚时期的印度人移民

一　英属马来亚时期印度人移民马来亚的原因

正如前述，尽管远在公元前印度人就开始来到马来亚，但在英国统治马来亚之前，马来亚印度人并不多见。根据已有的资料表明，现代印度人移民至马来亚可以追溯至 1786 年殖民地槟榔屿的建立。但即便如此，截至 1833 年，马来亚印度人还不足 1.5 万人。[①] 随着英属殖民地印度的确立及英国在马来亚势力的进一步巩固，为印度人大规模移民马来亚创造了必要的条件。19 世纪下半叶，印度人开始有组织、大规模地涌入马来亚，印度人移民在马来亚的人口调查中始具重要的意义。印度人在英国殖民统治时期大规模移民马来亚的原因是多方面的，我们大致可从以下三个方面来透析这背后的因素。

（一）印度劳工大规模移民马来亚的国际背景

印度劳工大规模移民马来亚，产生的背景不仅与欧洲资本主义国家的殖民地经济发展状况有直接的关系，它亦与黑奴贸易有很大的关联。因为贩卖黑奴的贸易是欧洲殖民统治建立殖民地经济的一个非常重要的组成部分，是维系殖民地经济正常运转所必需的条件之一。后来大量的印度劳工（包括华人劳工）被欧洲殖民统治者引入他们所控制的殖民地从事繁重的体力劳动，也是殖民地经济发展使然。从某种程度上来说，印度劳工的输出，就是黑奴贸易的继续。[②]

15 世纪 40 年代，葡萄牙人率先从西非海岸猎捕黑人，贩运到欧洲，开启了历史上臭名昭著的奴隶贸易。之后，荷兰、英国、法国等国也纷纷加入贩奴行列，而使奴隶贸易在 17—18 世纪达到了前所未有的

---

① 参见 Snodgrass, Donald R, *Inequality and Economic Development in Malaysia*, Kuala Lumpur: Oxford University Press, 1980, p. 24.

② 参见贾海涛、石沧金《海外印度人与华人国际影响力比较研究》，山东人民出版社 2007 年版，第 68 页。

规模。自 15 世纪到 19 世纪，约有 1500 万非洲黑人被贩卖到美洲为奴。① 尽管黑奴贸易为西方资本主义的形成和发展起到了巨大的作用，但随着资本主义经济的发展，黑奴贸易也越来越成为资本主义经济发展的障碍。以 18 世纪 60 年代英国工业革命为标志，西方各国相继完成了由资本主义资本原始积累向自由资本主义的过渡，工场手工业到工厂制大机器生产的飞跃，使资本主义的生产力发展出现了前所未有的速度。为适应这种形势，西方各国迫切需要庞大的雇佣劳动大军、广阔的国外市场和原材料产地。当时的非洲被看作"一个潜在的商品销售市场，投资场所和矿藏的来源"，成为欧洲各国统治集团和商界垂涎的对象。然而，黑奴贸易却把大量的非洲劳动力强行贩往海外，造成了非洲人口的严重凋零，不但阻碍了自由雇佣劳动大军的形成，而且也妨碍了西欧各国所需原材料的供给。② 欧洲帝国主义的海外殖民地，大部分地区都出现了劳动力严重短缺的状况，尤其是在加勒比海地区。这种状况对英国等帝国主义国家以生产蔗糖、咖啡、茶叶、可可、大米和橡胶为主的殖民地经济是个沉重的打击。因而，只有废除了奴隶贸易，才有可能就地利用非洲劳动力，开发当地丰富的自然资源，为西方提供取之不竭的原料。③

与此同时，以英国为代表的西方资本主义国家的经济发展又达到了一个新阶段或高度，其标志就是工业化的程度或工业化的能力又有了进一步的提高。因此，在英国本土，劳动力也大量短缺，很多苏格兰人、爱尔兰人、威尔士人都来到大城市，以填补城市劳动力的空白。曾经也有人建议考虑从殖民宗主国移民劳动力为殖民地服务，但这种设想很不现实。首先，随着工业革命在西方各国的相继爆发，各国纷纷兴起的劳动密集型产业也开始面临劳动力不足的问题；其次，多数欧洲人并不适应热带殖民地炎热的气候，欧洲人乐意的移民之地是美国，或是气候比较宜人之地，如澳大利亚、新西兰等地；最后，在殖民统治者的眼中，欧洲人并不是理想的廉价劳动力，因为在成本上引进欧洲劳动力的成本

---

① 参见杨瑛《英国奴隶贸易的兴衰》，载《河北大学学报》（哲学社会科学版）1985 年第 2 期。

② 参见姬庆红《奴隶贸易缘何废止》，载《历史学习》2002 年第 1 期。

③ 参见贾海涛、石沧金《海外印度人与华人国际影响力比较研究》，山东人民出版社 2007 年版，第 70 页。

要远高于殖民地地区的劳动力成本，欧洲人也不可能屈从于那种奴隶或准奴隶的待遇，这将给管理带来诸多不便，殖民统治者只有另谋他路。于是，人数众多、成本低廉的亚洲劳动力就成了殖民者的理想选择，这是引发印度、中国等一些亚洲国家和地区大量劳工移民的重要缘由之一。①

18 世纪末 19 世纪初，欧洲人在美洲建立的海外殖民地大部分获得独立。在欧美大多数国家，反对黑奴贸易的呼声日渐高涨，跨越大西洋的黑奴贸易被迫终止。1807 年，英国废止了奴隶贸易；1834 年，英帝国废除了其海外殖民地的奴隶制；1846 年，法国废除了其海外的殖民地的奴隶制；1873 年，荷兰也在它的海外殖民地废除了奴隶制。② 从此，跨越大西洋的黑奴贸易寿终正寝。随着欧洲人在美洲大陆的殖民地纷纷独立，欧洲殖民者加紧了向其他殖民地的征服和开发，以攫取更多海外资源，而奴隶制的废除，也加快了印度劳工向英国海外殖民地如马来亚的移民步伐。

（二）劳工输出地印度的历史背景

首先，英国的殖民统治为印度人大规模移民海外铺平了道路。18 世纪初，在莫卧儿王朝统治者奥朗则泽布去世后不久，印度就陷入割据争雄的分裂局面。③ 印度的割据势力相互削弱，这种形势正好为英国侵略印度提供了便利——正如马克思所形象描绘的："大莫卧儿的无上权力被他的总督们摧毁，总督们的权力又被马拉塔人摧毁，马拉塔人的权力被阿富汗人摧毁，而在大家这样混战的时候，不列颠人闯了进来，把他们全都征服了。"④ 到 19 世纪中期，几乎整个印度都沦落在英人铁蹄之下。从此，印度的利益从属于大英帝国的利益，这种状况一直延续到1947 年印度宣布独立。在此期间，殖民地印度的行政管理完全受英国殖民统治者的操控，为印度人大规模移民海外提供了政治及立法上的保

---

① 参见贾海涛、石沧金《海外印度人与华人国际影响力比较研究》，山东人民出版社 2007 年版，第 70 页。

② 参见 K. Laxmi Narayan, "Indian Dispora：A Demographic Perspective"（in http：//www. uohyd. ernet. in/sss/cinddiaspora/occ3. html）.

③ 参见林承节《印度史》，人民出版社 2004 年版，第 206 页。

④ 《马克思恩格斯全集》第 12 卷，人民出版社 1998 年版，第 245 页。

障，确保了印度人大规模移民海外的顺利进行。当马来亚迫切需要大量印度劳工时，印度殖民地政府甚至直接插手印度人移民马来亚事宜。[①]

其次，印度民族工商业受到排挤，大批印度人无以为生。18世纪末到19世纪末，英国资本主义发展到工业资本统治阶段，英国在印度的殖民政策从这时起发生了重大变化，从原始积累阶段的殖民政策转变为自由资本主义阶段的殖民政策，新的殖民政策的中心，旨在将印度变成英国的商品市场和原料产地。1813年东印度公司对印贸易垄断权被取消后，大批英国私商蜂拥来印。英国的毛纺织业、冶金业、煤炭业以及五金、玻璃、造纸业等厂主也都希望在印度得到广阔的销路。这些大工业制造品特别是棉纺织品便成了英国对印输出的主要产品。以往英国从印度输出手工业制造品，此时被停止，改为输出农业原料如棉花、生丝、粮食等，这意味着印度从制造品输出国变成英国工业品的输入国和农业原料的供应国。[②] 与此同时，英国殖民者开始对印度的民族工商业实行处处压制，对英国的工商业则采取保护性政策。英国大机器产品成本本来就低，加之又享受差别关税，竞争能力更进一步提升，这就大大帮助了它占领印度市场。而印度的民族工业产品首先被英国的关税壁垒堵死了外销出路，又被殖民政权的高过境税抬高了销售价格，这样在竞争中自然处于极不利的地位，其结果是市场渐渐被英国货夺去，印度的丝织业、造船业、五金业、制糖业等民族工业发展受到严重的挫折。[③]

英国商品进军的结果是打垮了印度一些传统的、获得相当发展的手工业部门，破坏了现有的生产力。此前，作为四大文明古国的印度，无论是手工业还是商业的发展都在世界历史上占有一席之地，特别是对相对落后的东南亚地区而言，其手工业产品在马来亚等地颇受当地人的欢迎。[④] 20世纪初，手工业者大量破产的现象不断出现，1901—1911年

---

①　参见 Stenson Michael, *Class, Race and Colonialism in West Malaysia: The Indian Case*, Vancouver: University of British Columbia Press, 1980, p. 18.

②　参见林承节主编《殖民主义史：南亚卷》，北京大学出版社1999年版，第143、146页。

③　同上书，第147页。

④　参见 Adapa Satyanarayana, "Birds of Passage: Migration of South Indian Labour Communities to South-East Asia; 19 – 20th Centuries, A. D" (http://www.iisg.nl/-clara/publicat/clara11.pdf).

有将近 50 万手工业者丧失生计。[①] 在同时代的西方国家，失去生产资料的手工业者和农民被吸收到新兴工业部门，但在印度，既然没有新工厂创建，就没有大量吸收失业手工业者和失地农民的途径。[②] 千百万传统的印度手工业者失去了世代相传的谋生手段而不得不考虑移民海外谋生。

最后，土地兼并和高利贷盛行使成千上万农民失去土地，人口激增导致劳动力严重过剩。在英殖民统治之前，印度的农耕地几乎没有任何市场的价值。[③] 但随着来自英国的新的土地拥有权、测量、财产登记制度以及民事法庭的引进，土地已经变为可以交易的不动资产，市场的运作使得土地的价格很快在全印度的范围内不断飙升。18 世纪末至 19 世纪 20 年代，东印度公司在英属印度先后实行三种正规的地税制[④]，给土地关系带来重大变革，在印度历史上第一次从法律上确立了土地私有制，这与当时的经济发展趋向是一致的。然而，殖民统治者为了榨取更多地税，继承了已经摇摇欲坠的国家最高土地所有权。他们在推进土地关系中新趋向发展的同时，又人为地阻碍这种趋向的彻底发展，其结果便使封建主和农民的土地私有制变成了残缺不全的、不伦不类的怪物。

地主土地私有制是在牺牲农民利益的基础上确立的，农民一夜之间就丧失了对其耕种的土地世世代代享有的不容剥夺的权利，成了无权佃农。[⑤] 19 世纪末 20 世纪初，随着英国资本的输出和原料掠夺的加强，绝大部分农民的经济状况继续恶化，导致高利贷的猖獗。1906 年，高利贷致使全国大约有 1/3 的农民失去了土地，成为"高利贷者的农奴"。[⑥]

此外，人口的增长也远远超出印度本土的承受能力。长期以来，印

---

① 参见林承节《殖民统治时期的印度史》，北京大学出版社 2004 年版，第 202 页。

② 同上书，第 65 页。

③ 参见 Bhatia, B. M, *Famines in India*, London：1963，pp. 18 - 19. 转自林承节《殖民统治时期的印度史》，北京大学出版社 2004 年版，第 203 页。

④ 即柴明达尔永久地税制、莱特瓦尔地税制、马哈瓦尔地税制。

⑤ 参见林承节《印度史》，人民出版社 2004 年版，第 235—238 页。

⑥ 《1906—1907 年印度财政报告》，1906 年，第 163 页，转自林承节《殖民统治时期的印度史》，北京大学出版社 2004 年版，第 203 页。

度的人口增长缓慢，但从 19 世纪中期开始，印度人口增长迅速。据统计，1845 年全印度人口大约 1.3 亿人，1931 年增至 3.38 亿人，1941 年已近 4 亿人。[①] 人口增长过快，而工业、服务业不能容纳这些富余的劳动力，大量的过剩人口都集中在农业，这又导致农业人口增长过快。例如，在 1891 年印度仅有 170 万农业劳动力，但在 1901 年就达到 350 万，而 10 年后就已高达 4100 万。[②] 印度的人均土地随着人口的倍增而越来越少。据统计，1891—1892 年实际从事农业的人口的人均土地为 2.23 英亩，到 1939—1940 年，仅有 1.90 英亩。[③] 微薄的收入根本难以满足一个家庭的基本生活需求，大量过剩劳动力不得不在市场上找雇主，充当雇工。但此时印度的工业发展不足以容纳所有剩余劳动力，大部分劳动力只能充当农业雇工。由于没有文化，且缺乏技术，很多人只能从事体力劳动。而更难以抹杀的事实是，许多农民属于低种姓甚至贱民身份，在印度等级森严的种姓制度下，而不得不忍受令人窒息的欺压和剥削。因此，移民海外几乎成为这些人逃避种姓肆虐、寻找出路的唯一选择。[④]

（三）劳工输入地马来亚的历史背景

从资本主义政治经济体系构建的角度而言，英国殖民统治马来亚后所带来的政治经济环境的变化为印度劳工大规模移民马来亚创造了有利条件。自 1786 年弗莱士从吉打苏丹手中租借得控制槟榔屿开始，英人便逐渐扩大其在马来半岛内陆地区的影响，采取蚕食的手段逐步将马来半岛置于其控制之下，并最终在 1914 年将整个马来亚纳入英国的殖民体系，确立了英人对马来亚的绝对统治。马来亚在英国的统治之下也被迅速

① 参见 Sandhu, Kernial Singh, *Indians in Malaya：Some Aspects of their Immigration and Settlement*（*1786 - 1957*），London：Cambridge U. P. , 1969, p. 38.

② 参见 R. K. Das, *Plantation Labour in India*, Calcutta：R. Chatterji, 1931, p. 14. and in Sandhu, Kernial Singh, *Indians in Malaya-Some Aspects of their Immigration and Settlement*（*1786 - 1957*）. London：Cambridge U. P. , 1969, p. 38.

③ 参见林承节主编《殖民主义史：南亚卷》，北京大学出版社 1999 年版，第 236—237 页。

④ 关于印度种姓对印度人移民马来亚的促进作用，可参见 Rajakrishnan Ramasamy, *Caste Consciousness Among the Indian Tamils：A Case Study of Four Rural and Urban Settlements*（M. A. thesis），Malayxia：University of Malaya, 1979.

纳入当时的资本主义世界，成为其分工体系下的一个边陲成员。[①] 至此，马来亚与印度同属英国殖民体系中的成员之一，这就为同一殖民体系内的不同地区之间大规模的人员往来创造了便利的条件。

从移民目的地对劳工需求的角度而言，种植园经济刺激殖民地马来亚急需大量劳工。工业革命的结果导致英国急需将其控制下的殖民地转变为支撑大规模工业生产的原材料供应地和大工业生产的产品倾销地。随着英国在马来半岛殖民统治的逐渐稳固，殖民官方开始鼓励西方资本对马来亚进行商业开发，以攫取更多的经济利益。此举为马来亚的发展计划（主要是对农业进行商业性的开发）吸引了大量的资本，尤其是来自欧洲人的资本支持马来亚的开发计划。19世纪20年代，马来亚开始大规模经济作物——胡椒和香料的种植，继而又分别在30年代和70年代开始进行甘蔗与咖啡的试种并一举获得巨大成功。[②] 1870年，马来亚从巴西引进橡胶树种试种获得成功，不久后其栽种的价值也因汽车、自行车等充气轮胎的发明而暴涨，几乎在全世界范围内刮起一阵"橡胶风暴"，数以百万的英镑注入马来亚投资橡胶的种植。[③] 1897年，全马各地已开始遍种橡胶树，1900年就已有橡胶园20200公顷，1905年马来亚橡胶大量出产，至1938年时马来亚橡胶园已高达1322000公顷（见表1—9）。

大种植园的兴旺以及橡胶种植业的兴起，急需大批劳动力。不过当地马来人却无法满足这种对劳工的巨大需求。根据相关资料显示，1850年马来各邦只有大约30万人口，显然无法满足半岛开发的人力需求。[④] 更何况马来人本身拥有土地，喜欢相对闲散的传统生活方式，对那些领取固定工资的工作也毫无兴趣。而殖民者也一向对当地马来人抱有过于懒散的刻板偏见，马来联邦第一任总驻扎官瑞天咸爵士（Sir Frank

---

① 参见王国璋《马来西亚的族群政党政治（1955—1995）》，唐山出版社1997年版，第24页。

② 参见 Kenial Singh Sandhu，"The Coming of the Indians to Malaysia"，in K. S. Sandhu & A. Mani，"Indian Communities in Southeast Asia"（ed）. *Times Academic Press and Institute of Southeast Asian Studies*，1993，p. 151.

③ 参见王国璋《马来西亚的族群政党政治（1955—1995）》，唐山出版社1997年版，第25页；赵世洵《马来亚建国史》，星洲世界书局有限公司1968年版，第49页。

④ 参见 Victor Purcell，*Malaysia*，London：Thames and Hudson，1965，p. 71.

Swettenham）曾评价说："马来人在某种程度上懒惰……时间观念不强。"① 而华人不易管理，尽管欧洲业主不断地试图控制华人，但他们很快发现自己无法超越文化的障碍，华人劳工组织的影响力使得欧洲人的企图屡遭挫折。② 欧洲的劳工因成本太高而不切实际，邻近的爪哇人则在荷兰人的掌控之下。③ 1833—1834 年，英国本土在废除奴隶制以后，以及随着工业革命的迅速发展，英国内外劳动力不足问题更显突出。而殖民地经济的蓬勃发展也顿时使得马来亚殖民地政府很快面临严重的劳工短缺问题。为填补劳动力不足问题，英国殖民者便开始把注意力转向印度，在此情况下与马来半岛仅一水之隔的印度人几乎成了不可或缺的劳工队伍之源。

选择印度劳工，还有一个重要的原因。马来亚许多欧洲的政府官员和种植园主，多数是在印度和锡兰（今斯里兰卡）有过种植和管理经验，特别是在大规模种植咖啡的年代，是从印度和锡兰来到马来亚发展。此前这些欧洲雇主已有使用南印度劳工的习惯，这种情况也极大地方便了马来亚种植园对劳工的管理。④ 就印度劳工而言，他们早在故土就已经熟悉和认可了英国的殖民统治，对他们而言，移民马来亚只不过是移民到了英国的另一块殖民地。

除了经济的目的和行政管理的原因，殖民地马来亚大量引进印度人还隐含了一定的政治动机。1840 年中国发生的鸦片战争以及随之而来的 1851—1864 年的太平天国运动，造成中国国内局势动荡，大批无以为生的东南沿海农民纷纷出国寻找生路，东南亚是华人最主要的移民目的地，因此大量的华人在同期涌入马来亚。在欧洲雇主看来，华人劳工的优点是吃苦耐劳。但华人桀骜不驯，在陌生的环境里秘密结社和拉帮结派的问题比较严重，相互之间经常爆发利益冲突，常引发一些地区的

———————

① 转引自 Barbara Watson Andaya and Leonard Y. Andaya, *A History of Malaysia*, New York: St. Martin's Press, 1982, p. 176。

② 参见尼古拉斯·塔林《剑桥东南亚史》（下册），王士录等译，云南人民出版社 2003 年版，第 27 页。

③ 参见 Kenial Singh Sandhu, "The Coming of the Indians to Malaysia", in K. S. Sandhu & A. Mani, "Indian Communities in Southeast Asia" (ed). *Times Academic Press and Institute of Southeast Asian Studies*, 1993, p. 152.

④ Ibid. , p. 154.

局势动荡，这种情况很快就引起殖民者的高度警觉。而印度劳工的优点主要是驯服、温顺，且南印度劳工中多数是种姓制度下的贱民，属于"最听话的人"。因此，很大程度上也是出于政治上的考量，为削弱华人移民所带来的潜在政治威胁，印度移民被视为一种制衡机制而被大量引进。[①] 毫无疑问，英人需要丰富的廉价劳动力，更需要易于控制、管理的温顺劳工。对于殖民者而言，毕竟确保殖民地政权的稳定才是能够维系殖民者各种利益的最优先考量。

殖民时期的劳工移民固然是印度人移民马来亚的主体，但这并不是英属马来亚时期唯一的印度人移民来源。随着马来亚殖民统治的建立，英语自然成为殖民统治机构的交流用语。政府部门、商业机构等急需熟谙英语的人才。然而，直到 19 世纪中叶，马来亚的英语教育实际上并没有取得多大的成就，这主要归咎于殖民政府。殖民政府提供英语教育的主要目的仅限于为殖民地政治、经济发展提供最低限度的人力资源，即培养一个西化的、通晓英语的殖民政府或中下层职员阶层。但教育带来的广泛的社会现代化的效果，会促进族群之间的沟通与交流，而这正是殖民者所担心的。当时任霹雳驻扎官的瑞天咸爵士曾对英语教育的过度推广表示担心："一个必须防止的危险是大规模的英语教育……我认为向农村人口的孩子们提供一种语言的完全陌生的知识是十分不明智的，这将使大多数人无法适应生活的责任，并会对诸如体力劳动之类的任何事情表示不满。"[②] 显然，殖民政府并不希望普及英语教育，其将享受英语教育的对象限制在一个非常狭小的范围内，学费比较昂贵，英语学校数量少且主要集中于城市，所以只有各个社区的富有阶层才有机会在英语学校就读。直到 20 世纪 20 年代，殖民政府才在农村地区小规模地推广英语教育，以培养更多的马来人充实低级官僚阶层。1923 年在马来联邦英语学校登记的马来学生约 700 人，1933 年时已上升到 2500 人。[③] 纵观

---

① 参见 Kua Kia Soong, *Polarisation in Malaysia*（ed），Petaling Jaya（Malaysia）：K. Das Ink. 1987，p. 13.

② Martin Rudner, *Malaysian Development*：*A Retrospective*，OTTAWA，1994，pp. 284 - 285. 转引自陈晓律等《马来西亚：多元文化中的民主与权威》，四川人民出版社 2000 年版，第 60 页。

③ 参见 Hua, Wu Yin, *Class and Communalism in Malaysia*：*Politics in a Dependent Capitalist State*，London：Zed Books，1983，p. 33.

整个殖民时期，马来亚的英语教育一直带有明显的"贵族化"特征。

显然，马来亚的本地人中能够熟谙英语的人士并不多见，能够胜任政府部门工作且又会说英语的本地人更是寥寥无几。为数不多的英语人才多为华人，但他们大部分更倾向于选择愿意支付高薪报酬的私人雇主。因此，殖民地马来亚急需大批英语人才充当比较低层次的管理阶层，以维持马来亚殖民机构的正常运转。这样，无论是政府部门还是私人雇主，只有向马来亚之外引进英语人才。当时除英国本土外，英语人才比较充沛的主要有澳大利亚、新西兰、锡兰及印度。但马来亚的工资水平并没有多大的吸引力，要在英国、澳大利亚、新西兰等地招募薪酬较低的职员，可能性微乎其微，何况在马来亚的欧洲人的死亡率普遍比其他海外殖民地都要高，被公认为"白人的坟墓"。① 但在印度，马来亚的招募条件却具有足够的吸引力。例如，在 19 世纪末，马来亚殖民政府机构的一般公务员、教师及技术助理等职业的薪酬普遍相当于锡兰的两三倍，有时甚至相当于印度的四倍。② 从距离上而言，印度与马来亚互为近邻，马来亚也具备明显的地缘优势。从就业的角度而言，印度当时经济状况不佳，大批英语知识分子和刚毕业的大学生无从就业，或在失业的边缘徘徊。马来亚的条件相对这些印度人而言具备强烈的吸引力，大批会说英语的印度人因此来到马来亚谋生，其中主要来自印度的南部。这是因为马来亚殖民政府和种植园等招募的劳工主要来自南印度的泰米尔人、马拉雅兰人、泰卢固人，因而印度南部会说英语的人在这里备受欢迎。这些人很好地在殖民地官员、欧洲雇主与印度劳工之间充当了沟通的桥梁。

二　英属马来亚时期印度人移民类型与过程

（一）移民的类型

1. 罪犯移民

从 19 世纪起，印度移民按马来亚对移民需求的不同和时局的变

---

① Amarjit Kaur, *Indian Labour*, *Labour Standards*, *and Workers' Health in Burma and Malaya*, *1900 - 1940*, Modern Asian Studies 40, 2（2006）pp. 425 - 475.

② Ibid.

化逐渐分为几种不同形式，印度罪犯移民即是最早的形式之一。海峡殖民地确立不久，东印度公司即通过它在孟加拉的分支机构向马来亚输入罪犯移民。这些罪犯主要服务于殖民政府的公共基础设施建设，服刑期满后，他们一般被遣送回国，但也有不少罪犯获准留下。这些罪犯移民绝大多数都不是惯犯，多是因为一时经济贫困而被迫犯罪的。相对而言，罪犯移民人数并不多，在马来亚的印度罪犯移民总共也不过数千人而已。例如，1805 年有 3802 人，1857 年有 4024 人，1860 年有 4063 人。① 尽管规模不大，但罪犯移民的影响却不小，罪犯移民引起公众舆论的广泛关注和批评，迫于社会压力，罪犯移民在 1860 年不得不被禁止，剩余的罪犯移民到 1873 年也都悉数被遣返印度。②

2. 契约移民

在 19 世纪的前三四十年，印度人的移民活动是分阶段进行的，同时富有明显的季节性，但没有大规模的组织性。最初的印度劳工移民从 1810 年开始，移民邻近的锡兰。它由私人机构组织，随后便开始小批量地移往其他一些有劳工需求的地方。在这股移民潮的背后，推动移民的机制是几乎贯穿整个 19 世纪的契约制度。但直到 1872 年，印度政府才通过法律将其合法化，并加以控制。③

1867 年，海峡殖民地仍属于英属印度的一部分，那时印度人移民海峡殖民地被视为在印度境内的自由流动，因此，除了 1857—1859 年印度殖民政府有关部门对移民往来孟加拉湾有防止超载的规定外，印度与马来亚方面往来两地的移民活动没有任何限制。④ 1864 年，由于印度契约劳工所受的非人的虐待被曝光，印度劳工移民海峡殖民地被国会禁止，但牵涉到太多的相关法律程序，这个移民禁令实际上并未得到有效

---

① 参见 Yang, Anand A, "Indian Convict Workers in Southeast Asia in the Late Eighteenth and Early Nineteenth Centuries", University of Hawai'i Press: *Journal of World History*, Volume 14, Number 2, June 2003.

② Ibid.

③ 参见苏瑞福《第二次世界大战前马来亚的印度移民》，周益群译，载《中山大学研究生学刊》1986 年第 4 期。

④ 参见 Tinker, Hugh, *A New System of Slavery: The Export of Indian Labour Overseas, 1830 – 1920*, London: Oxford University Press, 1974, p. 111.

执行。[1] 最主要的是海峡殖民地当时还处在印度政府的管辖之下。然而，从 1867 年开始，形势有所变化，海峡殖民地开始脱离印度政府的管辖，直接接受英国殖民署的管理，此前印度殖民政府的一些移民禁令开始逐渐对其生效，移民海峡殖民地此时竟属于非法行为。[2] 有鉴于此，印度马德拉斯地方政府不得不削减对印度人移民海峡殖民地的审批数量，除非得到特别的许可，并且要经受各种严格检查才予以放行。

但马来亚种植园经济的发展迫使海峡殖民地政府强烈要求印度殖民政府取消移民的限制，经过海峡殖民地政府与印度殖民政府协商，1872 年印度殖民政府出台了移民法修正案，才取消了印度人移民海峡殖民地的禁令。在新的制度下契约劳工的管理有所变化，它对契约劳工的契约长度（一般为三年）、返程时间、劳工差旅费、劳工工资均有所规定，且劳工可以到达海峡殖民地后再签约。1876 年海峡殖民地第一个条例和 1877 年印度第五法案对此又进一步作了完善和说明。1877 年，日益增长的劳工移民现象开始引起有关方面的重视，经过海峡殖民地政府和印度政府的磋商后决定，双边政府都任命一名官员来管理移民事务。马德拉斯政府任命了一名移民护卫官，而海峡殖民地政府则在纳加帕蒂南派驻了一名移民专员，他们主要负责移民的招募、移民招募执照的发放等工作。为防止可能发生的意外，所有被招募的劳工都被要求亲自向一名官员宣布他的移民行为为自愿行为。[3]

在契约制度下，南印度的劳工在雇主为其先垫付各种移民费用、协商好工资的前提下与雇主签订三年的契约，合同期满后，劳工可以选择作为自由劳工留在马来亚种植园或者返回印度。契约的实质是雇主根据契约可以强迫劳工为其服务。20 世纪初随着橡胶产业的蓬勃发展，引发了对劳工的巨大需求，由此而引发了更为尖锐的劳工短缺问题。由于契约劳工三年期满后可以自由选择到任何种植园工作并享受更高的工资

---

① 参见 J. Geoghegan, *Note on Emigration from India*, Calcutta: Government Press, 1873, pp. 63 – 64.

② 正式生效时间是在 1870 年。参见 Office of the Economic Adviser to the Government of India, *Indians in Malaysia Economy*, Indian Government: New Dell, 1950, p. 20。

③ 参见 Amarjit Kaur, *Indian Labour, Labour Standards, and Workers Health in Burma and Malaya, 1900 – 1940*, Modern Asian Studies 40, 2 (2006), pp. 425 – 475.

待遇，为挽留劳工，雇主经常违法强迫劳工续签契约的事例屡见不鲜。
虽然印度殖民政府明确规定招募劳工时不得以虚假手段隐瞒印度劳工在
马来亚的真相，但一些契约劳工的招募机构为尽可能招满劳工数量，不
择手段美化劳工在马来亚的实际状况，以欺骗甚至绑架的手段"招募"
大量契约劳工，契约制度因而成为众矢之的，被外界形容为"有组织的
绑架制度"。[①]

表1—3　　　　　　印度契约移民马来亚人数（1880—1910）　　　单位：人、%

年份	印度契约移民	占整个印度移民的百分比	年份	印度契约移民	占整个印度移民的百分比
1880	1298	25.7	1895	1637	10.2
1881	1038	15.2	1896	2810	13.9
1882	1661	16.7	1897	2732	13.3
1883	1626	15.3	1898	3413	17.9
1884	1716	10.7	1899	5078	25.5
1885	1691	7.9	1900	8694	22.6
1886	2992	14.7	1901	3965	14.0
1887	5046	29.3	1902	2736	13.5
1888	5001	24.0	1903	506	2.3
1889	2921	16.0	1904	2783	9.1
1890	3132	17.0	1905	5542	14.0
1891	3736	12.4	1906	3674	7.1
1892	2051	11.1	1907	5499	8.9
1893	2343	12.9	1908	5456	10.0
1894	1801	12.0	1909	4119	8.3
			1910	2523	3.0

资料来源：Annual Report on Indian Immigrates。转自苏瑞福《第二次世界大战前马来亚的印度移民》，周益群译，载《中山大学研究生学刊》1986年第4期。

① 参见 J. Geoghegan, *Note on Emigration from India*, Calcutta：Government Press, 1873, p. 63.

根据契约引进的劳工主要受雇于种植园，同时也受雇于铁路、公共工程建设等政府部门。尽管有法律保护，但由于缺乏选择职业的机会和自由，契约劳工所占的比例越来越小。到了19世纪末，长期的契约也已不适合种植园的发展需求。因此，1899年，契约服务期限由三年缩减为两年。与此同时，印度人移民马来亚开始出现了新的制度——坎加奈制度，以及在1908年又出现了"政府资助移民"这一新的招募制度。这两种劳工招募制度都比契约制度更人性化，更加受到印度劳工的欢迎，加之舆论界对契约制度的强烈抨击，马来亚殖民政府和海峡殖民地政府终于分别在1910年6月和12月取缔了契约移民制度。[①]

从表1—3可以看出，在强行取缔前的30年间，印度契约移民每年的人数一般在1500—5500人的范围内波动，没有持续增长的迹象。在整个殖民时期，马来亚的印度契约移民一般低于15%，在整个劳工移民过程中并不占据重要地位。

3. 坎加奈移民

在19世纪最后的20年里，一些咖啡种植园逐渐发展起一套与契约制度并行的劳工招募制度——坎加奈（kangany）制度。[②] 在泰米尔语言中，"坎加奈"意为监工之意。种植园主为绕开一些中介机构而直接委派自己的监工，通常是一个已经受雇于该种植园的雇工——从自己的家乡（印度）招募劳工，其事先从雇主那里预支一定的酬金。但是，监工需预先为那些愿意受募却无法支付移民费用的劳工支付差旅费，然后再从移民的月薪中扣除这笔费用。在多数情况下，这些劳工的第一个月工资是不足以付清债务的，因此一开始他们就成为监工的债务人，他们很容易被沦为监工剥削压榨的对象。[③] 坎加奈制度对劳工的剥削和压榨几乎不受任何约束。但坎加奈劳工与契约劳工有所不同，即他们在法律上是自由移民，而不受任何契约的限制。这些劳工的差旅费有时也由雇主通过监工来承担，但实际上他们必须为雇主服务，直到还清债务为

---

① 参见 J. Norman Parmer, *Colonial Labor Policy and Administration*, New York: J. I. Augustin, Inc. 1960, p. 50.

② 也有些学者翻译为"康甘尼制度"。

③ 参见 Office of the Economic Adviser to the Government of India, *Indians in Malaysia Economy*, Indian Government: New Dell, 1950, p. 22.

止。除了必须遵守某些劳工管理法外，最初的坎加奈劳工的招募几乎不受任何约束，直到1884年，才有监工招募人本身须获得相关许可证的规定。

作为契约制度的对立产物，坎加奈制度在20世纪初由于橡胶园的发展获得空前的发展，表1—4显示了1904—1907年契约制度与坎加奈制度招工数量的此消彼长，就表明了这两者的发展趋势。随着坎加奈制度的发展，该制度越来越受到马来亚殖民政府和雇主的青睐。由于理论上劳工不需要签约，劳工享有人身自由，具备更大的流动性，因而马来亚殖民政府认为是劳工招募制度的一大进步。[1] 事实上，种植园相对偏僻，劳工生性怯弱，种植园工作的繁重也削弱了他们的流动性，所谓的"自由"不过是个表面现象。而从雇主的角度来说，因为绕开了一些类似契约劳工招募中介的居中抬价，坎加奈制度招募的劳工所需费用要便宜得多，仅为契约制度招募费用的3/4。[2] 劳工的成本无疑是影响雇主选择劳工招募方式最为关键的因素。由监工从其家乡招募劳工，监工一般能够为雇主比较严格把关，这样也为种植园主带来了更多优良的劳工。而早期的契约制度招募的劳工由于是通过中介很难避免"滥竽充数"的问题。例如，有些劳工因为身体的原因根本无法胜任种植园繁重的体力劳动。此外，监工对自己招募来的劳工比较熟悉，在坎加奈制度下招募来的劳工很少发生潜逃事件。监工实际上也是利益的既得者，监工对每个劳工的工资都要抽取一定的"人头税"，如果发生劳工潜逃的话监工本人无疑也要蒙受一定的损失。[3] 但随着20世纪初橡胶园对印度劳工的需求剧增，马来亚殖民政府成立了印度移民委员会，这个委员会建立了印度移民基金，资助招募工作，同时允许所有申请入境的印度劳工自由迁入。这些举措实施后，坎加奈制度开始衰落，但并没有完全停止运作。1920年，实际只有12%的印度人移民是通过政府资助的方式

---

① 参见 Amarjit Kaur, *Indian Labour, Labour Standards, and Workers' Health in Burma and Malaya, 1900–1940*, Modern Asian Studies 40, 2 (2006), pp. 425–475.

② 参见 Office of the Economic Adviser to the Government of India, *Indians in Malaysia Economy*, Indian Government: New Dell, 1950, p. 22.

③ 参见 Sandhu, Kernial Singh, *Indians in Malaya-Some Aspects of their Immigration and Settlement (1786–1957)*, London: Cambridge U. P., 1969, p. 101.

进入马来亚，仍然有高达88%的劳工移民是通过坎加奈制度招募的。但到了1937年，89%的劳工移民是通过政府资助的方式进入马来亚，而通过坎加奈制度招募的劳工仅为11%了。[①]

表1—4　　　　1904—1907年契约制度与坎加奈制度招募人数对比　　　单位：人

年份	契约劳工	坎加奈劳工
1904	2600	3300
1906	3700	20200
1907	5500	24700

资料来源：Office of the Economic Adviser to the Government of India, *Indians in Malaysia Economy*, New Dell: Indian Government, 1950, p. 23.

在1929—1932年的世界经济大萧条的冲击下，马来亚的种植园经济发展严重受挫，马来亚对劳工的需求锐减，在马来亚的印度劳工也大批失业，马来亚根本无须输入劳工，坎加奈制度被暂停。[②] 经历了大萧条之后的马来亚殖民政府，对颁布坎加奈制度的许可证有所限制，只对一些茶园和油棕种植园颁布了一些招募劳工的许可证。在坎加奈制度被废除的前一年（1937年），马来亚殖民政府仅为坎加奈制度颁发了97个招募许可证。[③] 此时印度国内民族主义日益高涨，坎加奈制度也不断遭到印度民族主义分子的强烈抨击，监工对劳工的压榨以及在招募过程中的一些欺骗诱拐行为遭到曝光后，劳工与监工之间的实质关系也备受质疑。许多人认为坎加奈制度是变相的现代奴隶制度，也不过是另一种改头换面的契约制度而已。[④]

[①]　参见 Office of the Economic Adviser to the Government of India, *Indians in Malaysia Economy*, Indian Government: New Dell, 1950, p. 24.

[②]　参见 Arasaratnam, Sinnappah, *Indians in Malaysia and Singapore* (Revised edition) Bombay: Oxford University Press, 1979, p. 19.

[③]　参见 Office of the Economic Adviser to the Government of India, *Indians in Malaysia Economy*, Indian Government: New Dell, 1950, p. 24.

[④]　参见 Tinker, Hugh. *A New System of Slavery: The Export of Indian Labour Overseas, 1830 - 1920*, London: Oxford University Press, 1974, pp. 56 - 57.

随着劳工需求的下降，坎加奈制度也逐渐失去了它原有的价值。尽管如此，马来亚种植园协会及马来亚劳工部仍希望保留坎加奈制度，但印度政府迫于舆论的压力而不得不在 1938 年废除了坎加奈制度。至此，坎加奈制度寿终正寝。即使这样，坎加奈制度由于允许劳工携带家眷前往马来亚，为劳工的举家迁移提供了一定的便利，在一定程度上受到广大印度劳工的欢迎。这个规定对稳定劳工队伍，使得越来越多的印度移民从漂泊到根植，成为永久的马来亚居民具有重要的历史意义。（表 1—5 显示了 1899—1903 年通过坎加奈制度招募的印度人数量）

表 1—5　　　　　　　坎加奈制度招募移民人数表　　　　单位：人、%

年份	人数	占整个印度移民的百分比	年份	人数	占整个印度移民的百分比
1899	2446	12.3	1904	3774	12.3
1900	7828	20.3	1905	8429	21.3
1901	4147	14.7	1906	22647	43.5
1902	1711	8.5	1907	26948	43.4
1903	2125	9.6			

资料来源：苏瑞福：《第二次世界大战前马来亚的印度移民》，周益群译，载《中山大学研究生学刊》1986 年第 4 期。

4. 政府资助移民

20 世纪初，劳工移民已远远不能适应急剧拓展的橡胶业的需求。为解决劳工短缺问题，鼓励更多的印度人移民到马来亚。1907 年，劳工政策有了显著的变化，马来亚殖民政府成立了一个半官方的移民机构——印度移民委员会（The Indian Immigration Committee）以促进和监督印度劳工的招募工作。翌年，在这个委员会的努力下，马来亚殖民政府通过了泰米尔移民基金（1910 年更名为印度移民基金）法，规定印度移民委员会管理印度移民基金，并完全作为输入印度劳工的资金。该项基金是马来亚殖民政府和印度劳工的雇主捐献而成立，资金的多少视雇主招募的劳工数量而定。由于马来亚殖民政府是劳工的最大雇主，因此，实际上马来亚殖民政府是移民基金资金来源的主要承担者。印度移民委员会的主要工作是就印度劳工问题向政府提出建议，并根据国家的需要，通过控制招募许可证的数量和招募津贴来调节资助移民的输入。

在印度移民委员会的管理和监督下，移民发展为两种不同的类型——受募的移民和非受募的移民。除了最初几年里有职业招募人参加外，资助移民的招募都是在政府的严格控制下，由获得特许证的监工来执行。招募人从雇主那里取得一定报酬，有时差旅费也由雇主支付，而后雇主则申请从移民基金中获取招募补助金。至于移民，他们从印度到马来亚工作地点的所有费用，几乎都由移民基金支付。因此，与监工招募移民和契约移民相比，这些移民不负债务，而且只要在一个月前通知雇主，他们就可以自由改变职业。①

世界经济大萧条期间，资助移民于 1930 年 8 月 6 日停止，只有一小部分希望在马来亚定居的非受募劳工和其家眷移居马来亚。（表1—6 反映了 1908—1939 年的印度资助移民人数）非受募的资助移民是指那些只要向在阿瓦迪（Avadi）或纳加帕蒂南（Nagapatam）的马来亚移民专员申请就可以自由前往马来亚的移民。到马来亚后，这些移民和他们的家属可以免费乘车船到达目的地。从 1925 年起，他们还可以领到一份额外津贴：成年人每人 2 美元，12 岁以下的儿童每人 1 美元。② 这项移民中相当一大部分是那些到印度探亲访友后又与亲友一起回到马来亚的印度人。不过，从 1938 年后，印度移民基金会只为在马来亚的印度劳工的家属探亲后返回印度提供必要的资助了。

---

① 参见 Gamba Charles, *The National Union of Plantation Workers: The History of the Plantation Workers of Malaya 1946 - 1958*, Singapore: Published by Donald Moore for Eastern Universities Press, 1962, p. 98.

② 参见 Office of the Economic Adviser to the Government of India, *Indians in Malaysia Economy*, Indian Government: New Dell, 1950, p. 33.

表 1—6　　　　　　　印度资助移民人数表（1908—1939）　　　　单位：人、%

年份	印度资助移民	占整个印度移民的百分比	年份	印度资助移民	占整个印度移民的百分比	年份	印度资助移民	占整个印度移民的百分比
1908	21841	40.1	1919	88021	86.8	1930	42627	60.7
1909	21963	44.1	1920	78855	82.8	1931	111	0.5
1910	60347	72.1	1921	15413	33.7	1932	17	0.1
1911	84389	77.8	1922	38336	65.3	1933	20	0.1
1912	79838	74.7	1923	30234	61.1	1934	45469	50.8
1913	91236	76.9	1924	43147	77.7	1935	20771	31.3
1914	36905	72.1	1925	70198	77.4	1936	3754	8.2
1915	54881	72.9	1926	149414	85.5	1937	54849	44.3
1916	72091	75.4	1927	123826	78.6	1938	4580	10.2
1917	78407	87.0	1928	27240	42.7	1939	0	0.0
1918	55583	85.1	1929	82183	71.7			

资料来源：Annual Report on Indian Immigrates for the Year 1908—1911, Malaya; Annual Report of the Labour Department, 1912 - 1938. 转自苏瑞福《第二次世界大战前马来亚的印度移民》，周益群译，载《中山大学研究生学刊》1986 年第 4 期。

20 世纪 30 年代世界经济大萧条时，殖民地马来亚经济也深受影响，印度资助劳工移民制度于 1930 年 8 月 6 日被暂停。尽管如此，马来亚的劳工已经出现过剩，失业情况尤为严重。为避免失业带来的各种突发事件，1931—1933 年，大约有 19 万印度劳工在政府的资助下被遣返印度。1934—1935 年，马来亚殖民政府又对印度人移民人数实行配给制，限制印度人的流入。劳工部很快就发现遣返劳工的费用不菲，而且很多印度人并不愿离开马来亚。为了避免被遣返的命运，一些印度人开始四处寻找新的工作机会，因而一些印度劳工开始流向马来亚各地。鉴于此，1938 年马来亚殖民当局开始削减劳工的工资和工作时间以减少对印度劳工的遣返，一些公共基础设施也加快建设以吸纳更多的剩余劳工。① 即便如此，那些保住了工作的劳工，无论是"自由劳工"还是契约劳工，都只能勉强度日，由于工作时间减少以及有时甚至是半失业，其工资逐步减少到只相当于 1929 年的一半水平。②

事实上，在大萧条期间资助移民并非完全中断，其间也有一小部分希望在马来亚定居的非受募劳工和他们的家属移居马来亚。资助移民（主要以非受募的形式）于 1934 年 5 月又重新出现，直到印度政府于 1938 年 6 月 15 日颁布完全禁止非技术劳工移居国外的禁令后，这项移民制度才最终结束。尽管资助移民的总人数起伏不定，但在 1931 年前，受募的资助移民仍居主要地位，一般占 70% 以上。在世界经济危机期间和经济危机之后，情况恰好相反，非受募的资助移民至少占资助移民总数的 90%。③

5. 自由移民

自由移民起源很早，其存在的时间又最长，在第二次世界大战爆发前丝毫不受政府控制。通常情况下，他们主要是自己想办法并自费到马来亚，少部分人依靠在马来亚的亲友为他们的行程和职业做好一切安排。在 20 世纪 30 年代世界经济危机期间，以自由移民形式移居马来亚的劳工不断增加，原因主要在于这样就可以避免检疫处长达一周的强制检疫。不过，从 1938 年 6 月 15 日印度政府颁布禁止非技术劳工移居马来亚的禁令起，自由移民便不得不被暂停，但事实上自由移民依然以各种形式继续小规模存在。到 1941 年 12 月 8 日第二次世界大战战火蔓延到马来亚时，印度自由移民被迫中断。在战后最初的几年，小规模的印度自由移民再度出现。但从 1953 年 8 月 1 日起，自由移民受到 1953 年的移民法案和 1959 年修正案的严格管束，此后自由移民基本被停止了。④（表 1—7 反映了 1880—1939 年印度自由移民人数。）

---

① 参见 Office of the Economic Adviser to the Government of India，*Indians in Malaysia Economy*，Indian Government：New Dell，1950，p. 24.

② 参见尼古拉斯·塔林《剑桥东南亚史》（下册），王士录等译，云南人民出版社 2003 年版，第 155 页。

③ 参见苏瑞福《第二次世界大战前马来亚的印度移民》，周益群译，载《中山大学研究生学刊》1986 年第 4 期。

④ 参见 Office of the Economic Adviser to the Government of India，*Indians in Malaysia Economy*，Indian Government：New Dell，1950，p. 25.

表 1—7　　　　　　　印度自由移民人数表（1880—1939）　　　单位：人、%

年份	印度自由移民	占整个印度移民的百分比	年份	印度自由移民	占整个印度移民的百分比	年份	印度自由移民	占整个印度移民的百分比
1880	3755	73.4	1901	20247	71.6	1921	30260	66.3
1881	6769	99.4	1902	15795	78.0	1922	20338	34.7
1882	8276	83.3	1903	19399	88.1	1923	19268	38.9
1883	3979	84.7	1904	24144	78.6	1924	18905	34.0
1884	14365	89.3	1905	25568	64.7	1925	20510	22.6
1885	19819	92.1	1906	25720	49.4	1926	25381	14.5
1886	17316	85.3	1907	29827	48.0	1927	32306	20.5
1887	12156	70.7	1908	27174	49.8	1928	35832	56.2
1888	15812	76.0	1909	23735	47.6	1929	32069	28.0
1889	15285	84.0	1910	20853	24.9	1930	26343	37.5
1890	15341	83.0	1911	24082	22.2	1931	19581	94.4
1891	26446	87.6	1912	27090	25.3	1932	17717	95.1
1892	16370	88.9	1913	27347	23.1	1933	20222	99.9
1893	15899	87.3	1914	14312	27.9	1934	43637	47.6
1894	13455	90.0	1915	20442	27.1	1935	44420	67.0
1895	14368	89.8	1916	23475	24.6	1936	39437	86.3
1896	17340	86.1	1917	7079	7.9	1937	67717	54.7
1897	17367	86.7	1918	9708	14.9	1938	39627	88.4
1898	15613	82.1	1919	13412	13.2	1939	23961	100.0
1899	12935	64.9	1920	16365	17.2			
1900	22007	57.1						

资料来源：《印度移民年度报告书 1880—1911 年》《劳工部年度报告书 1912—1939 年》。转自苏瑞福《第二次世界大战前马来亚的印度移民》，周益群译，载《中山大学研究生学刊》1986 年第 4 期。

（二）移民的终结

早在 20 世纪 40 年代，一些马来亚民族主义分子就开始质疑殖民者毫无节制的移民政策，蜂拥而入的华、印两大外来移民几乎充斥了马来亚的每一个行业，提供了巨大的廉价劳工市场，分享了巨大的劳务市场这块利益的蛋糕，而马来人则被束缚于传统的土地上，马来人因此担心日益增长的外来移民很快将本地的马来人淹没。[①] 但马来亚的劳工本质上不过是欧洲人攫取巨额经济利益必不可少的生产工具而已，如果禁止移民，当地人口又无法满足殖民经济发展的需要，加之是否移民完全在殖民政府的直接掌控之下，外界的质疑对此毫无影响。因此，战前的马来亚殖民政府丝毫不理会马来亚民族主义分子对移民政策的批评，除了经济危机期间马来亚殖民政府对外来移民实行短暂的移民配给制外，其余时间几乎不加约束。

战后，风起云涌的殖民地解放运动极大地激发了马来亚民族主义分子的自信心，加之第二次世界大战期间在日军入侵时溃不成军的英军也让殖民者在被殖民者面前坚不可摧的神话形象毁于一旦，觉醒的马来民族主义不断高涨，各种民族主义团体和组织开始产生并越来越关注殖民地政府的有关移民政策，马来舆论也开始对殖民者的马来亚移民政策施加压力。马来民族主义分子认为印度移民阻碍了当地工资水平的提高，影响了生活水平的改善，消耗了更多的社会资源，更为重要的是印度移民的不断移入将影响族群之间的关系。而殖民者英人在第二次世界大战后大伤元气，实力远不能同战前的日不落帝国相提并论，为维护在马来亚的长远利益，英人不得不在一些方面软化立场，安抚情绪日益高涨的马来民族主义分子。因此，战后马来亚殖民政府的移民政策一改以往仅仅考虑英人在马来亚的经济利益，在制定移民政策时，也开始权衡英人在马来亚的政治利益，即殖民统治的稳定性。由于双方力量明显此消彼长，英人对此已经不能够熟视无睹了。战后的马来亚移民政策开始更多地充满了政治色彩。

尽管马来亚殖民当局在战后试图努力恢复印度劳工的输入，以弥补在日据时期的劳工损失，但1947年印度的独立使得马来亚殖民当局的努力化为泡影。独立后的印度政府热衷于国内外的政治和社会的变革，并认为劳工移民有损整个印度民族的尊严，因而禁止再向海外移民劳工。而从20世纪50年代初开始，即将取得独立的马来亚亦开始对移民

---

① 参见拉丁·苏那诺《马来民族主义（1896—1941）》，载《东南亚研究》1960年第4期。

实施严格的限制，踏上马来亚的印度移民仅限于那些专业技术人员。至此，印度劳工移民马来半岛实际上已经被完全中断了。[①]

三　英属马来亚时期印度人人口的变化

英属马来亚时期，马来亚的印度人增长迅速，到了独立之年，马来亚印度人已约占马来亚总人口的 11%（1957 年马来亚总人口为 7725000 人）。[②] 至此，它已经奠定了作为马来西亚第三大族群的坚实基础。根据英属马来亚时期印度人人口的增长情况，英属马来亚时期的印度人增长明显地可以分为两个不同的时期。

（一）1786—1873 年马来亚印度人人口的变化

1786—1873 年，马来亚的印度人主要集中在槟榔屿、马六甲、新加坡这三个较早的殖民据点。在此期间英人认为对于深入马来亚内陆地区并不能为其带来丰厚的回报。没有强大的利益驱使，英人不愿贸然深入内陆地区。1831—1833 年征服小小的南宁（Nan Ning）似乎印证了英人此前的想法。英人虽然取得南宁战争的胜利，却耗费其 10 万英镑的巨额开支，在此之后英人坚定地奉行不干涉的政策，一般只通过外交手段来保护在马来亚的英商利益。[③] 这种政策一直延续到 1874 年，故在此期间英人专心经营其海峡殖民地，经济的繁荣也促使在这个时期马来亚印度人人口的增长集中于此地。

自英人踏上槟榔屿的那天起，一些印度籍士兵、水手，以及其他一些闲杂的印度人就开始随之而来。根据莱特爵士的有关记录，至 1794 年，印度人数量已经仅次于岛上的华人数量。[④] 他们主要是茱莉亚人和来自科罗曼德尔海沿岸港口的一些印度人，也有些是从吉打等地迁移过

---

①　参见 Sandhu, Kernial Singh, "The Coming on the Indians to Malaysia", in K. S. Sandhu & A. Mani, "Indian communities in Southeast Asia" (ed), *Times Academic Press and Institute of Southeast Asian Studies*, 1993, p. 154.

②　参见 Sandhu, Kernial Singh, *Indians in Malaya-Some Aspects of their Immigration and Settlement（1786 - 1957）*, London：Cambridge U. P. , 1969, p. 175.

③　参见陈晓律等《马来西亚：多元文化中的民主与权威》，四川人民出版社 2000 年版，第 34 页。

④　参见 Sandhu, Kernial Singh, *Indians in Malaya-Some Aspects of their Immigration and Settlement（1786 - 1957）*, London：Cambridge U. P. , 1969, p. 177.

来的。新加坡基地建立后，实行的自由贸易政策极大地推动了新加坡的发展，世界商贾云集此地，新加坡迅速繁荣至极。虽然新加坡港口自开埠之初就始有印度人前来，然而在 1819 年之前，新加坡几乎还是片荒芜的岛屿，岛上并无印度人活动的踪迹，但两年后印度人就已达 132人。在莱佛士的自由贸易政策带动下，新加坡造就大量就业机会。在经济利益的驱使下，到了 1871 年新加坡的印度人就已达 11501 人，这些人中还不包括那些印度籍士兵。新加坡繁荣之后，马六甲的商业地位开始逐渐衰落，商业也从此萧条，不得已开始转而以发展农业为主。在经济转型期间，马六甲的印度人人口也相应经历了明显的变化（见表1—8）。马六甲在槟榔屿基地建立之前就已有一定数量的印度人定居，其中一些已与当地马来人通婚而融入当地社会，所以马六甲的印度人在大规模移民之前并不显著。

表 1—8　　　　　1794—1871 年槟榔屿、马六甲及新加坡三地的
印度人增长情况表
单位：人

槟榔屿		马六甲		新加坡	
年份	人口	年份	人口	年份	人口
1794	1000	1817	2986	1821	132
1812	7113	1834	2403	1833	2324
1833	10346	1860	1026	1850	6284
1871	18611	1871	3277	1871	11501

资料来源：转自 Sandhu, Kernial Singh, *Indians in Malaya-Some Aspects of their Immigration and Settlement（1786 - 1957）*, London：Cambridge U. P., 1969, p.175.

因此，在 1786—1873 年，马来亚印度人主要集中在海峡殖民地——槟榔屿、马六甲、新加坡。这段时期印度人人口虽然呈现明显增长的趋势，但仍然无法与下一阶段蜂拥而入时的增长态势相比。

（二）1874—1957 年马来亚印度人人口的变化

从 19 世纪 70 年代开始，英人加强了对马来亚全境的控制，西马各邦悉数落入英人控制之下。与此同时，英人为攫取巨大的利益，不断鼓励外来投资，特别是来自欧洲大陆的资本输入，并辅以各种优惠政策来

推动经济的发展。马来亚农商经济因此得到快速发展,对劳动力的需求
也与日俱增。无论是在海峡殖民地还是在受保护的马来各邦,印度人均
有明显的增长。迅速拓展的甘蔗、咖啡、茶叶等种植园以及不断膨胀的
庞大市政服务体系,1880—1890 年第一次引发印度人大规模移民马来
亚。1891 年马来亚的印度人增至约 7.6 万人,10 年后大约为 11.9 万
人[1],10 年间马来亚的印度人人口增长了大约 1.5 倍。[2]

　　1901 年后马来亚印度人人口的增长与殖民政府的公共设施建设计
划以及新一代油棕、橡胶园等种植园经济的发展紧密联系在一起,尤其
是马来亚橡胶经济的异军突起对马来亚印度人人口的膨胀起了很大的推
动作用。从表 1—9 就可以明显看出橡胶经济的发展与马来亚印度人增
长之间的关系。

表 1—9　　　　　1900—1938 年马来亚橡胶园与印度人人口对比表

单位:公顷、人

橡胶园的种植面积		印度人人口	
年份	面积（单位：公顷）	年份	人数（单位：人）
1900	20200	1911	268269
1911	21900	1921	470180
1938	1322000	1931	621847

　　资料来源: Kenial Singh Sandhu, "The Coming of the Indians to Malaysia", in K. S. Sandhu &
A. Mani, "Indian Communities in Southeast Asia" (ed), *Times Academic Press and Institute of South-
east Asian Studies*, 1993, p. 156.

　　尽管 1900—1938 年马来亚印度人总体上呈现攀升的趋势,但在
1911—1921 年这 10 年期间印度人增长的速度有所放缓,这主要囿于以
下几个方面的因素:(1) 1914 年第一次世界大战爆发,殖民地马来亚

---

　　① 参见 Kenial Singh Sandhu, "The Coming of the Indians to Malaysia", in K. S. Sandhu &
A. Mani, "Indian communities in Southeast Asia" (ed), *Times Academic Press and Institute of South-
east Asian Studies*, 1993, p. 152.

　　② 此数据根据前面数据推算而来。

宗主国英国卷入战争，战火在几个主要的欧洲帝国蔓延燃烧。欧洲大陆是马来亚经济的主要投资来源，也是马来亚外向型经济重要的贸易伙伴。以出口为导向的马来亚殖民经济因而大受影响，很多投资项目和计划都因资金问题而被迫延缓，尤其是能够吸收大量印度人移民的橡胶产业发展深受影响，大批印度人失业，直接导致印度人移民马来亚被印度当局全面禁止，直到1915年才取消印度人移民马来亚的禁令。（2）1918年，马来亚爆发严重霍乱，全马来亚超过40000人死亡，其中大部分是印度人。在霍乱肆虐期间，印度人死亡率一度高达372.0‰，马来人仅为129.6‰，华人也只有158.4‰。① （3）1917年4月，印度政府对海外的劳工移民作了进一步的限制，除了要求劳工必须取得许可外，对招募的数量也作了相应的调整，缩减为82000人，翌年又进一步削减为73000人。② 这主要是因为在此时的印度也同样需要大量的劳动力，大量移民外流，也影响了在印度的一些欧洲资本家的利益，因而18—25岁的男性移民被禁止。1919年，在马来亚殖民当局与印度有关方面的努力协调之下，移民的一切限制被取消。但马来亚境内爆发严重的霍乱，大批印度人劳工被迫滞留在印度境内。（4）印度卢比与海峡殖民地货币之间的汇兑率（海峡殖民地货币一度升值导致卢比兑换处于不利情况）也在一定程度上打击了印度人移民马来亚的积极性，而20世纪20年代末资本主义世界经济大萧条开始波及马来亚，客观上进一步降低了马来亚对印度劳工的需求。

　　虽然如此，在1911—1921年，印度人人口的增长幅度还是高达75%，远比其他两大族群——华人和马来人要高得多（同期的华人增幅为28%，马来人为15%）。③ 但这种增长的趋势并没有保持下去。在1921—1931年，印度人仅仅增长了32.2%。随后由于世界经济大萧条，以橡胶业为代表的种植园经济遭到严重的冲击，橡胶的价格在国际市场暴跌。如伦敦橡胶市场的价格在1929—1932年由每镑10.25便士跌到

---

① 参见 Sandhu, Kernial Singh, *Indians in Malaya：Some Aspects of their Immigration and Settlement（1786-1957）*, London：Cambridge U. P., 1969, p. 181.

② 参见 Nathan J. E., *The Census of British Malaya.* London：Waterlow K. Sons, 1922, pp. 19-21.

③ Ibid., p. 23.

2.3 便士。这样，以出口为导向的殖民地马来亚经济的主打产品的出口额在 1929 年后急剧下降。马来联邦的橡胶出口由 1929 年的 2.2 亿叻币减少到 1932 年的 3700 万叻币；在此期间，锡和锡矿石的出口额由 1.17 亿叻币下降到了 3100 万叻。马来亚的种植业公司的数量在 1930—1933 年减少了 30% 至 40%，结果导致在 1930—1932 年有将近 20 万名印度籍种植园劳工被马来亚殖民政府遣送回国，不过同期被遣送回国的华人种植园劳工只有 5 万名。[①] 而工作前景的渺茫也迫使另一些印度籍劳工自动离开马来亚。同时由于印度国内高涨的民族主义不断抨击印度劳工移民在马来亚所遭受的非人待遇，印度殖民政府又再度禁止劳工移民。在世界经济大萧条期间，共有 18.7 名印度人到达马来亚，然而同期离开的马来亚印度人却高达 37.3 万人，1930—1933 年这四年间，马来亚印度人总数减少了 18.6 万人。[②] 第二次世界大战爆发后，马来亚一度被日本占领，在此期间，作为敌对双方，马来亚与印度的联系中断，印度人移民马来亚也自然被中断。

第二次世界大战期间，日本为满足战时需要，占领地马来亚的橡胶生产和锡矿开采全面运转。但好景不长，马来亚很快就陷入了困境。由于遭到盟军的封锁，日本缺乏足够的船只将橡胶运走，将橡胶转化为机车燃料的努力也遭失败，橡胶几乎成了废品。大批种植园工人失业，战前的食品供应地中国、印度、澳大利亚、印尼等地遭到盟军封锁，马来亚生活物资极度匮乏，食品价格飞涨，印度劳工的基本生活都难以维持，许多人死于饥饿和营养不良。与此同时，大量的劳工被日本强征劳役，去修筑暹罗铁路，由于环境恶劣，加之营养不良，超过 6 万名印度人丧命。[③] 因此，在 1931—1947 年，马来亚印度人的人数不升反降，1931 年为 621847 人，而根据 1947 年的人口统计数据显示印度人人口只有

---

① 参见尼古拉斯·塔林《剑桥东南亚史》（下册），王士录等译，云南人民出版社 2003 年版，第 154—155 页。
② 参见 Sandhu, Kernial Singh, *Indians in Malaya: Some Aspects of their Immigration and Settlement* (1786 - 1957), London: Cambridge U. P., 1969, p. 182.
③ 参见 Charles Gamba, *The National Union of Plantation Workers: the History of the Plantation Workers of Malaya 1946 - 1958*, Singapore: Published by Donald Moore for Eastern Universities Press, 1962, p. 13.

599616 人，下降了 3.5%。①

　　总之，英属马来亚印度人的人口增长分为两个阶段，在 1786—1873 年的第一个阶段里，马来亚印度人的人口集中于海峡殖民地，虽有增长但比较缓慢；在 1874—1957 年的第二个阶段里，马来亚印度人历经两次劳工移民的高潮，奠定了马来亚印度人成为独立后第三大族群的人口基础。（表 1—10 反映了独立前印度人在马来亚人口中与其他两大族群比重的变化对比。）

表 1—10　　　　　　　1891—1965 年马来（西）亚三大族群

人口增长、构成比例　　　　单位：千人、%

年份	人口总数	占总人口百分比			
		马来人	华人	印度人	其他
1891（a）	1500	65.0	25.0	5.0	5.0
1901（a）	1800	60.0	30.0	6.6	3.4
1911	2645	53.3	34.6	10.1	2.0
1921	3327	48.8	35.2	14.2	1.8
1931	4348	44.4	39.2	14.3	2.1
1947	5849	43.5	44.7	10.3	1.5
1957	7725	42.9	44.2	10.6	2.3
1965	10047	43.4	44.0	10.5	2.1

　　1. 说明：其中数据后为字母 a 的数据为估计数据。

　　2. 资料来源：Nathan J. E., The Census of BritishMalaya. London: Waterlow K. Sons, 1922, pp. 93 - 101; Del Tufo, *Malaya: A Report of the 1947 Census of Population*, London: 1949, pp. 83 - 86; Fell, *1957 Population Census of the Federation of Malaya: Report No. 14*, Kuala Lumpur: 1960, pp. 45 - 50, 77 - 84; Chua, *State of Singapore: Report on the Census of Population Singapore: 1964*, pp. 24 - 25. 转引自 Sandhu, Kernial Singh, *Indians in Malaya-Some Aspects of Their Immigration and Settlement（1786 - 1957）*. London: Cambridge U. P., 1969, p. 186。

---

　　① 参见 Kenial Singh Sandhu, "The Coming of the Indians to Malaysia", in K. S. Sandhu & A. Mani, "Indian communities in Southeast Asia"（ed）, *Times Academic Press and Institute of Southeast Asian Studies*, 1993, p. 157.

小 结

　　回顾马来西亚印度人的由来，尽管在英殖民统治前就有印度人开始定居马来亚，但在英殖民统治前，马来亚的印度人并不多见，由于人数少，在同化的作用下，多数融入当地马来社会。在英国殖民统治时期，因马来亚殖民经济的开发，需要大量的劳工来满足殖民经济开发的需要，在经济利益的驱使下，印度人被大量移民到马来亚而完全不顾对当地社会有何种潜在的影响。从历史上看，今天马来西亚印度人族群的形成，主要应归因于英殖民者的殖民政策。

第 二 章

英属马来亚时期的印度人

英属马来亚时期的印度人，从时间上可以划分为三个不同的发展阶段：战前的马来亚印度人、第二次世界大战期间的马来亚印度人以及战后的马来亚印度人。战前的马来亚印度人社会基本属于移民社会，但其中劳工与非劳工社会又有所区别。第二次世界大战期间，在日军的鼓动下，马来亚的印度人经历了一场独特的民族主义运动，对这场运动的历史评价至今也褒贬不一。战后，马来亚印度人在多种内外因素的影响下，开始了由移民向定居社会的转型，并在国家认同上成功地完成了转变。

第一节 战前马来亚的印度人社会结构分析

一 印度人社会结构分析

（一）印度人的族群、宗教构成

我们通常所说的马来（西）亚印度人，实际上并非一个均质的社会群体，它是来自南亚次大陆移民总的称谓。他们有着不同的语言、宗教和文化。独立后的马来西亚政府出于政治上的目的和行政管理的需要，将他们统一冠以"印度人"这个称呼。在独立前，由于语言、宗教各异，印度人内部的纠纷也时有发生，但独立后为自身发展的需要，他们已经逐渐建立起对"马来西亚印度人"这个新的族群的认同感。[1]

英属马来亚时期，一般将印度人大致分为两大类别：南印度的克林

---

[1] 参见 R. Rajoo, "Indians in Peninsular Malaysia: Communalism and Factionalism", in I. J. Bahadur Singh, *Indians in Southeast Asia*, New Delhi: *Jnanada Prakashan*, 1982, p. 54.

人（Keling）及北印度的孟加拉人（Bengalis），而不论其地域、族别上的差异。这个时期，马来亚的印度人绝大部分来自印度南部地区，在1921年，马来亚南印度人已占其人口总数的94%。[①] 此后，南印度人在马来亚人口的比例呈逐年下降趋势。这主要由以下几个原因所导致：首先，越来越多的北印度人移民到马来亚，且他们的死亡率比南印度人低得多；其次，印度政府的移民禁令几乎是针对南印度人而实施的；最后，在日据时期造成的大批死亡的印度人主要是南印度劳工。虽然如此，在1957年马来亚独立时，南印度人仍然在数量上占据绝对优势，并将这种优势一直延续到今日。

在南印度人中主要包括以下三大语言群体：泰米尔人（Tamils）、泰卢固人（Telugus）、马拉雅兰人（Malayalis），其中泰米尔人在槟榔屿时代开始就占有绝对的优势。1921年，泰米尔人占南印度全部人口的87%，占马来亚印度人总数的82%。[②] 泰米尔人主要来自印度的马德拉斯地区，该地区是战前马来亚印度劳工的主要故乡。泰米尔人移民中除了极少数小职员、专业技术人员及商业人士之外，绝大多数为种植园里的劳工阶层。马来亚泰米尔人数量的变化与种植园的兴衰密切相关，其见证了马来亚种植园经济的兴衰历程。泰卢固人主要来自南印度的安德拉普拉苏德邦（Andhra Pradesh 即"安得拉邦"地区），正如他们的泰米尔同胞，人数从1921年的39986人一度减少到1957年的27670人，在1921年曾占据8.5%的比例（见表2—1）。马拉雅兰人的故乡在印度的马拉巴（Malabar）海岸，它是在马来亚的印度人中从1921年到1957年唯一一个人口数量不减反增的语族，其比例从1921年的不到4%增加到1957年的超过8%。与泰卢固人相比，疾病的侵害和日本占领对马拉雅兰人的影响要小得多，究其原因，主要是马拉雅兰人的体质较好，且大多数人居住在城镇地区，从事的职业收入也相对较高。第二次世界大战后大批的马拉雅兰人移民受雇于迅速扩充的英国军事基地，因而到了1957年马来亚独立时，其人口总数反而超过了泰卢固人而跃居

---

① 参见 Sandhu, Kernial Singh, *Indians in Malaya: Some Aspects of their Immigration and Settlement (1786 – 1957)*, London: Cambridge U. P., 1969, p. 236.

② Ibid.

第二位（见表2—1）。① 其他的南印度人包括卡纳利（Kanaras）、奥里雅人（Oriyas）、海德拉巴人（Hyderabadis）等，但这部分人由于人数不多，影响也不大，因而不太被人关注。

就北印度人而言，在独立前的马来亚锡克人（Sikhs）最多，其次为旁遮普人（Punjabis）。锡克人和旁遮普人最初主要服务于警察和军队，后来才扩散到其他行业。在第二次世界大战结束前夕，锡克人和旁遮普人已经遍布马来亚，但主要集中在城镇地区，且大部分集中在新加坡、森美兰两地。尤其是在雪兰莪州，那里曾经是旁遮普人最初的移民目的地之一。除上述两大移民外，其他的北印度人还有帕坦人（Pathans）、孟加拉人（Bengalis）、古吉拉特人（Gujaratis）、马拉地人（Mahrattas）、信德人（Sindhis）、拉普特人（Rajputs）、马尔瓦尔人（Marwaris）以及帕西人（Parsis），但这些印度人由于人数不多，在马来亚社会几乎没什么影响。

印度人的宗教与其语言一样也是纷繁各异。若按宗教信仰区分，印度教徒最多（占81.2%），其次是基督教徒（占8.4%）、伊斯兰教徒（占6.7%）、锡克教徒（占3.1%）、佛教徒（0.5%），其他宗教（占0.1%）。② 由于宗教信仰种类繁多，其一直是影响印度族群内部团结的主要原因之一。

表2—1　　　　　　　1921—1957年马来亚印度人的族群构成　　　　　单位：人

民族	1921	1931	1947	1957
南印度人				
泰米尔人	387509	514778	460985	634681
泰卢固人	39986	32536	24093	27670
马拉雅兰人	17190	34898	44339	72971
其他南印度人	2000（a）	4000（a）	15968	20000（a）
南印度人总数	446685	586212	545385	755322

① 参见 Sandhu, Kernial Singh, *Indians in Malaya：Some Aspects of their Immigration and Settlement（1786 - 1957）*, London：Cambridge U. P. , 1969, Tablet 13, p. 236.

② 参见 V. Suryanarayan, "Indians in Malaysia", Singh, Bahadur I. J. , *Indians in South East Asia*, New Delhi：Sterling Publishers Pvt Ltd. , 1982, p. 36.

续表

民族	1921	1931	1947	1957
北印度人				
锡克人	9307	18149	10132	N
旁遮普人	6144	N	20460	N
帕坦人	804	N	3166	N
孟加拉人	5072	1827	3834	N
古吉拉特人	403	N	1301	N
马拉地人	29	N	556	N
信德人	N	N	728	N
拉其普特人和马尔瓦人	N	N	1834	N
帕西人	N	N	98	N
北印度人总数	21759	34156	42109	N
其他印度人	1736	1479	12122	N
印度人总数	470180	621847	599616	820270

说明：1.（a）为估计数据；2. N 表示没有数据。

数据来源：转自 Sandhu, Kernial Singh, *Indians in Malaya: Some Aspects of their Immigration and Settlement* (*1786 - 1957*), London: Cambridge U. P., 1969, Tablet 13, p. 237.

（二）印度人职业的分布

英属马来亚时期，在英殖民者刻意实行的"分而治之"的政策下，马、华、印三大族群在职业上大体各有不同的分工。马来人主要困守在农业领域，华人积极从商，印度人则大部分集中在种植园。就印度人而言，以 1937 年为例，大约 24.4 万个印度人在橡胶园工作，4.4 万人在政府部门，4 万人从事商业，2.5 万人在交通和通信部门工作，9000 人为工厂工人，8700 人为矿工，4000 人充当警察，其他一些职业部门总共容纳了 37 万人（在战前的印度人在马来亚的职业分布可以参考表 2—2）。[①] 仅橡胶园的工人就占了马来亚印度人的 66%。这种职业布局充分体现了殖民统治者对不同族群的刻意安排。

---

① 参见 Virginia Thompson and Richard Adloff, *Minority Problems in Southeast Asia*, Stanford: Stanford University Press, 1955, p. 111.

表 2—2　　　　　　印度人主要职业分布：1911—1957 年　　　　单位：千人

职业	1911 排名	1911 雇用	1921 排名	1921 雇用	1931 排名	1931 雇用	1947 排名	1947 雇用	1957 排名	1957 雇用
农业劳工	1	80.4	1	213.5						
劳工（不特指）	2	11.1	2	16.1	2	51.1	2	26.0	2	32.2
大车车主与驾车者	3	7.0	6	6.6						
政府劳工	4	4.9	3	11.6						
仆人	5	4.6	4	11.2	3	14.5	4	7.7		
铁路劳工	6	4.3	7	6.2	9	5.2				
矿工	7	3.1								
看守者	8	2.3								
监督	9	2.3	8	4.7					9	6.7
店员	10	1.6			7	7.0	8	6.7	3	13.7
商业所有者与管理者			5	7.9	6	8.7	6	7.3	6	8.3
打字员、速记员、办事员			9	3.6	10	5.1	10	5.7	7—8	7.1
小贩			10	3.2	8	6.0	7	7.2	7—8	7.1
橡胶种植者					1	189.0	1	141.5	1	128.6
各农场工作者					4	12.9	5	8.9		
椰子果种植者					5	9.5	3	8.2		
橡胶厂工人					5	7.5				
油棕种植者					9	5.9				
各种生产工人							4	10.9		
花匠							10	6.1		
所有其他职业		23.0		55.0		71.5		76.4		77.2
总计雇用		143.5		339.6		380.6		300.3		307.2

说明：1. 雇用人数为千人；2. 1911 年数字仅指海峡殖民地。

资料来源：Donald R. Snodgrass, *Inequality and Economic Development in Malaysia*, Kuala Lumpur：New York：Oxford University Press, 1980, p. 41.

二　劳工社会与非劳工社会

（一）劳工社会

1. 劳工的立法

劳工立法是马来亚印度人社会中一个重要组成部分，它涉及马来亚印度人的全部社会生活，对马来亚印度劳工产生了极为重要的影响。印度劳工和华人虽然分属两个不同的社会群体，却同属劳工阶层。但殖民者根据"分而治之"的原则，对华、印移民分别实行不同的管理模式，所以在劳工立法上也有所区别。

随着马来亚殖民经济的迅速发展，马来亚移民逐渐增多，这种现象开始引起马来亚殖民政府和印度政府的共同关注。印度殖民政府希望马来亚殖民政府对相对弱势的印度劳工予以保护，而马来亚殖民政府也希望在移民政策和立法管理上对印度劳工予以倾斜，以鼓励印度劳工移民抵消数量上占绝对优势的华人劳工正在日益扩大的影响。事实上，早在1807 年海峡殖民地行署官员就已对华、印移民应作不同的管理表明了态度。[①] 因此，从 1903 年开始，两大劳工社会开始处在不同的管理模式之下。印度劳工在这种背景下获得了相对更多的"保护"，但这种保护却限制了其获得更多的自由发展空间。为保证华人与印度人在管理上的相对独立，华人和印度人分属两个不同的管理机构。华人最初的管理机构是在 1877 年成立的"华人护卫司"，后来，这个机构升格为"华人事务署"，专事一切华人事务。为回应印度殖民政府日益高涨的对印度劳工加以保护的呼声，马来亚殖民政府于 1884 年成立了第一个印度劳工管理机构——印度移民管理署，印度移民置于印度移民管理署的监管之下。[②]

20 世纪初，随着大量印度劳工的涌入，仅靠印度移民管理署一个管理部门来负责印度移民的全部事宜已经显得力不从心，加之印度契约

---

① 参见 J. Norman Parmer, *Colonial Labor Policy and Administration: A History of Labor in the Rubber Plantation Industry in Malaya*, *1910 - 1941*, London: Cambridge University Press, 1960, p. 19.

② 参见 Calaco Lucy, *Labour Emigration from India to British Colonies of Ceylon*, *Malaya and Fiji during 1850 - 1921*, M. A. thesis, University of London, 1957, pp. 125 - 129.

劳工的悲惨境遇被曝光后在马来亚和印度两地同时引起严重的关切。为了改善劳工待遇，1911 年马来亚殖民政府成立了劳工部，此前的印度移民署被整合到劳工部中。劳工部在海峡殖民地和马来联邦都拥有司法权，其总部设在吉隆坡，并在彭亨和吉隆坡分别设立了办事机构，负责海峡殖民地和马来联邦的劳工事宜。劳工部在 1940 年以前主要关注的是印度劳工的供应和保护问题，行政和立法部门也主要是围绕这两个主题来开展工作。1884 年的《印度移民条例》首次为保护印度劳工提供了法律上的依据。根据这个条例，与劳工签署合同要根据一定的规定来执行，其中规定了劳工的待遇，也制定了处罚的细则，并且规定移民部门有权对契约劳工的状况进行检查，该条例向保护印度劳工迈出了重要的一步。[①]

有关劳工的福利问题一直是个棘手的问题，虽然法律不止一次强调要保护印度劳工的利益，但在实际的操作中仍然存在很大的问题。马来亚殖民政府对此的解释是，由于劳工的福利问题涉及面广，政府没有更多的人力来监督这个问题。实际上移民署的工作重点是保证印度移民顺利进入马来亚这个问题上，其自然对劳工的福利没有表现出多大的热情。[②] 因此劳工的实际待遇，特别是契约劳工的待遇几乎在无人监管之下进一步恶化。1890 年，马来亚殖民政府成立了一个委员会，即桑德森委员会（Sanderson Committee）调查劳工的状况，并令其提出鼓励移民的建议。该委员会在调查后提出了一大堆建议供马来亚殖民政府参考，其中有一条重要的建设性意见，即劳工在马来亚的待遇应该改善到足以与其他殖民地竞争以吸引印度劳工移民马来亚。[③] 马来亚殖民政府对此极为重视。1892 年，马来亚殖民政府研究并通过了相关的一系列法规，旨在改善契约劳工的待遇。但这些规定遭到种植园主的抵触，他们认为政府在招募劳工时就未尽到应有的责任。因此，这些法规并没有付诸实施。

---

① 参见 Jackson,. K. M, *Immigration Labour and the Government of Labour, 1786 - 1920: A Historical Monograph*, Kuala Lumpur: Government Press, 1961, pp. 39 - 47.

② 参见 "Report of the Committee on Emigration from India to the Crown Colonies and Protectorates Sessional Papers", *House of Commons*, Cmd 5192, 1910, XXVII, 1.

③ Ibid.

　　1899 年出台的劳工法得到马来亚殖民政府的重视，使其避免了与此前一些立法相同的命运。根据此劳工法，契约劳工的最低工资有所提升，并规定种植园园主有义务为劳工提供住房、医疗设施、卫生设施，并允许政府有关部门检查劳工的雇佣情况。1904 年的法律进一步改善了契约劳工的工资待遇和生活状况，并开始对坎加奈招募制度进行监控。虽然如此，但这些法律在相当程度上不过是为印度劳工移民马来亚作铺垫，以避免过多地受到舆论的抨击，其出发点并非为了保护劳工的利益、避免劳工受到不公正的待遇。更为重要的是，饱受压力的印度殖民政府对劳工问题的关注与日俱增。如果印度劳工状况毫无改善，势必影响到印度殖民政府对劳工移民的态度，继而会影响整个劳工的供应问题，这是马来亚殖民政府不得不考虑的一个问题，至少在法律上要作出某些姿态以平息印度民族主义分子的愤懑情绪。[①] 因此，这些法律在多大程度上得到了体现和遵守，就不得而知了。但随后印度劳工极高的死亡率再次引发印度国内对劳工移民问题的指责，此举促使马来亚殖民政府不得不认真考虑劳工法的执行问题。劳工在运输途中和在马来亚种植园骇人听闻的死亡率同时引起了印度殖民政府和英国国会的注意，迫使印度政府于 1910 年下令全面禁止契约劳工移民。次年马来亚劳工部成立，而劳工移民部则脱离出来并与 1907 年成立的印度移民委员会一道专门负责印度劳工移民事宜。[②]

　　1912 年出台的劳工法，将此前陆续通过的那些法律法规整合在一起，劳工法针对的是所有类型的劳工。劳工法分为 11 个部分，对劳工可能面对的各种情况都有所考虑。但与此前的劳工法类似，华人和印度人在某些方面的规定依然有所不同。1912 年劳工法对合同的有效期，对正常工资标准下每天的最长工作时间和每周工作的天数都作了详细的规定。劳工法中对劳工而言最重要的部分是其中的第八部分，第八部分对有关劳工的雇佣、医疗、医疗设施、卫生条件等作了最低规定。但该法对有关劳工的拒绝工作、不服从管理、开小差、蓄意自残等行为的处

　　① 参见 Gregg Huff and Giovanni Caggiano, "Migration and Elastic Labour in Economic Development: Southeast Asia before World War II" (in http://www.gla.ac.uk/media/media_ 21791_ en.pdf).

　　② 参见 J. Parmer, *Colonial Labour Policy and Administration: A History of Labour in the Rubber Plantation Industry in Malaya, 1910 – 1941*, New York: 1960, pp.85 – 86.

罚依然十分严厉，例如可以采取罚金甚至监禁的处罚方式。

马来亚种植园协会对 1912 年的劳工法的种种规定有所抵触，因为这些法律实际上为保护劳工的利益提供了法律依据。该法还对契约劳工的契约期满后的角色作了明确规定。根据相关规定，契约劳工期满后就自动成为自由劳工，他们可以离开此前的种植园到其他种植园去工作，以期能够得到更好的报酬，劳工的人身自由开始有了法律的保障。① 随着 20 世纪 20 年代对劳工的需求激增，一些种植园不得不提高工资待遇及其他更优惠的条件以吸引劳工。种植园园主虽然希望政府在法律上对合同期满后的印度劳工能够继续为雇主工作一段时间这个方面有所体现，但马来亚殖民政府并没有满足种植园园主的这个要求。

马来亚劳工立法上一个更重要的里程碑是 1923 年出台的劳工法。出台这部法律主要是因为 1922 年印度政府通过了《印度移民法》。印度的这部移民法是根据国内外形势发展的需要，对劳工移民制定了许多新的细则来监管劳工的雇佣问题。如果印度当局授权给某些国家接受印度劳工移民的话，那么授权的这些国家就必须依照《印度移民法》的有关规定来行事。马来亚殖民政府为继续取得印度殖民政府的移民许可而不得不对此前出台的劳工法进行修订，以适应形势发展的需要。因此 1923 年劳工法代替了 1912 年的劳工法，在法律条文上做到与印度的移民法保持一致，以免发生立法上的冲突。1923 年的劳工法与 1912 年的劳工法在形式上并无多大的区别，总的部分适用于所有的劳工，但华人和印度人在某些方面依然区别对待，法律适用的范围涵盖了海峡殖民地和马来联邦。②

1923 年的劳工法实质上是 1912 年劳工法的翻版，它保留了此前的很多内容，但也新增了一些重要的条款。例如，它规定劳工在抵达马来亚一年内如果出于健康或者受到雇主不公正的待遇，可以免费被遣送回国；劳工在抵达马来亚后若找不到工作，其逗留时间不能超过一个月；劳工最小的年龄为 10 岁等。③ 新的劳工法授权印度驻马来亚的移民官员

---

① 参见 Jackson, K. M, *Immigration Labour and the Government of Labour*, *1786 – 1920*: *A Historical Monograph*, Kuala Lumpur: Government Press, 1961, pp. 90 – 91.

② Ibid. , p. 95.

③ Ibid.

可以检查劳工的受雇情况，在这以前只允许马来亚负责移民的官员才有权这么做。该法也规定劳工部门可以要求种植园为劳工建立托儿所和学校，也规定雇主必须为怀孕的印度劳工妇女提供适当的补贴，授权"印度移民委员会"拟定标准工资的等级，最后还删除了所有对劳工的冒犯行为的处罚措施。[①] 这部劳工法的颁布很有意义，一方面是因为来自印度方面的建议；另一方面则是出于现时的需要。

1925 年，马来亚殖民政府再次对劳工法进行了修正，修正案要求雇主为每位受雇的劳工提供每月至少 24 天的工作量，标准工资的适用范围扩大到童工，并要求雇主在招工时必须用泰米尔语或泰卢固语张贴有关劳工法的主要内容。1927 年的劳工法修正案则要求："雇主要为每位种植园的劳工的家属提供 1/6 英亩的土地以做生活用地，劳工可以随意种植农作物或者圈养一些家禽牲畜以贴补家庭生活所需，而清理这块土地的费用则由雇主支付"。[②] 这个规定虽然在当时没有多大的意义，但其后对劳工产生的影响却不容小觑，它为劳工由漂泊到根植的转变奠定了最基本的物质基础。

总之，劳工法为印度劳工提供了一定的保护，马来亚种植业界明显不喜欢这些保护劳工的法律，他们在联邦议会上的议员代表就劳工部在对待有关劳工的教育、健康和分配土地上的认真态度表示了不满。[③] 但海峡殖民地唯一一名印度人立法委员对该法表示了欢迎的态度，他认为这些法律在一定程度上有助于提升作为一个自由公民的地位。不过这名印度人立法委员同时也承认，"法律的尊严只有在认真遵守的情况下才能得到体现，也只有这样印度劳工的利益才能得到真正维护"[④]，其言外之意已经非常明显。从中不难发现，马来亚殖民政府的劳工立法虽然对维护印度劳工权益具有一定的积极意义，但是印度和马来亚毕竟同属一个殖民体系内，在殖民时代，殖民者的切身利益始终是排在被奴役的

---

① 参见 Jackson, K. M, *Immigration Labour and the Government of Labour*, *1786 – 1920*: *A Historical Monograph*, Kuala Lumpur: Government Press, 1961, pp. 103 – 105.

② Ibid., p. 103. India Office of the Economic Adviser, *Indians in Malayan Economy* New Delhi: Manager of Publications, 1958, p. 34.

③ 参见 F. M. S., "Proceedings of the Federal Council, 1923", pp. B107 – 110.

④ Straits Settlements, "Proceedings of the Federal Council, 1923", pp. B114 – 113.

人民之前，因此劳工法在多大程度上能够得到实施就不得而知了。印度劳工的立法与其说是维护马来亚印度劳工的切身利益，倒不如说其出发点是维护殖民者在殖民地永久的利益或许才更为确切。

2. 劳工的工作时间、工资待遇

在海峡殖民地时期，印度劳工实行的是固定工资制度，这与华人有很大的区别。华人的各种劳工组织很善于通过与雇主谈判来争取更多的权益。

在早些时候，印度人的工资是以法律的形式固定下来的。对这些私人机构招募的劳工，在很长一段时期内并不存在固定其工资的做法。第一次制定工资的原则是在1884年，海峡殖民地管理条例对三年的契约劳工的工资作了如下规定：男性劳工第一年为每天12分，第二年起为每天14分；女性劳工和年龄不足21周岁的男性劳工则为第一年每天8分，第二年开始为每天10分。[①] 该条例对工作时间也相应作了规定：劳工每周的工作日不能超过6天，每天的工作时间不能超过9小时，在9小时的工作时间内不能要求劳工连续工作6小时。这个工作时间上的规定作为劳工法律的基本原则执行了相当长一段时间。如果劳工连续工作满6天的话，那么劳工在第7天可以有权享受带薪休假的待遇。后来，制定劳工工资的标准更为灵活，甚至规定在工作期间，雇主还须为劳工提供免费的食物。

随着劳工的需求增长，劳工的工资也有所改善。总体上非契约劳工的工资待遇要比契约劳工工资待遇高。1913年，当"自由"劳工全面取代契约劳工之时，工资的调控并没有任何法律依据。政府希望通过控制劳工的移民数量以维持劳工工资的水准不致下降。虽然理论上劳工享有人身自由，劳工一旦抵达马来亚后就可以往报酬高的地区流动，但持续不断的劳工流入以及雇主们采取的联合抵制阻碍了劳工工资应增长到本应有的水准。[②] 为了应对劳工日益强烈的提高工资待遇的要求，种植园内也开设一些商店，并将一些生活必需品如大米以批发价销售给劳

---

① 参见 Straits Settlements, *Proceedings of the Legislative Council*, 1923, pp. B114 – 115.

② 参见 Jomo Kwame and Sundaram, "Plantation Capital and Indian Labour in Colonial Malaya", in K. S. Sandhu & A. Mani, "Indian Communities in Southeast Asia" (ed), *Times Academic Press and Institute of Southeast Asian Studies*, 1993, p. 290.

工，以此来缓和与劳工在工资问题上的矛盾。第一次世界大战后，食品（尤其是大米）面临全面涨价的趋势。随后，马来亚货币对卢比的兑换升值。在第一次世界大战前 1 马来亚元可以兑换 1.75 卢比，但第一次世界大战后，1 马来亚元只能兑换 1.55 卢比。[①] 马来亚货币的升值直接影响了劳工的积蓄和汇款，对于印度劳工来说，将积蓄汇回印度几乎是吸引他们移民马来亚的唯一动力。针对上述问题，马来亚殖民政府从 1920 年开始作了系统的研究，种植园协会任命了一个"劳工总委会"专门调查研究与劳工有关的所有问题。"劳工总委会"以当时的物价仔细核算了劳工的月工资预算，并以此为依据，划定了劳工固定工资的底线。劳工总委会认为，男性劳工每天最低工资标准应为 50 分，女性 40 分，同时希望种植园主以低于实际的价格将食品销售给劳工，以平息劳工的不满情绪。种植园主也支持劳工在兑换工资时适当提高马来亚货币兑换卢比的汇率，这样劳工将有更多的卢比汇回印度。"劳工总委会"还提出了许多改善劳工福利的措施，但并不是所有的建议都得到了种植园园主的采纳。[②]

虽然种植园园主并未认真考虑"劳工总委会"的全部建议，但重要的一点是种植园园主开始执行标准制度工资。1922 年，以标准工资替代最低工资制度被马来亚殖民政府采纳，"印度移民委员会"被授权制定标准工资的等级。但这个委员会是否为一个独立的组织令人怀疑，印度殖民政府对此表达了同样的看法。因为该委员会成员为 5 人，大多数成员为种植园园主，即使是唯一的政府代表也牵涉到相关的利益，因为马来亚殖民政府本身就是印度劳工最大的雇主。为了消除外界的疑虑，马来亚殖民政府随后在该委员会又增加了两个印度的非官方成员。但这两个人属于技术人员，对劳工的具体事宜并没有太多的了解。[③] 因此这两个人实际上对制定劳工的标准工资并没有多大影响。

"劳工总委员会"的调查导致的结果是"在不同的地区实行不同

---

① 参见 J. Norman Parmer, *Colonial Labor Policy and Administration*, New York: J. I. Augustin, Inc. 1960, pp. 175 – 178.

② 参见 Amarjit Kaur, Indian Labour, *Labour Standards, and Workers' Health in Burma and Malaya, 1900 – 1940*, Modern Asian Studies 40, 2 (2006) pp. 425 – 475.

③ Ibid.

的工资标准"。根据其建议，地理上马来亚分为重点地区和非重点地区。重点地区主要指海峡殖民地和马来联邦几个处于马来半岛西海岸的区域。这些地区相对适宜居住，生活成本也相对较低。而非重点地区主要是指交通不便、难以到达的内陆地区，如彭亨、吉兰丹及其他一些偏远之地。这些地区生活成本相对较高，劳工大多不愿去。工资不仅根据天数来计算，食品、服装、节假日的开销及家庭设施都在工资计算的范畴内。① 1927 年男性与女性劳工工资每天分别增加到 50 分和 40 分。1927 年，马来亚殖民政府第一次为非重点地区如彭亨的劳工工资问题举行了听证会，会后决定非重点地区的工资被固定在 58 分和48 分，比重点地区的劳工工资普遍高 10%—15%。② 这些地区的工资必须能够对劳工产生一定的诱惑，否则难以吸引劳工。但是这实际上对劳工的流动并没有多大的影响，原因在于所谓的"自由劳工"只不过是在劳工制度上的体现而已。

　　大萧条的到来冲击了以出口型经济为主的马来亚经济，国际市场疲软，马来亚的橡胶价格下跌，许多种植园园主强烈要求削减标准工资。1930 年，马来亚殖民政府为此召开了听证会，会后决定在一些重点地区执行的标准工资降为男性每天 40 分、女性 32 分。随着马来亚经济形式的进一步恶化，橡胶价格遭受暴跌的打击，雇主发现必须削减劳工的工资和橡胶的产量以应对经济危机，否则要维持标准工资的结果只有进行大规模遣返劳工。虽然劳工部反对将工资降到标准工资之下，但还是做了某些让步。为此劳工总委会固定了劳工每月的最低工资限度，以使印度劳工能够勉强度日，雇主必须执行这个月最低工资标准，否则该种植园的劳工将被政府强制遣返。③

　　面对劳工总委会的压力，雇主采用了另一种方式来变相削减劳工工资，即雇主通过减少工作时间，支付部分工资（如上午制工资）来达到削减劳工工资的目的。这样，劳工的工资降到男性 28 分、女性 24分。因此，在此期间工资制度不过是流于形式，劳工总委会制定的月最

---

① 　参见 F. M. S, "Annual Report of the Labour Deparyment", 1924, p. 9.

② 　Ibid., p. 27.

③ 　Ibid., p. 9.

低工资标准并没有严格执行。劳工部尽量采取各种措施以确保劳工的最低生活所需，否则他们只有面临被遣返的命运。尽管遣返劳工也是应对大萧条时期工资问题的一个无奈之举，但一些种植园的印度劳工拒绝被遣返，宁愿选择赚取这点微薄的工资，即使无所事事也不愿回国。因为此时印度的经济形势也同样不容乐观。

当橡胶价格开始回升，印度殖民政府开始对种植园主施压，希望增加劳工的工资。为达到其目的，印度殖民政府将劳工工资问题与招募劳工问题捆绑在一起。起初，种植园园主对此颇有微词，在劳工工资问题上坚决不让步，后迫于印度政府的压力，1936 年马来亚种植园协会同意将劳工的工资涨到每天男性 40 分和女性 32 分，但这仍然没有恢复到大萧条前的水平。从 1938 年开始，实际的工资报酬已经恢复到大萧条前的 50 分和 40 分，劳工市场也比较稳定。这与印度政府在1938 年禁止资助劳工移民有因果关系。促使印度殖民政府作出移民的禁令一个很重要的原因是在 1938 年马来亚劳工的标准工资下降了 5 分钱。早在 1936 年，印度殖民政府就委派萨斯特利（Sastri）开始调查印度劳工的状况。针对劳工的工资问题，萨斯特利在 1937 年曾经建议将印度劳工的工资恢复到大萧条前的水平。他还进一步指出，重点地区和非重点地区的界限实际已被打破，非重点地区的标准工资制度应该扩大到整个马来半岛。[①] 印度殖民政府因此相信，种植园的利益实际上是以削减劳工的工资为代价。因此印度殖民政府停止资助劳工移民马来亚，希望借此来迫使马来亚雇主提高印度劳工的待遇，也维持劳工雇佣市场的相对稳定，减少劳工的失业。这种情况一直持续到日本入侵马来亚。

虽然印度劳工在这段时期内普遍对这种以固定的天数或以小时结算支付的工资标准比较满意，毕竟这个工资标准相对在印度的收入还是要高些，但这里还存在不同的工资计算方式。华人大部分是合同制，他们一般按照不同的工作或工程来结算工资，而印度劳工拿到的月工资已基本被固定。这两种不同的薪酬方式造成两个群体在工资收入上的巨大反

---

① 参见 V. S. Srinivastri, *Report on the Conditions of Indian Labour in Malaya*, New Delhi: Government Printer, 1937, p. 45.

差。如在 1925—1940 年，虽然华人的工资起伏不定，但华人胶工平均每天的工资却比印度劳工多挣 50—100 分。[①] 而华人更好的健康状况、生活条件，以及更多的向上层社会流动的机会也似乎印证了这两个群体的巨大差别。

印度人是否受到公平待遇，是否在蓬勃发展的种植园经济中受益，这个问题一直饱受争议。种植园园主认为他们是公平地对待了印度人，理由是基于马德拉斯地区劳工的收入与马来亚的收入进行对比。如果按照这种说法，当劳工在马来亚的工资兑换成卢比时他们的收入的确比在印度要好。种植园园主也指出每年大量的汇款是不争的事实，此外印度人带回家乡的现金和黄金的价值更是难以统计。[②] 但一些批评人士对此则持不同的观点，他们认为劳工完全生活在一个陌生的环境里，马来亚更高的生活消费支出基本抵消了印度人在马来亚比印度本土略高的这部分收入，生活消费在 20 世纪 20 年代涨了三倍，印度劳工节衣缩食仅仅维持最低的生活所需才略有盈余，这种生活方式从长期来看必将影响印度劳工的身体状况，完全是以牺牲劳工的健康为代价；再者，马来亚货币的购买力也远低于卢比。[③] 因此，将劳工在印度和马来亚的收入进行对比显然只是一个表面现象，存在很大的蛊惑性和欺骗性。

总之，尽管马来亚殖民政府声称在印度劳工马来亚的待遇要比在印度国内好得多，实际上根据上述情况分析，马来亚的工资标准也仅能相对产生对印度人移民马来亚的吸引力。由于缺乏官方必要的统计数据，劳工的工资水平无法准确评估。[④] 不过，殖民地人民永远都是受奴役、剥削的对象，这一点是毋庸置疑的。

3. 劳工的罢工运动

在战前，马来亚印度劳工组织和活动发展一直缓慢，原因主要有两

① 参见 J. Parmer, *Colonial Labour Policy and Administration: A History of Labour in the Rubber Plantation Industry in Malaya, 1910-1941*, New York: J. I. Augustin, Inc. 1960, p. 277.

② 参见 F. M. S, "Annual Report of the Labour Deparyment", 1940, p. 9.

③ 参见 Amarjit Kaur, *Indian Labour, Labour Standards, and Workers' Health in Burma and Malaya, 1900-1940*, Modern Asian Studies 40, 2 (2006) pp. 425-475.

④ 参见 Thompson, *Labour Problems in South-east Asia*, New Haven: Yale University Press, 1947, p. 917.

个方面。一方面，劳工部、种植园管理员、印度驻马来亚的移民管理机构的家长制作风抑制了任何劳工组织的发展，即便是一些纯粹为争取社会福利而形成的非劳工领导的社团也遭到当局的有意限制；另一方面，印度劳工社会并非一个同质的社会群体，他们来自不同的地域，具有不同的语言和文化特征，而特有的种姓制度更将其社会结构进一步复杂化。劳工社会自身就是一个矛盾重重的群体，如在同一个种植园的泰米尔人和泰卢固人甚至还爆发过冲突。[①]

尽管受到上述因素的限制，随着时间的推移马来亚印度劳工的罢工还是有所发展。第一次有记载的印度劳工罢工运动发生在 1927 年，但以雇主胜诉而告终。[②] 翌年，马来联邦铁路部门的一些印度工人也威胁当局要举行罢工活动。马来亚殖民政府为此专门成立了一个调解委员会，并在印度驻马来亚移民专员的协助下才将此次劳工问题平息。[③] 随着大萧条的到来，印度劳工的罢工活动暂时平息。大萧条后，有一定罢工经验后的印度劳工在维护自己的权利上更为坚定。印度劳工逐渐了解到劳工应享有的各种权利，并且知道如何去争取与华工一样多的权益。[④] 如 1937 年开始，彭亨沿岸码头的印度工人和仓库的搬运工为争取提高工资、改善生活待遇而罢工不断，这些罢工一直持续到 1940 年，时间长达四年之久。而种植园的劳工对雇主提出的要求中都关乎劳工的切身利益，如加班费、与生活成本挂钩的工资结算方式。这些都说明劳工在维护切身利益的觉悟达到了一个新的高度。

1941 年 2—5 月，在一些印度民族主义分子的组织动员下，马来亚雪兰莪州的巴生（Klang）地区发生了严重的种植园劳工罢工运动。此次劳工罢工不仅是一场为劳工本身改善待遇的声讨运动，更重要的是一场反对帝国主义的政治斗争，以至殖民者不得不出动军队来镇压这场罢工运动。罢工开始后，每个种植园都组建了罢工委员会，罢工者提交的一份请愿书表明了他们的政治诉求，它们主要包括：印度劳

---

① 参见 F. M. S, "Annual Report of the Labour Department", 1913 – 1940, p. 32.

② Ibid. , p. 69.

③ Ibid. , p. 2, p. 8, p. 50.

④ Ibid. , p. 50.

工和华工同酬；废除 10 至 12 个小时工作制；提供适当的医疗设施；允许劳工组建协会，以维护他们的利益，申述他们的不满；提供"适当的"儿童教育；给予言论和集会的自由等要求。[1] 但在 5 月底，殖民当局即利用军队镇压了这场声势浩大的罢工运动。不过英人利用马来亚的印度士兵来镇压此次罢工在印度人中造成了巨大的负面影响。[2] 此后印度劳工罢工不但日益高涨，还与华工一起举行联合罢工。华印劳工一起举行的最著名的联合罢工是发生在马来西亚雪兰莪的煤炭山县（Batu Arang）的罢工运动，此次联合罢工行动持续相当长一段时间才逐渐平息。

当日本占领马来亚之后，白人至上的神话被破灭，整个马来亚印度劳工的态度有了更大的转变，他们对自己开始更为自信和富有主张。然而一个不容忽视的缺点是印度劳工罢工在组织和协调上还比较欠缺。1937 年后随着马来亚工业界的罢工运动逐渐高涨，马来亚殖民政府在 1940 年通过了《工会法》，其宣称的目的是希望能够促进社团的发展使其能够有效代表工人阶级的利益，其实质是想通过此举来控制劳工的罢工运动。虽然如此，一些华人社团反响热烈，纷纷以工会的名义登记注册，但印度劳工社会对此反响平平。[3] 因此，战后印度劳工的罢工在组织上远不如华人劳工严密。虽然战后印度劳工也频频举行罢工，但与华人劳工举行的声势浩大、政治色彩浓烈的罢工运动相比，就显得有些微不足道了。

4. 劳工的健康和社会生活

（1）劳工的健康问题

在第二次世界大战前的英属马来亚，劳工的健康问题一直是个引人瞩目的焦点。马来亚殖民政府和种植园园主一般视印度劳工为商品，共有四个部门负责劳工的输出：印度政府、伦敦殖民署、马来亚殖民政府（包括海峡殖民地政府和马来联邦政府）和雇主。为避免劳

---

① 参见 Michel Stenson, *Class Race and Colonia in West Malaysia: the India Case*, Stlcucia Univerity of Queensland Press, 1980, p.64.

② 参见 Charles Gamba, *The National Union of Plantation Workers: the History of the Plantation Workers of Malaya, 1946-1958*, Singapore: Eastern Universities Press, 1962, p.126.

③ 参见 F. M. S, "Annual Report of the Labour Department", 1940, p.9.

工的非正常减员，1890 年海峡殖民地印度移民部在印度南部设立了劳工补给站，并将其置于医疗部门的监管之下，这样海峡殖民地政府在劳工输入马来亚之前就可以将那些健康不合格的劳工清理出来。劳工的运输途中还要进行消毒处理。[①] 但即使提前做了这些预防措施，由于马来亚早期的开发环境过于恶劣，劳工的工作强度太大，而劳工卫生条件和营养方面却无人问津，其结果是劳工的死亡率极高（见表 2—3），以至马来亚劳工研究部在对劳工移民研究后竟得出这样沮丧的结论："（劳工）移民损失太快，从印度引进这些苦力并不值得。"[②] 尽管如此，这些劳工仍然必须严格履行他们的合同，很多劳工即使到死也未能完成合同。

在 1910 年以前，马来亚种植园的管理员几乎不敢如实汇报劳工确切的死亡数据。如在马来亚一个内陆地区的种植园里，在 1910 年劳工的死亡率竟高达 23.3%，1911 年与 1912 年劳工死亡率为 10%。在这三年时间里，这个种植园里几乎有一半的劳工非正常死亡。此外，在这三年里这个种植园没有一个劳工的婴儿降生，已经出生的婴儿也都未能活到 7 岁。[③] 触目惊心的婴儿死亡率也从另一个侧面反映了劳工糟糕的健康问题。在马来亚的另一个种植园里，在 1892—1900 年间平均每年有 50 个妇女，也会正常怀孕，却没有一个活着的婴儿降生。在 20 世纪 20 年代，印度劳工婴儿的死亡率平均每年高达 195.62‰，保持在接近 1/4 的概率。[④] 尽管有些社会福利机构试图扭转这个问题，却力不从心，无法扭转这个触目惊心的局面。

---

　　① 参见 "Annual Report of the Agent of the Government of India in British Malaya", ARAGIBM, 1926：8, p. 11.

　　② Labour Research Department, *British Imperialism in Malaya Colonial Series No. 2.*, London：The Labour Research Department, 1926, pp. 36 – 37.

　　③ 参见 Highlands and Lowlands Para Rubber Company Limited, *History of the Company 1906 – 1956*, Kuala Lumpur：Oxford University, 1956, p. 5.

　　④ 参见 Jomo Kparmer, Norman J., *Colonial Labour Policy and Administration：A History of Labour in the Rubber Plantation Industry in Malaya*, Locust Valley, New York：J. J. Augustin for the Association for Asian Studies, 1960, p. 183.

表 2—3　　　　　　　　1911—1923 年海峡殖民地劳工死亡率　　　　单位：人、‰

年份	劳工人数	死亡人数	比例
1911	143614	9040	62.90
1912	171968	7054	41.02
1913	182937	5592	29.60
1914	176226	4635	26.30
1915	169100	2839	16.78
1916	187030	3299	17.61
1917	214972	3906	18.71
1918	213425	9081 *	42.55
1919	216573	3384	15.16
1920	235156	4367	18.57
1921	175649	3195	18.19
1922	159279	2556	16.05
1923	147276	1924	13.06

注：＊1918 年马来亚发生流行病。

资料来源：Estates Health Commission Report 1924，Appendix 3，p. A56.

　　导致劳工死亡的最直接的原因是劳工饱受各种疾病的侵害。1924 年的印度劳工健康报告指出，超过 90% 的劳工死亡与各种疾病有直接的关联。[1] 不过，除了疾病的肆虐，种植园里劳工过于拥挤的居住条件、糟糕的卫生条件，以及贫苦的劳工基本生活在半饥饿状态，这些也都是劳工死亡率居高不下的重要原因。种植园园主和一些马来亚官员经常把劳工的死亡归咎于劳工沾染各种疾病的托词上，却不正视贫困、卫生条件差、缺乏卫生饮用水及基本的医疗服务等这些事实本身。[2] 虽然马来亚殖民政府在早些时候对种植园的医疗条件也作了一些规定，但早期的这些规定基本是一纸空文。马来亚种植园里几乎没有像样的医疗设备，缺乏合格的医务人员，劳工紧急情况下对伤病的处理基本是靠种植

————————

　　[1]　参见 Amarjit Kaur, *Indian Labour, Labour Standards, and Workers' Health in Burma and Malaya, 1900 - 1940*, Modern Asian Studies 40, 2 (2006) p.466.
　　[2]　Ibid.

园里的员工来应付，否则劳工就只有到附近的医院就诊。

1924 年印度殖民政府任命一个委员会来调查劳工的健康、卫生、医疗设施等问题，事后这个委员会向马来亚殖民政府报告了这些问题的严重性。为稳固劳工队伍，回应舆论对印度劳工触目惊心的死亡率的批评，1926 年马来亚殖民政府针对这些问题制订了一些计划，旨在改善劳工健康状况。一些有条件的大种植园里开始修建医院，关注劳工的健康状况。但并不是所有的种植园园主都对这个问题予以足够的重视，有些种植园甚至反对政府的这些计划。[①] 根据 1937 年萨斯特利的报告，虽然种植园在疾病的预防方面有了明显的改善，但对劳工的疾病治疗方面还是做得远远不够，很多规模较小的种植园依然缺乏合格的医务人员。[②]

（2）劳工的社会生活

在 1912 年的劳工法颁布之前，劳工的居住条件极为恶劣，特别是在甘蔗和咖啡种植园里的劳工生活条件极为艰苦。当 1912 年劳工法颁布后，橡胶成为各大种植园最主要的经济作物，这就需要大量的劳工来发展橡胶种植业。但 1912 年以前的劳工法对劳工的居住条件没有作出具体的说明，1912 年的劳工法则明确规定雇主有义务为劳工提供基本的住宿条件。因此，从 1912 年开始，种植园里的劳工居住的是以棕榈叶、瓦片或波状的铁皮作为屋顶的单间简陋住房，每间居住一家劳工或者至少三个劳工。但这种房子的内部没有隔离，劳工的隐私受到严重影响。随着种植园里建立的印度人家庭不断增多，1935 年后，劳工部和卫生局对劳工的住房问题逐渐重视，责令种植园园主对劳工的居住设施进行改造。种植园里的这些比较简陋的住房开始逐渐淡出，取而代之的是砖瓦结构的村舍形住所，每个单元拥有四个单间，可供两个家庭使用，每家有各自的大门，彼此可以做到完全隔离，以保护隐私、降低疾病传染的风险。[③] 这种具有永久性的居住设施的推广，稳定了劳工队伍

---

　　① 参见 Sastri, V. S. Srinivasa, *Report on the Conditions of Indian Labour in Malaya*, New Delhi: Government Printer, 1937, p. 46.

　　② Ibid. , p. 37.

　　③ 参见 Jomo Kwame and Sundaram, "Plantation Capital and Indian Labour in Colonial Malaya", in K. S. Sandhu & A. Mani, "Indian Communities in Southeast Asia" (ed), *Times Academic Press and Institute of Southeast Asian Studies*, 1993, p. 296.

的同时实际上也在潜移默化中对印度劳工移民的定居起到了一定的推动作用。

在宗教上，印度劳工普遍信仰某种宗教，怀有强烈的宗教意识，对宗教异常偏执。劳工普遍认为，宗教是他们的不可或缺的精神世界。[①]所以，在印度人的聚集地也逐渐开始出现了一些宗教场所，如寺庙、清真寺等。这些新居地的宗教场所，在潜移默化中将印度劳工的传统文化从本土移植到了一个新的环境里扎根，这是印度劳工社会在移植本土传统文化方面的一个良好的例证。

不过，印度人特有的种姓禁忌的陋习却并未因在新的环境里消弭。持续不断的劳工移民也强化了马来亚印度人社会的种姓观念，在马来亚的劳工日常生活中就表现出泾渭分明的特色，等级森严的种姓制度在劳工的居住问题上就有明显的体现。一般而言，低种姓和高种姓从不会居住在一起，甚至连饮用水都是分开的。这种区分无论是生活在种植园的印度劳工还是生活在城镇中的印度人均为如此。种姓的隔阂迫使马来亚各个种姓的印度人内部形成自己的社团以维护自己阶层的利益。因为早期的印度人内部发生的大小冲突，大部分是发生在不同的种姓之间。种姓在马来亚的延续给马来亚印度人早期的婚姻带来了一个难题。由于种姓制度，一些小的种姓团体在择偶问题上遇到了不小的麻烦。为了解决这个问题，不同种姓之间开始试图采取联姻的方式，但这种方式并不多见。因为许多印度人始终相信，他们只是暂时寄居马来亚而已，终究要回到印度本土，回到残酷的种姓制度肆虐的社会现实中去。

在早期的社会生活中，家庭生活是马来亚印度人乃至华人社会的难题。囿于没有合适工作、居住设施简陋以及时间上的限制（早期以契约制度移民马来亚的印度人合同较短，一般为期三年），早期通过契约招募制度招募的马来亚印度劳工，几乎都为男性劳工。例如，根据 1891 年的人口调查发现，当时马来亚印度人的男女比例仅为 1000∶18。此

---

① 参见 Sinnappah Arasaratnam, "Malaysia Indians: The Formation of Incipient Society", in K. S. Sandhu & A. Mani, "Indian Communities in Southeast Asia" (ed), *Times Academic Press and Institute of Southeast Asian Studies*, 1993, pp. 190 – 211.

后，随着马来亚殖民地经济的急速扩张，更多的印度人蜂拥而至，马来亚印度人社会男女比例失调问题更为突出。实际上马来亚和印度当局早就注意到了这个社会问题，因为印度殖民政府在 1922 年以前的移民法中对印度劳工的男女失调问题都有所规定。例如，根据 1884 年的第十三个移民法修正案之规定，"男女劳工的比例必须至少维持在 25：100"。[①] 虽然有此规定，但马来亚在这个问题上似乎并不受此约束，由此导致了马来亚印度劳工男女比例严重失调问题，劳工部也因此而备受指责。

男女比例严重失调带来了一些社会问题：一方面是已婚的印度劳工由于长期无法获悉家庭情况，思乡情绪比较普遍，而年轻的印度劳工随着年龄的增长，到了适婚年龄后很多人因此无法组建家庭，马来亚印度劳工的工作积极性大幅下降；另一方面男女性别比例严重失调也是导致早期的印度劳工社会性犯罪率高居不下的一个主要原因。[②] 此外，背叛婚姻、引诱已婚女性、妓女泛滥等社会问题在马来亚印度人社会普遍存在，劳工部的官员经常忙于诸如此类的家庭争端。而一些欧洲的种植园主勾引已婚的印度劳工妇女将这个问题变得更加复杂，马来亚的地方法院在这类问题上经常陷于尴尬的境地。早日解决男女性别平衡问题，可谓是广大马来亚印度人翘首以盼的事情。从 20 世纪 20 年代中期开始，印度政府开始关注印度移民的男女比例失调问题，在多方的努力协调之下，1933 年马来亚殖民政府开始实行新的外侨政策，这些政策没有限制妇孺的移入。这种情况下，印度劳工部门开始招募女性劳工或安排劳工家属移民马来亚，种植园里也开始为女性劳工或劳工家属安排一些合适的工作。马来亚印度人的性别比率因而大为改观，女性对男性的比例由 1891 年的 18：1000 变为 1957 年的 692：1000。[③] 性别平衡问题得到改善，为印度人定居马来亚提供了客观

---

① 转自 Tinker, Hugh, *A New System of Slavery: The Export of Indian Labour Overseas, 1830 - 1920*, London: Oxford University Press, 1974, p. 112.

② 参见 Sastri, V. S. Srinivasa, *Report on the Conditions of Indian Labour in Malaya*, New Delhi: Government Printer, 1937, p. 40.

③ Sinnappah Arasaratnam, "Malaysia Indians: The Formation of Incipient Society" in K . S. Sandhu & A. Mani, "Indian Communities in Southeast Asia" (ed), *Times Academic Press and Institute of Southeast Asian Studies*, 1993, pp. 211 - 237.

条件。

正如华人有赌博和吸食鸦片的陋习，马来亚的印度劳工则普遍有酗酒的不良嗜好。印度劳工的酗酒问题，也是个长期令人关注的社会问题之一。不过，在印度，酒非廉价之物。但在马来亚遍地是椰子树，利用椰子来酿酒非常容易，且椰子酒价格低廉，一般劳工都可以承受。常年的种植园劳作十分辛苦且单调，特别是那些早期的种植园劳工远离家乡和亲人，种植园又没有娱乐设施，在工作之余，劳工除了借酒浇愁，没有其他任何选择。许多印度劳工因此染上了酗酒的不良嗜好，种植园里的印度劳工也因此被冠以"酗酒"的刻板成见。[1]而一些种植园为吸引印度劳工，也承诺为劳工提供酒水。种植园的一些管理员从中看到了巨大的商机，在种植园里对印度劳工公开销售各类酒水。劳工每年对酒水的消费，我们从马来亚殖民政府对酒水征收的税收便可见一斑。以 1935 年为例，政府当年对酒征收高达 40% 的重税，共征得 2081718 美元，这就意味着 1935 年劳工花在酒水上的消费高达5204295 美元。[2] 对酒课以重税实质上已经成为马来亚殖民政府的一大财政来源。

最初对劳工的酗酒问题有所警觉的是一些种植园园主，他们发现酗酒经常影响劳工的工作效率。1912 年，一些种植园主以种植园协会的名义向政府提出请求，希望政府对这个问题出面干涉。但在这个问题上马来亚殖民政府实际上是最大的利益既得者，种植园协会的请求将其置于两难的选择。马来亚殖民政府为了掩饰其在劳工酗酒问题上扮演的不光彩角色，最后也故作姿态，规定对劳工禁售进口洋酒，并禁止向妇女和儿童兜售酒水。但这个规定对缓解劳工的酗酒问题几乎毫无作用。因为劳工本来就不是进口洋酒的消费者，成年的男性劳工才是廉价酒的主要消费群体。这个规定反而促进了当地椰子酒的销售量。椰子酒可观的利润也诱使一些不法之徒在生产和销售椰子酒时做文章，酒水掺假问题屡见不鲜。掺假的椰子酒对劳工的健康造成很大的危害，甚至发生直接

---

[1]　参见吴清德《马来西亚的种族政治》，远东出版社 1989 年版，第 44 页。

[2]　参见 Central Indian Association of Malaya，"Toddy in Malaya"，*Memorandum Sumitted to the Agent of the Government of India*，December 1937.

导致劳工死亡的事件。① 为防止掺假的椰子酒对劳工的身体造成危害，政府采取在种植园建立直销点的办法以杜绝假酒问题，并规定将销售利润的 2/5 用于政府的税收，剩余部分以作种植园劳工的福利之用。虽然这个规定对改善劳工的福利起到了一定的作用，但一些种植园管理员却滥用这些资金，将部分资金用于缴纳政府对种植园征收的各种税收之上。

到了 20 世纪 30 年代中期，作为社会改良运动的一部分，马来亚的印度人开展了禁酒运动。在舆论的作用下，马来亚殖民政府不得不开始对印度劳工实行全面禁酒。但此时种植园园主却担心全面的禁酒会驱离印度劳工而反对这个决定，不过他们也同时担心如果全面禁酒，劳工是否会染上更具危害的鸦片。事实上雪兰莪苏丹的禁酒令并没有引起印度劳工的不满情绪。② 印度人的禁酒运动，作为当时的马来亚印度人政治觉醒的一部分，无疑具有积极的一面，但它的局限性也是显而易见的，它在很大程度上不过是马来亚印度人中产阶级发起的一场自我救赎的社会改良运动而已。

（二）非劳工社会

1. 非劳工的经济及其影响

在非劳工的马来亚印度人中，切蒂亚③（Chettyar）商人无疑最具代表性。切蒂亚商人是印度人在马来亚商业阶层的先驱，在很早以前就来到马来亚，拥有强大的经济实力。不过，以从事商品批发零售业务为主的北印度人商人后来者居上，很快与其并驾齐驱了。北印度人在新加坡、南印度穆斯林在槟榔屿、切蒂亚人在吉隆坡都各自拥有一定的经济实力。为应对激烈的商业竞争，切蒂亚人很快在他们的聚居地成立商会，并在吉隆坡设立了一个总商会，北印度人则除在新加坡成立一个实力雄厚的商会外，在槟榔屿也成立了一个商会。不过，由于北印度商人

① 参见 Sinnappah Arasaratnam, "Malaysia Indians: The Formation of Incipient Society", in K. S. Sandhu & A. Mani, "Indian Communities in Southeast Asia" (ed), *Times Academic Press and Institute of Southeast Asian Studies*, 1993, pp. 211 - 237.

② 参见 Central Indian Association of Malaya, "Toddy in Malaya", *Memorandum Sumitted to the Agent of the Government of India*, December 1937.

③ 也有学者将其译为"齐智人"。

主要从事商品批发零售业务而未能在马来亚社会产生广泛的社会影响。但与北印度商人不同的是，切蒂亚人因他们的经济活动的特点和范围在整个马来亚都具有广泛的影响。

切蒂亚人主要以放贷者的身份来到马来亚，从事高利贷业务。正如在缅甸，他们的高利贷行为与这个国家的经济交织在一起，几乎影响了整个马来亚社会。切蒂亚人向不同的群体提供贷款，如欧洲的企业家、华人投机商、印度的小商贩、马来农民等，甚至连马来皇室都曾向其贷款。起初，马来亚殖民政府认为切蒂亚人的放贷（也有人看作是种投资）活动促进了殖民地马来亚经济的发展，马来亚殖民政府的首席秘书还因此肯定了切蒂亚人的活动。1923年，当联邦议会批评切蒂亚人的高利贷盘剥之时，首席秘书甚至为其辩护开脱罪责。① 这期间，切蒂亚人与马来农民及小资产者的关系引起了社会的广泛关注。

切蒂亚人的公司很早就在马来亚各地农村发展了许多分支机构，并在信贷业务上吸引了大批顾客。他们将钱贷给马来农民和一些土地所有者，并以其财产或者土地的所有权作为抵押。切蒂亚人的业务不仅在四个马来联邦开展，甚至非联邦地区的吉打、柔佛等地都有涉猎。这种广泛的放债行为很容易产生一个难以避免的结果，即当贷款者无力偿还贷款时，土地所有权往往作为债务抵押落入切蒂亚人之手。起初，一些马来有识之士已经意识到这种行为的巨大危害，并试图阻止以土地来抵押债务。但这个努力因为没有得到马来亚殖民政府的支持而付诸东流，殖民政府依然需要切蒂亚人的投资来发展经济。不过，为防万一，马来亚殖民政府也在某种程度上对土地的兼并行为作了限制。1913年，马来亚联邦政府出台了《马来人保留地法》（*Malay Reservations Enactment*）。根据其规定，非马来人不能拥有土地，这就在某种程度上限制了切蒂亚人与马来农民的信贷交易。但这个限制并没有规定其他人不能利用他人（马来人）的名义代表其拥有马来人土地，切蒂亚人利用这个法律漏洞依然在兼并土地问题上我行我素，也使《马来人保留地法》中的相关

---

① 参见 J. Parmer, *Colonial Labour Policy and Administration: A History of Labour in the Rubber Plantation Industry in Malaya, 1910-1941*, New York: 1960, pp. 157-158.

规定对于切蒂亚人而言形同虚设。[1]

不过,20 世纪三四十年代的大萧条将马来亚的高利贷问题凸显出来,切蒂亚人的高利贷导致马来亚的许多农民和小资产者负债累累,许多马来家庭陷入无地的境地。霹雳邦以土地抵押贷款的情况尤为严重,霹雳邦苏丹对此严重关切,并于 1930 年 10 月向该邦的行政驻扎官建议调查此事,并建议考虑立法上的可能来弥补高利贷造成的后果。驻扎官的报告证实了该邦许多村庄受到类似的影响。切蒂亚人趁大萧条之机以极低的价格占有了大量土地。1931 年马来亚颁布了销售限制法,根据该法之规定,面积超过 25 英亩的土地,无论是否执行法院的判决或者抵押贷款,在没有得到土地所在邦议会的同意下,均不得销售或者转让。[2] 切蒂亚人对此极为不满,他们认为这个规定必然对其投资造成重大的损失,此举无疑是鼓励欠债的马来人拒绝偿还贷款,也有可能导致债务人停止支付到期的利息。因为以土地作为抵押,切蒂亚人仅仅在马来联邦就放贷多达一亿多资金。

马来亚殖民政府权衡再三,觉得切蒂亚人的担心并非没有道理,因而修改了 1931 年销售限制法,规定在拒绝或者延期销售土地的情况下,75% 的利息应该偿还,除此之外政府未作任何的让步。[3] 殖民政府强调这个法律首先要保证农民对土地的所有权以摆脱印度高利贷者的控制。[4] 随后,1933 年的《马来人保留地法》进一步明确了马来人的土地不能被抵押贷款而转售,它的目的在于防止那些负债累累的马来人为偿还债务而被迫转让土地所有权。这个法律规定马来人的土地不允许转让、交易、租赁,或者以其他方式处理给非马来人。切蒂亚人的利益再次受到冲击,他们不断向政府请愿。虽然此前的切蒂亚人是在不违背 1913 年《马来人保留地法》的原则下控制了一些马来人土地,但政府坚持认为所有的这些交易属于非法交易,切蒂亚人要对此承担全部的责

---

① 参见 Nadarjah, "The Nattu Kottai Chettiar Community and Southeast Asia", in Proceedings of the First Internationa Conference on Tamil Studies, *International Association of Tamil Research*, Vol. 1, 1968, pp. 251 – 260.

② 参见 F. M. S, "*Proceeding of the Federal Counil*", 1932, pp. 16 – 17.

③ Ibid. , p. 20.

④ Ibid. , p. 2.

任。尽管切蒂亚人认为既成事实的贷款抵押应该予以承认，但抗议无济于事。[①]

这场土地之争导致切蒂亚人成为马来亚最不受欢迎的人物，他们被认为是穷人无情的剥削者。耐人寻味的是其他印度人并没有对切蒂亚人在反对《马来人保留地法》的斗争中给予支持。这主要是切蒂亚人总体上比较内敛、孤僻，他们有自己独立的社会组织和宗教习俗，社会生活相对孤立，因而未能很好地与其他印度人融合在一起，而导致在这场斗争中陷入孤立无援的境地。[②] 联邦议会上的印度人代表没有对《马来人保留地法》的实施提出任何异议，反而是一个华人和一个非官方的欧洲代表在这些问题上给予了切蒂亚人无私的支持，切蒂亚人是通过这位欧洲人而不是自己的印度同胞来提出申诉的。[③] 这两位议员之所以支持切蒂亚人，在于他们坚持反对政府在经济上干涉个人交易自由的原则。1935 年，当海峡殖民地通过了《高利贷法》，进一步限制了放高利贷者的放债行为。根据该法之规定：贷款将被予以登记，法院有权公开那些被认为不合理的交易行为。《高利贷法》明显带有针对切蒂亚人的意味，切蒂亚人陷入更加不利的境地。

虽然如此，通过抵押贷款，一些土地还是落入切蒂亚人之手，大萧条期间更加速了切蒂亚人的土地兼并，切蒂亚人在马来亚拥有的土地有增无减，但大部分土地位于马来联邦境内。从 20 世纪 20 年代开始，切蒂亚人在马来亚开始投资橡胶产业，一些政府退休的马来亚印度公务员或者其他一些印度商人，也热衷于投资橡胶产业。印度人的橡胶园面积大多数在 100—1000 英亩这个规模。1940 年，印度人拥有的橡胶园总数为 9.4 万英亩，占马来亚橡胶园总面积的 4.4%，其中绝大多数为切蒂亚人所有。[④] 此外，切蒂亚人还是在马来亚第一个开设银行的人，1935 年他们已拥有两家银行，并在吉隆坡、怡保及一些小镇开设了分支机构。马来亚第一家的印度人银行是切蒂亚人于 1937 年在吉隆坡开

---

① 参见 F. M. S，"Proceeding of the Federal Counil, 1933"，pp. 132，161.

② 参见 M. N. Nair，*Indians in Malaya*，Singapore：Koduvayur Print，1937，p. 44.

③ 参见 F. M. S，"Proceeding of the Federal Counil, 1933" pp. 132. p161 – 164.

④ 参见 E. H. 雅谷比《马来亚的土地危机》，载《南洋资料译丛》1962 年第 3 期。

设的"印度人海外银行"。①

2. 非劳工的政治

在马来亚的印度非劳工社会主要由印度商人和知识分子构成。战前的非劳工社会对马来亚当地政治兴趣不大，政治意识淡薄，主要关注的是印度本土的政治动态。虽然如此，在 20 世纪 30 年代以前，除了声势浩大的甘地不合作运动②波及马来亚的锡克人，以及基拉法特运动（1919—1924 年，Khilafat Movement)③ 对马来亚的印度穆斯林产生一定的影响外，马来亚印度人的中产阶级几乎不受印度国内各种意识形态思潮和民族主义分子的影响。客观上，印度与马来亚距离虽然不远，但当时通信手段不发达，联系比较困难；主观上，马来亚殖民政府对来自任何印度本土的民族主义分子和各种自由的宣传十分警觉，他们严防这类东西渗透到马来亚。即便在一些城镇地区，语言、族群的差异、分而治之的殖民政策也使得印度知识分子很难有机会与其他族群的知识分子接触交流，也没有与其他印度人中产阶级建立联系。

随着时间的推移，在马来亚的印度知识分子越来越多，族群、宗教的认同促使这些印度中产阶级开始组织在一起。1906 年，在马来亚的太平地区成立了第一个印度人协会，随后吉隆坡、雪兰莪、克朗、彭亨、马六甲、安顺等地也成立了类似的协会组织。印度人协会一般都由一些富有的商人、医生、律师和会计等来领导，一些受过英语教育的印度人如教师、政府的公务员、种植园的管理员等也纷纷加入。印度人协会第一次为马来亚的印度知识分子提供了一个交流的平台，但他们均以效忠大英帝国、服务殖民政府为荣。在印度商人的资助下，1925 年新

---

① 参见 India Office of the Economic Adviser, *Indians in Malayan Economy*. New Delhi：Manager of Publications，1958，p. 37.

② 1919 年 11 月印度民族解放运动领袖甘地第一次提出同英国政府"不合作"。1920 年 7 月 28 日，甘地宣布 8 月 1 日将开始不合作运动，强调非暴力原则，并拟定其内容：退还英王所授爵位、勋章，辞去在地方机构中所任公职；不参加殖民政府的一切集会；抵制英国殖民教育，退出英国官方学校，自己开办学校；抵制英国法院，自设仲裁机构；拒绝到美索不达米亚参军服劳役；抵制议会选举；抵制外国货等。1922 年 2 月 5 日发生群众烧死前来镇压的警察的"乔里乔拉事件"，斗争冲破了非暴力的限制。2 月 11 日在甘地主持下，国大党在巴多利召开紧急会议，决定无限期地停止不合作运动。第一次不合作运动结束。

③ 基拉法特运动，指主要由印度穆斯林发动的政治运动，旨在影响英国政府、保护第一次世界大战重建期间的奥斯曼帝国。

加坡印度人协会在出版了一份名为《印度人》的杂志，主要刊登马来亚各地的印度人协会的消息；1932 年，雪兰莪的印度人协会也出版了类似的一个刊物。①

尽管当时马来亚各地都纷纷成立了印度人协会，但大部分毫无建树。事实上，在协会中由于宗派主义盛行，以及受到马来亚殖民地政府的严格监控，很多协会成立之后就销声匿迹了，它们当中最有发展潜力的雪兰莪印度人协会，也曾经沉寂了一段时间，以至海峡殖民地政府在1917 年要求其提供该协会还存在的依据。② 到 20 世纪 30 年代，许多印度人协会已经名存实亡，很难发挥什么作用，也未能唤起广大印度人的政治热忱。③

由于劳工占马来亚印度人的绝大多数比例，且与殖民当局的经济利益息息相关，因此，长期以来，殖民当局考虑印度人利益时一般只考虑广大印度劳工的利益而忽视其他印度人的利益。印度非劳工社会对此耿耿于怀，他们一直希望跻身于海峡殖民地立法委员会和马来联邦议会这两个权力机构，以便有自己的利益代言人。但最初殖民政府将移民排除在这两个权力机构之外，直到 20 世纪 20 年代这两个权力机构才逐渐扩充并接收一些非官方的代表，以代表不同的利益群体。1923 年，在印度非劳工社会的广泛争取下，拉姆比亚（Nambyar）被任命为海峡殖民地的立法委员会成员之一，从而实现了印度人跻身权力机构的第一次突破。不过，此事在马来联邦进展缓慢，主要是殖民统治者考虑到与苏丹的关系及对当地马来人的利益问题而一度被搁置，而海峡殖民地的印度人拥有的是英国公民身份，所以在法律程序上不成问题。经过几年的努力，终于在 1928 年，马来联邦政府也提名了一名在吉隆坡的印度律师维拉萨曼（Veerasamy）为联邦议员，很快，霹雳邦和森美兰邦议会也效仿联邦议会分别任命了一名印度人作为联邦议员。④

---

① 参见 D. W. Devaraja，"A Federation of Indian Associations in Malaya"，*The Selangor Indian*. Vol. I，No. 2，April 1932，p1.

② 参见 F. M. S，"Proceeding of the Federal Counil"，1932，p. 2.

③ 参见 D. W. Devaraja，"A Federation of Indian Associations in Malaya"，*The Selangor Indian*. Vol. I，No. 2，April 1932，p. 7.

④ 参见 N. V. Rajkumar，"Indians Outside India：A General Survey"，New Delhi：*All-India Congress Committee*，1951，p. 33.

　　虽然印度人初步实现了他们的政治目标，但随后发生的事情却是他们始料未及的。当最高委员会宣布维拉萨迈的任命时，他随即发表了一个声明，宣布其代表的是全体印度人的利益。① 维拉萨迈的出发点固然是好的，很显然是想把马来亚的印度人团结在一起，但事与愿违。一方面，由于受到印度本土宗教冲突的影响，曾经在印度人协会和睦共处的印度教教徒和穆斯林之间的关系开始紧张；另一方面，相对于所谓的"印度人"这个群体而言，锡兰人并不认同这个群体。因为在马来亚的锡兰人几乎都属于中产阶级或白领阶层，锡兰人相对于印度人一直带有某种自我优越感。② 因此锡兰人并不希望印度人作为其利益的代言人，相反认为锡兰人也应该在联邦议会享有一席之地的权利，于是印度人和锡兰人中产阶级之间的关系也开始趋于紧张。联邦议会的代表问题最终引发了印度人和锡兰人之间的重重矛盾，二者因为在各级政府机构上的提名而争吵不休，两个社群领导人之间的关系进一步恶化，如在霹雳、雪兰莪、森美兰、柔佛等地，锡兰人在议会中占有优势，而人数更多的印度人，反而失去了在这些议会安插代表的机会而对锡兰人愤懑不已。③ 在短暂的合作之后，这两个群体最终选择了分道扬镳。此外，虽然宣称为全体印度人利益的代言人，但在马来联邦议会和海峡殖民地的立法委员会中的印度人代表，关注的主要还是自身阶层的切身利益，并与那些被欧洲人称之为"苦力"的印度劳工保持一定的距离，以示他们在地位上的区别。④

　　正如华人一样，平等的雇佣机会与更广泛的政治和地位联系在一起，成为印度知识分子十分关注的问题。殖民者在马来亚实行的行政改革和权力下放，以及开始实行马来人优先的政策令印度知识分子深感忧虑，他们担心这种发展趋势必将有损印度人的利益，即便是印度商人也

---

　　① 参见 N. V. Rajkumar, "Indians Outside India: A General Survey", New Delhi: All-India Congress Committee, 1951, p. 4.

　　② 参见 Rajakrishnan Ramasamy, Caste Consciousness among Indian Tamils in Malaysia, Petaling Jaya, Selangor, Malaysia: Pelanduk Publications, 1984, p. 153.

　　③ Ibid., p. 159.

　　④ Ibid., p. 154.

表达了同样的看法。① 但就殖民政府和马来各邦而言，印度非劳工社会的种种顾虑根本不能左右英人既定的发展方向。扶持经济弱小的马来人在政治上的优势地位是英人长远政治利益的考量，此举将使殖民地各族人民达到相互制衡的目的而英人坐收渔翁之利。印度人希望殖民地政府在行政管理和技术服务阶层对非马来人开放禁锢，而这两个领域在向马来人开放之前，清一色都由英国人来担当。

1936 年，随着土生的印度人在马来亚的逐渐增多，在联邦议会和海峡殖民地立法委员会的印度人代表希望借代表土生的印度人向马来亚的高级专员请愿的机会，在印度人担任行政官员方面实现突破。他们希望马来亚殖民政府仿效印度殖民政府（印度于 1858 年宣布公开竞聘原则）的做法，允许土生的印度人进入马来联邦行政服务系统。但英人断然拒绝了印度人代表的请求，因为英人并不想打破现有的平衡机制以改变马来苏丹的传统地位。不过，虽然英人拒绝了印度人的请求，但在某些方面也作了些让步，如允许印度人进入医疗和技术服务两个领域，但绝不考虑让印度人进入马来各邦的行政机构。最高委员会的一位高级专员以其这样的答复结束了这场持久的政治纷争：我不能支持任命非马来人进入马来联邦的建议……据我所知，还没有任命一个外国人而不是本地人或者非英人进入行政机构任职的先例。② 很明显，这番话定下了印度人（非马来人）在战前的马来亚政治参与的基调，即无论印度人（非马来人）在马来各邦居住多长时间，或是否土生，都不能在殖民政府中担任行政官员。这使得参与殖民地马来亚的政治成为马来人和英人的专利，印度人（华人）始终处在受压制、不平等的位置上。这也是印度人何以在战前对马来亚当地政治意识淡薄的重要原因之一。

3. 马来亚印度人中央协会（The Central Indian Association of Malaya）

早在 20 世纪 20 年代，马来亚的印度人就有将各个分散的印度人组

① 参见 Nadarjah，"The Nattu Kottai Chettiar Community and Southeast Asia"，in Proceedings of the First Internationa Conference on Tamil Studies，*International Association of Tamil Research*，Vol，1. 1968，pp. 251 - 260.

② 参见 Hua Wu Yin，*Class and Communalism in Malaysia：Politics in a Dependent Capitalist State*，London：Zed Books & Marram Books，1983，p. 32.

织融合成一个统一的组织的设想。① 然而，这个设想在当时无论是对印度人本身还是对殖民政府而言都时机不成熟，马来亚印度领导人更多的是通过每年一度的印度人协会的年会来研究讨论马来亚印度人的各种问题。在雪兰莪印度人协会的发动下，第一届印度人协会年会于 1928 年召开。这届年会讨论了涉及全体印度人的利益，如劳工的工资、失业、就业、遣返、控制酗酒，以及在马来亚的土地垦殖等问题，也讨论了印度人的婚姻、教育、在议会和公共机构的代表及促进印度人团结等问题。会议认识到成立一个代表全体马来亚印度人利益的组织迫在眉睫，为马来亚印度人中央协会的成立做了思想上的准备。经过几次年度会议后，成立一个永久性的全马来亚印度人协会的设想被正式提出。

但印度人协会的年会也产生了一些过激的观点。激进的思想源自马来亚印度人知识分子，他们开始出现反对英帝国主义的倾向，这是马来亚的印度知识分子第一次流露出被民族主义所感染的迹象。受此影响，在怡保举行的第四届印度人协会年会上，马来亚的印度人领导对印度劳工所受到的剥削发表了措辞强硬的观点。马来亚最有影响的官方报纸《海峡时报》随即作出反应，谴责了印度人领导的这番言论。马来亚殖民政府和一些欧洲的种植园园主也对此展开了猛烈的抨击。在强大的压力下，印度人协会年会被迫中止，新生的印度人激进民族主义暂时遭到遏制。②

由于印度人协会年度大会被迫中止，成立马来亚印度人中央协会的计划也暂被搁置。1937 年，这个计划又被几位曾经参加过年度大会的马来亚印度人领导重新提起。或许是受到尼赫鲁访问马来亚的影响，马来亚印度人中央协会终于在当年得以成立。③ 1937 年马来亚印度人中央协会在几位杰出的马来亚印度人的领导下，以及在印度人知识分子中重新燃起的激进民族主义的鼓舞下取得了几次卓有成效的行动。此前马来亚的印度人并无类似的组织，马来亚印度人中央协会因此被认为是代表马来亚印度人的第一个政治组织。

---

①　参见 The Indan, Vol, Ⅳ, No. 9, March – June 1925.

②　参见 Virginia Thompson and Richard Adloff, *Minority Problems in Southeast Asia*, Stanford：Stanford University Press, 1955, p. 97.

③　Ibid. , p. 98.

马来亚印度人在中央协会成立后不久即向印度驻马来亚移民事务部代表呈交了一份有关"马来亚印度劳工酗酒问题"的备忘录，并与印度驻马来亚移民事务部代表讨论了种植园的禁酒情况，同时对劳工待遇问题给予了关注，后者很快成为马来亚种植园园主和印度殖民政府之间斗争的焦点。[①] 1938 年 1 月，受大萧条的影响，种植园园主根据达成的《国际控制橡胶产量协议》，试图在削减橡胶产量的同时讨论削减工资的可能性。马来亚印度人中央协会对此表示严重关切，认为削减工资计划将影响广大印度种植园劳工的生活水平，遂于 1938 年 3 月将此事通报印度殖民政府，并请求印度殖民政府在马来亚削减劳工工资问题定调之前停止资助劳工移民，向马来亚殖民当局施压。[②] 同年 6 月，印度殖民政府开始停止资助劳工移民，因此有理由相信马来亚印度人中央协会的建议亦是影响印度殖民政府决定停止资助移民的重要原因之一。

除了关注劳工的问题，马来亚印度人中央协会还关注土生马来亚印度人的文化传承和认同问题。早在 20 世纪 20 年代，印度人就开始有"土生（马来亚生）"与"非土生"的两大区分。由于接触印度人传统文化的机会不多，土生印度人的印度文化认同意识开始淡薄，新的一代崇尚西方文化并以"海峡出生"为荣。[③] 这主要是这些年轻印度人受殖民地教育的影响。因为这些中产阶级的子女在小学阶段接受的就是以英语教学为媒介的教学用语。在马来亚并不像印度和锡兰那样开办有双语学校，母语教学停留在很低的层次。年老的一代对新一代印度人不能运用母语读写深感忧虑，而政府在议会、公务员、高等教育等领域逐渐对印度人开放，加剧了土生印度人与其他印度人之间的分化，二者之间的差异性日趋明显。认同马来亚人的身份就能找到一个比较理想的工作，这种设想现在似乎开始成为可能。

在马来亚印度人中央协会的努力下，1925 年 11 月，一份名为《印

---

① 参见 C. I. A. M, "Speech Delivered by Dr. A. M. Soosay at the First Annual General Meeting of the Association Held at Kuala Lumpur on 27 March 1938", Kuala Lumpur, 1938, p. 2.

② 参见 J. Parmer, *Colonial Labour Policy and Administration. A History of Labour in the Rubber Plantation Industry in Malaya, 1910 – 1941*, New York, 1960, p. 76.

③ 参见 K. A. Neelakandha Ayier, *Indian Problems in Malaya: Indian Problems in Malaya: a Brief Survey in Relation to Emigration*, Kuala Lumpur: The Indian Office, 1938, p. 55.

度人》的杂志编辑呼吁通过强制移植印度传统文化来抑制这种现象的发展，此举可强化新一代土生的印度人对传统文化的认同感。① 针对这个问题，1938 年马来亚印度人中央协会主席则表达了其不同的看法，"马来亚的政治与印度的政治毫无相同之处，我确信这个组织绝不能错误地将印度的政治引入这个国家，这样只会伤害我们"②。不难看出，印度非劳工社会实际上有认同马来亚这个国家的心理准备，但却因为缺乏文化上的融合而不得不停止这种倾向。从文化的角度而言，马来亚印度人领导对自己疏远整个印度族群的任何一部分的趋势都焦虑不安，马来亚这个多元复合社会迫使他们在每个环节上都必须考虑将印度人视为一个整体，而事实上当时整个马来亚社会活动也正是以族群为单位而进行的。族群之间的彼此区隔保持并强化了马来亚印度人的印度印记，只要这个印度印记被保留，与印度本土的联系必将得以延续。换言之，在马来亚，保持印度人族群认同这个宗旨和切断与印度本土之间的联系是一对不可调和的矛盾。

因此，尽管有这种逐渐疏远印度本土的倾向，非劳工社会特别是马来亚印度人知识分子却不能割舍自己与祖国印度的联系。马来亚印度人中央协会的领导也指出中央协会已被视为马来亚印度人的代言人，它的活动经常见诸于印度的报端。印度驻马来亚的代表也积极支持马来亚印度人中央协会的组建，它的领导也参加每年的印度国大党会议，更为重要的是，意识形态上的倾向加强了非劳工社会与祖国印度的联系。印度知识分子中的激进民族主义者把提高印度人在马来亚的地位的努力视为反对英国帝国主义的一场斗争。尽管保证不将印度的政治引入马来亚，在马来亚进入第二次世界大战前夕，民族主义依然蔓延到马来亚印度人的各个阶层。以 1941 年的劳工大罢工为标志，马来亚印度人政治发展开启了新的篇章，因而导致了在日本占领期间激进的马来亚印度人民族主义运动的爆发。因此，1938 年马来亚印度人中央协会领导对于马来亚印度人的民族主义曾经发表了这样的意见：直到土生的印度人停止被

---

① 参见 K. A. Neelakandha Ayier, *Indian Problems in Malaya*: *Indian Problems in Malaya*: *a Brief Survey in Relation to Emigration*, Kuala Lumpur: The Indian Office, 1938, p. 54.

② Ibid. , p. 5.

视为外国人，并且取得马来亚人的合法身份，否则，马来亚的印度人依然是印度人，反对任何分裂印度人的企图是印度民族主义的职责。[①] 在此之前，兴起的印度民族主义席卷了早期的马来亚倾向或者说去印度化的倾向。

虽然如此，由于与印度国大党有牵连，激进的民族主义思想左右了马来亚印度人中央协会的发展方向，加之在马来亚共产党组织的罢工运动中扮演了积极的角色，马来亚殖民政府和欧洲雇主逐渐失去了对马来亚印度人中央协会的信任。在殖民政府的压制下，马来亚印度人中央协会在太平洋战争爆发前就基本被瓦解。但在日据时期，日军却利用了其组织领导为其利益服务，马来亚的印度人因此而卷入第二次世界大战的旋涡中，其副主席拉伽瓦（N. Raghavan）便是"印度独立联盟"的组织者之一。[②]

第二节　战前马来亚印度人的文化教育

一　印度人的教育

殖民政府对殖民地的教育缺乏热情，理由十分简单。一方面，从政治的角度而言，"过度"的教育会产生一个过于庞大的精英阶层，而这个阶层又会推动殖民地民族主义运动的兴起，对于已经有几个世纪殖民经验的英国殖民者来说，对这一点无疑是有切肤之痛的。[③] 另一方面，对移民兴办的教育所需资金不菲，这与殖民者的初衷明显相违背。殖民者的首要目的就是攫取利益，殖民者无论如何也不愿承担这笔额外的费用。[④] 此外，殖民者一直视移民不过为马来亚的临时过客，迟早要各自

---

① 参见 K. A. Neelakandha Ayier, *Indian Problems in Malaya*: *Indian Problems in Malaya*: *a Brief Survey in Relation to Emigration*, Kuala Lumpur: The Indian Office, 1938, p. 89.

② 参见 Virginia Thompson and Richard Adloff, *Minority Problems in Southeast Asia*, Stanford: Stanford University Press, 1955, p. 98.

③ 大规模推广统一的单一语言教育会促进各个种族之间的融合——这已经为美国的经验所证实，但这正是英国殖民者小心加以防范的。作为"分而治之"战略的一部分，英国殖民者积极维持各种族社区的本地语教育，以便在文化与心理上在各种族社区周围竖起一道篱笆。参见陈晓律等《马来西亚：多元文化中的民主与权威》，四川人民出版社 2000 年版，第 65 页。

④ 参见 R. Santhiram, *Education of Minorities*: *The Case of Indians in Malaysia*, Kuala Lumpur: Child Information, Learning and Development Centre, 1999, Malaysia, p. 35.

返回自己的家乡。① 因此，早期的殖民地马来亚的教育，除了对马来人的教育扮演了主导者角色外②，对华、印两大移民的教育则基本上是采取放任自由、不闻不问的态度。因此，与华人一样，印度人的教育问题英人交由印度人自己去处理。

马来亚印度人的教育分两部分来进行：劳工的教育和非劳工的教育。对劳工教育实行的是母语教育。但马来亚印度劳工的语言群体数量繁多，不可能都实行母语教育，根据在印度劳工中操泰米尔语的劳工占绝大多数的情况（1884—1941 年，泰米尔人共占马来亚印度人总数的85.2%③），马来亚的印度劳工实行的是以泰米尔文为教学用语的母语教育。这点也得到印度马德拉斯政府的支持，因为大部分劳工都是来自该地区。

最早的泰米尔文学校作为英语学校的附属机构始于 1816 年。④ 后来，随着 19 世纪末橡胶园的兴起，一些种植园为吸引和挽留劳工而在种植园开设了一些泰米尔文学校。⑤ 虽然早期殖民政府对移民的教育是采取不干涉的态度，但为鼓励更多的印度人移民马来亚，殖民政府也不得不做出一些姿态，兴办了一些泰米尔文学校。因此到 1905 年，在马来联邦已有 13 所政府和教会兴办的学校，到 1920 年，泰米尔文学校的学生总数大约 4000 人。⑥ 根据 1923 年劳工法之规定，每个种植园只要超过10 名适龄儿童（6—12 岁），就必须为这些儿童提供泰米尔文教育。⑦

---

① 参见 Adapa Satyanarayana, "Birds of Passage"; Migration of South Indian Labour Communities to South-East Asia; 19 – 20th Centuries, A. D"   （http：//www. iisg. nl/ ~ clara/publicat/clara11. pdf）.

② 参见陈晓律等《马来西亚：多元文化中的民主与权威》，四川人民出版社 2000 年版，第 62—65 页。

③ 参见 Sandhu, Kernial Singh, *Indians in Malaya-Some Aspects of their Immigration and Settlement (1786 – 1957)*, London：Cambridge U. P. , 1969, p. 169.

④ 参见 Arasaratnam, Sinnappah, *Indians in Malaysia and Singapore* (Revised edition) . Bombay：Oxford University Press, 1979, p. 178.

⑤ 参见王国璋《马来西亚的族群政党政治（1955—1995）》，台北：唐山出版社 1997 年版，第 27 页。

⑥ 参见 Loh Fook Seng, *Seeds of Separatism：Educational Policy in Malaya 1874 – 1940*, Kuala Lumpur：Oxford University Press, 1975, p. 38.

⑦ 参见 Arasaratnam, Sinnappah, *Indians in Malaysia and Singapore* (Revised edition) . Bombay：Oxford University Press, 1979, p. 179.

到 1938 年，马来亚共有 13 所政府资助的泰米尔文学校，511 所种植园学校和 23 所教会兴办的泰米尔文小学，共计 22820 名学生。[①]

最初实行的四年制泰米尔文教育有教会、种植园或政府的资助，然而经费严重不足，超过马来亚总人口的 10% 的印度人，只有 1.5% 的教育预算被用于印度人的教育事业。[②] 尽管后来马来亚印度人中央协会呼吁马来亚印度人社会能够像华人那样慷慨解囊资助印度劳工的教育事业，但宗教差异、种姓制度横行肆虐，导致马来亚印度人上下层之间缺乏有机联系，印度富人与泰米尔劳工之间的关系比较疏远，因此收效甚微。大部分的泰米尔文学校坐落于种植园，条件简陋，教学设施严重匮乏，师资力量严重不足，种植园里任何一个略通泰米尔文的人都可以充当临时教师，以解燃眉之急。[③] 由于很多泰米尔文学校形同虚设，教学质量低劣，许多缺乏远见的印度家长甚至宁愿让他们的子女作为童工（马来亚童工年满 10 岁即可）来增加一份收入也不愿让其继续接受教育，对于他们而言，教育并无多大的实际意义。马来亚殖民政府的政策在很大程度上限制了劳工往其他社会阶层流动的机会，殖民地教育很难改变他们既定的命运。

与劳工实行的泰米尔文教育有所不同的是，马来亚印度人的非劳工阶层接受的是英语教育。虽然殖民者不想让过多的人接受英语教育以避免产生一个过于庞大的精英阶层，但为了满足殖民地经济、政治发展的客观需求的英语教育，仍然需要培养一小批西方化的、说英语的非西方人士的精英阶层。这个阶层主要由马来人、华人、印度人上层分子组成。[④] 印度人的上层分子即为非劳工阶层，他们主要集中在马来亚的城镇地区，与其他族群的精英一样，接受英国殖民者精心安排的奴化式的

① 参见 Malaysia, Educational Statistics of Malaysia 1938 - 1967. E. P. R. D., Ministry of Education Malaysia, Kuala Lumpur, Dewan Bahasa Dan Pustaka. pp. 20 - 35. 转自 R. Santhiram, "Education of Minorities: The Case of Indians in Malaysia". Kuala Lumpur: Child Information, Learning and Development Centre, 1999, Malaysia. p. 36。

② 参见 Virginia Thompson and Richard Adloff, *Minority Problems in Southeast Asia*, Stanford: Stanford University Press, 1955, p. 115.

③ 参见 Amarjit Kaur, *Indian Labour, Labour Standards, and Workers' Health in Burma and Malaya, 1900 - 1940*, Modern Asian Studies 40, 2 (2006) pp. 425 - 475.

④ 参见陈晓律等《马来西亚：多元文化中的民主与权威》，四川人民出版社 2000 年版，第 65 页。

英语教育。

殖民者对劳工与非劳工实行的两种截然不同的教育体制,对马来亚的印度人社会产生了两种截然不同的作用。第一,教育的分化作用。一方面,劳工实行的是泰米尔文教育,而非劳工接受的多是英语教育,两种截然不同的价值观教育加深了两个阶层之间的裂痕。泰米尔文教育的教材源自印度本土,造成战前的印度劳工在认同上始终割断不了同祖籍地的紧密联系,很难产生对马来亚的归属感。另一方面,英语教育的奴化思想产生的则是对大英帝国的无限忠诚,其结果是劳工社会与非劳工社会在心理上始终保持一定的距离,非劳工阶层甚至不愿与一同来自印度的劳工同胞相提并论。第二,教育的整合作用。虽然殖民地两种不同的教育体制加深了马来亚印度人两个阶层之间认识上的差距,但这两种教育对整个印度人社会内部也起到了一定程度上的整合作用。在劳工教育中,泰米尔文教育实行的是不分语族的教育,即除了泰米尔人,其他如泰卢固人、马拉雅兰人等劳工子女都不得不接受泰米尔文教育,统一的语言文字促进了不同语言群的联系和交流,从而促进了劳工社会内部的互动和融合。而非劳工阶层主要是来自印度北部的不同语族,他们的成分更为复杂,语言更加纷繁多变,共同的英语教育至少增进了他们之间某种程度的认同感和归属感。

二 印度人文化的移植

众所周知,印度大陆自古以来宗教色彩浓厚,印度人对信仰的宗教有着狂热的执着,移居海外的印度人尽可能地在异国他乡坚持自己的宗教信仰。马来亚殖民政府对宗教的不干涉政策以及种植园园主为吸引劳工也适当在种植园中为劳工创造宗教的氛围,在很大程度上促进了印度文化的移植。战前的马来亚印度人宗教可以说几乎就是印度本土宗教的翻版。马来亚不仅有大量信徒的印度教,其他如伊斯兰教、锡克教、耆那教等种类繁多的宗教都随着印度人的涌入而移植到马来亚这片新的土地上。①

---

① 参见 Arasaratnam, Sinnappah, "Malaysia Indians: The Formation of Incipient Society", in K. S. Sandhu & A. Mani, "Indian Communities in Southeast Asia" (ed), *Times Academic Press and Institute of Southeast Asian Studies*, 1993, p. 205.

早期从印度大陆移植而来的宗教，严格遵循本土固有的宗教传统。种姓的陋习在马来亚并没有消亡，在马来亚的印度人当中，种姓的观念丝毫没有得到抛却。那些不可接触的贱民，依旧像在印度那样不允许进入那些地位更高的种姓经常出入的寺庙。保持种姓纯洁性的一个重要的原因在于许多人认为迟早都要回到印度，回到原来的种姓等级森严的社会现实中去。[1]　这种情况一直延续到独立后的马来西亚。

第三节　第二次世界大战期间马来亚的印度人

一　第二次世界大战期间马来亚印度人的民族主义运动

美国的独立战争和拉丁美洲的独立革命，掀起了世界范围内争取民族独立与解放战争的序幕。在亚洲，随着工业革命的发展，西方资本主义国家实力进一步增强，对外殖民扩张加剧，殖民侵略以商品输出为主要形式。殖民主义者与各国封建势力开始勾结，在殖民势力的压迫下，亚洲各国民族与殖民者之间的矛盾激化。19 世纪末 20 世纪初，受到美洲殖民地民族独立运动的鼓舞，西方资本主义帝国在亚洲的殖民地也相继掀起了一股争取民族独立与解放的民族主义运动，这场运动也给马来亚印度人带来了积极影响。

实际上，早在第二次世界大战初期和日据时期，马来亚的印度人就曾以罢工的形式展现了民族主义热情，其中标志性的事件即是雪兰莪州的巴生种植园印度劳工的大罢工运动。但罢工被殖民当局残酷地镇压，反而激发了马来亚印度人的民族主义情绪。罢工事件使许多印度人确信，一个独立强大的祖国才能拯救、保护他们，他们在思想上开始觉醒。印度于 1905—1908 年爆发的反对英国统治的运动，更进一步唤醒了马来亚的印度移民。一些印度人政治家和社会活动家也开始积极动员印度移民起来抗争。因此，1941 年罢工事件的一个重要结果是，马来

---

① 参见 Arasaratnam, Sinnappah, "Malaysia Indians: The Formation of Incipient Society", in K. S. Sandhu & A. Mani, "Indian Communities in Southeast Asia" (ed), *Times Academic Press and Institute of Southeast Asian Studies*, 1993, p. 206.

亚印度人力图争取祖国印度独立解放的民族主义情绪高涨。这种情绪在第二次世界大战期间以前所未有的一种方式表现了出来。马来亚印度人掀起了一场较有声势的独立运动。①

（一）　第二次世界大战期间马来亚印度人独立运动的兴起

1941 年 12 月 8 日至 1942 年 1 月 31 日，马来亚在日军凌厉的攻势下，驻守马来亚的英军节节败退，并很快向日军投降，日军仅用了大约八个星期就占领了马来亚。随着马来亚逐步被日军占领，引起马来亚印度人社会的巨大恐慌，许多中上层印度人开始仓皇逃离马来亚这个是非之地，回到印度本土。笼罩在马来亚印度人社会的恐惧感一直到第二次世界大战结束。从中可以看出，马来亚印度人社会上层并未真正扎根马来亚社会，一旦有不良形势，他们始终还是寻求祖国的庇护。虽然这股返乡逃亡的浪潮涉及范围并不广，但却加强了他们对祖国印度的认同感。与此同时，马来亚印度人社会上层在第二次世界大战期间仓皇逃离的不光彩表现，遭到了激进的马来民主主义分子的强烈谴责。② 绝大部分无法回国的普通印度人都不得不滞留此地，接受日军统治的残酷现实。在日本军国主义的影响下，马来亚的印度人开始经历了一场独特的政治运动。

在目睹马来亚的英军在日军攻势下几乎溃不成军之后，印度人对英国殖民者的貌似强大的殖民统治有了进一步的认识。而新的占领者日本人起初对印度人还算"友好"。特别是日本的泛亚主义的政策，在一定程度上掩盖了其帝国的巨大野心，也蛊惑了一部分觉醒的印度民族主义分子。一些印度民族主义分子开始寄希望于日本人，期望能够在其支持、帮助下，推翻英人在祖国印度的殖民统治，赢得祖国的独立解放。对于日本人而言，既希望利用马来亚的印度人来加强在马来亚的统治，又希望在其的帮助下从缅甸进攻印度，取代英国在印度的殖民统治，以达到一箭双雕的目的。换言之，日本人不过是想将马来亚的印度人作为侵略的工具，尽可能为日本的侵略战争服务。尽管日本人与马来亚印度

---

①　参见石沧金《简析日据时期马来亚印度人的独立运动》，载《东南亚研究》2010 年第 3 期。

②　参见 Ranjan Borra, "Subhas Chandra Bose, The Indian National Army, and The War of India's Liberation"（http: //www. ihr. org/jhr/v03/v03p407_ Borra. html）.

人的目的不同，但在相互利用的作用下，马来亚的印度人开始与日本人
进行合作。

在日本方面安排下，马来亚的印度人代表团于 1942 年 3 月底参加
了在日本东京举行的会议。此次会议正式组建了印度独立同盟（Indian
Independence League），同盟总部设在新加坡。为了统一协调工作，管理
同盟各个部门，同年 4 月在新加坡召开的全马来亚印度人会议决定成立
一个中央协调机构，同时规定同盟的主要任务是负责筹集资金、对征召
的青年进行军训、照顾印度人的福利等。① 截至同年 5 月 10 日，印度独
立同盟在马六甲、吉打、森美兰、霹雳、槟榔屿和柔佛等地纷纷建立分
部，成员迅速扩充到 9.5 万人。1942 年 8 月，印度独立同盟在马来亚
各地已经有超过 50 个分部和小分部，成员已经多达 12 万人。② 马来亚
印度人对同盟的热忱由此可见一斑。

马来亚具备几个明显的优势：首先，从地理位置上马来亚与印度相
距不远；其次，马来亚是东南亚印度人最多的几个国家之一；再次，马
来亚的印度人领导人从一开始就对印度的民族独立运动给予了巨大的热
忱；最后，更为重要的是，在马来亚有大批投降的英印士兵，可以很快将
其转变为印度国民军的核心力量。因此，从一开始马来亚就成为这场运
动的中心。印度独立同盟的建立标志着马来亚印度人独立运动的兴起。

（二）马来亚印度人独立运动的发展变化

1942 年 6 月 15—23 日，由日本操纵的东亚会议在泰国曼谷举行，
几百名印度独立联盟的代表聚集于此。此次会议上印度独立同盟商讨后
建立了印度国民军（Indian National Army）。在历时九天的会议上，一致
赞成目前东亚如火如荼的独立运动，由莫汉·辛格上尉（Mohan Singh）
担任印度印度国民军指挥官，将新加坡作为独立活动的基地。随后日方
将 16300 名印度战俘交由辛格上尉组建了印度国民军第一支队。实际

① 参见 George Netto, *Indians in Malaya: Historical Facts and Figures*, Published by the Author for Distribution in Singapore and the Federation of Malaya, 1961, p. 62. 转自石沧金《简析日据。时期马来亚印度人的独立运动》，载《东南亚研究》2010 年第 3 期。

② 参见 G. P. Ram Achandran, *The Indian Independence Movement in Malaya*, 1942–1945, Kuala Lumpur: MA Theies University of Malaya, 1970, p. 96, 246. 转自石沧金《简析日据时期马来亚印度人的独立运动》，载《东南亚研究》2010 年第 3 期。

上，这些印度战俘很多并非自愿加入，但面对日军的残暴虐待不得已加入印度国民军。1942 年 9 月，印度国民军组建了一个师，其中包括三个游击队编队（甘地团、尼赫鲁团、阿扎德团）、三个步兵营和第一印地野战军群。支援部队包括炮兵连、摩托化连、工兵连、通信连、运输连、一个增援部队群和一个医疗队。1942 年 11 月，印度国民军因不满被日军操控，辛格上尉与吉尔（Gill）上校指挥部队叛乱，这两个人很快就遭到逮捕，印度国民军后遭到镇压并被强制解散。1943 年 2 月 15 日，印度国民军重新建立，由在马来亚当地征募的印度人组成。同年 10 月，该部队拥有兵力 4 万余人。①

1943 年下半年，随着"自由印度临时政府"的成立，马来亚印度人的独立运动进入了高潮。印度著名的激进政治家和社会活动家苏巴斯·钱德拉·鲍斯（Subhas Chandra Bose）② 领导马来亚印度人的独立运动后，马来亚印度人的独立运动进入了一个新的阶段，并为外界所瞩目。

鲍斯是印度国大党左派人物、印度民族解放运动的领导人之一。从青年时期起，鲍斯就是一个激进的民族主义者，一度是甘地的追随者。但他很快对非暴力主义大感失望，转而主张印度完全独立。由于在印度独立的问题上鲍斯与印度国会的意见相左，鲍斯开始遭到英国殖民当局的迫害，其因煽动骚乱罪遭到殖民当局多达 11 次的拘押。20 世纪 30 年代末期，鲍斯还试图与尼赫鲁争夺印度国大党的领导权，但遭到失败。随着世界形势的变化，鲍斯对印度的独立运动有了新的看法，其认为就目前的世界形势而言，印度要取得自由，只有利用轴心国和西方其他国家之间的矛盾。③ 在当时鲍斯认为这种可能只有来自德国，因为德国是英国的劲敌，他希望利用英德矛盾来实现民族解放目标。④

---

① 参见军事科学院世界军事历史研究室编《第二次世界大战大事纪要》，解放军出版社 1990 年版，第 722 页。

② 苏巴斯·钱德拉·鲍斯（Subhas Chandra Bose, 1897–1945 年），印度民族解放运动的领导人之一，1939 年一度任印度国大党主席，印度国大党的左派人物，1940 年组织"前进同盟"。第二次世界大战期间，在德国和日本的支持下，曾组织"印度国民军"，成立"自由印度临时政府"，号召打回印度去。转自理查德·温斯泰德《马来亚史》（上下册），姚梓良译，商务印书馆 1974 年版，第 489 页。

③ 参见 Ranjan Borra, "Subhas Chandra Bose, The Indian National Army, and The War of India's Liberation"（http://www.ihr.org/jhr/v03/v03p407_Borra.html）.

④ 参见林承节《殖民统治时期的印度史》，北京大学出版社 2004 年版，第 455 页。

　　1939 年年初，在拘押中的鲍斯设法逃离印度，辗转来到柏林寻求支持。虽然纳粹德国希望利用印度的民主主义势力来削弱劲敌英国的力量，因此接纳并表示支持鲍斯，但当时在英德两国并未爆发战争的前提下，纳粹德国迟迟不愿发表印度独立的声明。在第二次世界大战一触即发的形势下，为了殖民地印度的独立而触犯劲敌英国的海外利益，牺牲更为重要的英德关系，这对于纳粹德国显然是不值得的。1941 年，第二次世界大战已经爆发，同盟国与轴心国之间的交战正进行得如火如荼，鲍斯再次辗转来到柏林寻求支持。这一次，他开始筹建所谓的"印度自由政府"，得到了纳粹德国的大力支持，德国最高统帅部甚至给鲍斯提供了场所、资金等，还将在北非俘获的 2000 名印度战俘交给鲍斯，帮助其组成了印度军团。尽管如此，纳粹德国仍别有用心，迟迟不愿发表支持印度独立的声明，鲍斯对此深感失望。

　　日本占领了东南亚之后，首相东条英机想趁势进攻印度，取代英国。鲍斯激进的印度独立的思想正好符合日本人的胃口，日本人决定利用他来领导马来亚的印度人，遂邀请鲍斯赴日，并答应鲍斯建议轴心国共同发表"支持印度独立"的声明要求。鉴于德国迟迟不愿支持印度独立声明，加之日军攻势势如破竹，攻下东南亚地区之后，紧接着下一个目标即是殖民地印度。鲍斯权衡再三，认为与日本人合作更切实际，也能够更快实现争取印度全面独立的远大抱负，遂接受日方要求，于1943 年 2 月 3 日从德国转赴日本东京，同年 6 月，鲍斯抵达日本东京与日本高层谈判。在达成共识后日本首相东条英机宣布给予鲍斯各种援助，以使印度彻底摆脱英国殖民统治，获得完全独立。在日方的支持下，1943 年 10 月 21 日"自由印度临时政府"（Provisional Government of Free India）在新加坡宣布成立。鲍斯以其在印度人中的崇高威望，立即被日本高层任命为独立同盟和印度国民军①的领导，同年 11 月当选为新成立的"自由印度临时政府"的元首，并身兼总理、军事部长、外交

――――――――――

　　① "印度国民军"最初由原驻马来亚的英印军队的印籍军官莫亨·辛格组建，他经日本当局的许可，在东南亚的印军战俘中组建了这支军队。莫亨·辛格曾与日本达成谅解，这支军队的目的是解放印度，由印度人自己领导。1942 年秋，这支军队的人数已达 5 万，但莫亨·辛格表现出较强的独立性而招致日本人的不满，因而被解职。鲍斯来到东南亚后，由于在印度人中的崇高威望，被推选为独立同盟的主席，并同时就任印度国民军的最高领导人。

部长和印度国民军最高司令官等数职，集所有大权于一身，建立了在自由临时政府及印度独立同盟中的绝对领导地位。在鲍斯的影响下，一些马来亚其他印度人领导人也在这个新成立的政府中就职。自由印度临时政府得到了日本、德国、意大利及其他六个国家的承认，1943 年 10 月 23 日，自由印度临时政府宣布对英美宣战。

事实上，起初马来亚的印度人领导人对日本人的真实意图心存疑虑，因而在与日本合作的问题上态度谨慎。尽管此前专程来到新加坡的印度秘密政治活动家拉什·比哈里·鲍斯[1]极力撮合二者的合作，也未能取得什么重大进展。马来亚的印度人还是比较倾向于支持国内民族主义分子的立场，他们虽有强烈的爱国热忱，却也不想做任何不利于印度国大党的事情。因此，日本与印度独立同盟、同盟与印度国民军的关系都比较紧张。[2]而鲍斯的到来迅速改变了这一切。由于其早年的民族主义政治思想与活动，马来亚印度人广泛敬仰鲍斯。而鲍斯的印度军团的传说更是让马来亚印度人对其崇敬不已。换言之，鲍斯是一位具有相当政治影响力的政治领导人。因此，在与日本高层在东京讨论了相关合作的事宜后，鲍斯于 1943 年 7 月来到新加坡并迅速控制了局势，接管了印度独立同盟，并将松散的印度独立同盟和印度国民军组织起来最终促成一场军事的、民族独立的运动，扭转了马来亚印度人民族独立运动的僵局。

鲍斯深知争取广大马来亚乃至整个东南亚印度人的支持是这场印度独立运动成败的关键，他更希望将印度国民军打造成为一支能征善战的军事力量，它不仅能够解放印度，更期望其成为日后维护印度独立的中坚力量。[3]因此，鲍斯以其天生的雄辩口才在马来亚到处发表演说，马来亚的印度人从未领略过如此雄辩的政治演说，因而为鲍斯的个人魅力和政治热情所折服，并报以热烈的回应。在鲍斯的鼓动下，大部分的马来亚印度人都愿意献身解放印度的独立运动。从 1942 年至 1944 年 6 月，印度独立同盟和印度国民军确实得到了相当多的支持。起初，印度

① 系流亡日本的印度秘密政治活动家拉什·比哈里·鲍斯。
② 参见 Toye, Hugh, *The Springing Tiger*, London: Cassell, 1959, p. 63, p. 95.
③ 参见 Bose, *Subhas Chandra*, *The Indian Struggle 1920 – 1942*, New York: Asia Publishing House, 1964, p. 318.

国民军的招募工作并不理想，在鲍斯的激情鼓动下，印度国民军的招募工作开始有所改善，许多志愿者也纷纷加入这场解放印度的运动。当鲍斯访问了英印军战俘营后，数以千计的的印籍士兵甚至被感召入伍。[①]与此同时，同盟的分支机构也开始在马来亚各地涌现，甚至在一些种植园里也成立了类似的组织。马来亚印度人的政治意识普遍高涨，马来亚印度人社会第一次冲破了种姓制度、宗教和地域观念的界限，社会各个群体、各个阶层之间的分歧暂时得到淡化、搁置，促使马来亚印度人出现了前所未有的族群团结，虽然这种团结最终证明是非常表面化和短暂的。[②]

1943 年库尔斯克与瓜岛战役结束后，轴心国丧失了战场主动权，为了扭转不利局面，德国要求日军在印度发动一场攻势，打乱盟军部署，获得重新扭转战局机会。在攻占东南亚后，日军也早有进攻印度的计划。日军大本营于 1944 年 1 月 7 日以"大陆指第 1776 号"的指令，下达了代号为"乌"号的英帕尔作战计划。英帕尔为盟军重要的反攻基地，日军希望通过此战役夺取英帕尔，威胁盟军重要补给基地迪马布尔，切断中印公路，改善其在缅甸的防御态势。为配合日军的进攻，自由印度临时政府总部由新加坡迁往缅甸仰光。1944 年 2 月 5 日，在印度国民军的配合下，日军攻占了印度东北部重镇科希马，并乘势包围了因帕尔。

科希马被攻陷后，听到消息后的马来亚印度人群情鼎沸，兴奋不已，马来亚印度人据此认为推翻英国在印度的殖民统治已经胜利在望，印度人参加国民军的热情达到了历史的最高潮。此时，马来亚印度人的民族主义情绪已经燃烧到了极点。不过，马来亚印度人的欣喜和狂热还未消退，6 月份前线形势逆转，胜利的天平开始重新向英印军队倾斜。随着日本海军在太平洋战争中的相继失利，日本陆军的军心也受到极大的动摇，补给也开始出现各种问题。整个日军都已成为强弩之末，无力组织进攻，而盟军开始乘势反击。在英印军的联合反击下进攻印度的日

[①]　参见理查德·温斯泰德《马来亚史》（上下册），姚梓良译，商务印书馆 1974 年版，第 489 页。

[②]　参见石沧金《简析日据时期马来亚印度人的独立运动》，载《东南亚研究》2010 年第 3 期。

军惨败而归,并被逐出印度领土,而参战的印度国民军也遭英印军的痛击,几乎全军覆没。帕尔战役的失败标志着马来亚印度人的独立运动开始走下坡路,最终很快消亡。①

随着独立运动的发展变化,马来亚印度人与日本人之间的矛盾与分歧日益暴露。事实上,马来亚的印度人始终认为,这场民族独立解放运动纯粹是印度人自己的事。因此,鲍斯并不希望日本人过多介入,以尽量保持印度人独立运动的独立性,鲍斯作为一名激进的印度民族主义分子,也不可能听任日本人的摆布。因此,作为印度国民军的最高指挥官,对于日方希望印度国民军协助日军攻击英军的建议,鲍斯没有异议。但当日方希望利用印度国民军来进攻马来亚人民抗日军时,鲍斯则表示明确的反对。同时,鲍斯还希望印度国内能对这场运动的进一步发展提供资助,但不希望马来亚的印度民族独运动与印度国内类似行动形成相互竞争。② 而即便决定加入印度独立运动的原"马来亚印度人中央协会"也始终对日本人的真实意图表示怀疑。马来亚印度人中央协会曾经一度独揽印度独立同盟大权,对于日本人肆意操控印度独立同盟的行为深为不满。因此,在1942年东亚会议上,马来亚印度人中央协会自行作出决定,要求日本人为支持独立运动作出完全自愿的明确保证,也不要介入印度人事务。③ 但日本人对此毫不理会,仍然插手印度人事宜,在事先未征求印度人意见的情况下,就照样将印度国民军派往缅甸境内作战。由于这些分歧,马来亚的印度人的独立运动实际很难取得实质性的进展,它从一开始就几乎注定了失败的命运。

(三) 马来亚印度人独立运动的消亡

在印度国民军前线节节失利的情况下,印度临时政府的资金供应也出现了一些问题。在军费的问题上鲍斯尽可能地不依赖日本,以保持印度国民军的独立性。为此他号召马来亚印度人的富有阶层尽最大的努力

---

① 参见石沧金《简析日据时期马来亚印度人的独立运动》,载《东南亚研究》2010年第3期。

② 参见 Toye, Hugh, *The Springing Tiger*, London: Cassell, 1959, p. 63, p. 95.

③ 参见 Michael Stenson, *Class, Race and Colonialism in West Malaysia: the Indian Case*, StLucia University of Queensland Press, 1980, p. 94. 转自石沧金《简析日据时期马来亚印度人的独立运动》,载《东南亚研究》2010年第3期。

支持印度国民军。由于开初的热忱高涨，在马来亚的印度资本家反响也极其热烈，纷纷以各种方式来支持为了祖国印度的解放事业。但当印度国民军军费再次陷人困境之时，鲍斯又一再要求追加捐赠。马来亚的印度人即使是所谓的富人阶层实际上也并不富有，加之战时的马来亚经济遭到盟军封锁正处于崩溃的边缘，军费问题已使马来亚的印度人不堪重负。为此，鲍斯将先前的"自愿捐赠"改为"征税"的方法来弥补资金上的不足，并于1944年年初成立了一个征募资金管理委员会专门负责此事。所有的马来亚印度人都要对其公布财产，征税的幅度高达财产总额的25%并被强制执行。[1] 随着形势对日本越来越不利，在1944年底，印度临时自由政府已经很难筹集到资金了。这就意味着，马来亚印度人的独立运动已经危在旦夕了。

印度国民军第1支队在因帕尔被击败后，遵照日方的指示，鲍斯又匆忙组建了印度国民军第2支队、第3支队，由于没有得到充分的训练和给养，它们的战斗力更加低下。英帕尔战役后盟军开始大举反攻，进入缅甸，日军节节败退。受此影响，印度国民军的军心也开始动摇。最终，盟军解放缅甸，仅少数日军逃入泰国境内。在这种情况下，印度国民军第2支队、第3支队也迅速土崩瓦解。1945年5月，缅甸抗日武装光复仰光时，印度国民军官兵约2万人向英军投降，其中4000人被遣送回印度。[2] 当1945年8月日本宣布投降之际，短命的自由印度临时政府和印度国民军也难逃被解散的命运。[3] 而鲍斯本人在日本投降两天后的1945年8月18日，在前往日本的途中因飞机失事而严重受伤，8月19日死于日本的一家医院里。

鲍斯的死标志着马来亚印度人曾经声势浩大的一场民族独立运动最终落下了帷幕。这场运动是与法西斯日本合作而开展的，因而显得比较独特，其最高理想与实现理想的手段在道义上背道而驰，后人也因此众

---

① 参见 Ghosh K. K., *The Indian National Army: Second Front of the Indian Independence Movement*, Meerut: Meenakshi Prakashan, 1969, p. 97.

② 参见 Note by Military Intelligence, 20 July, 1945, TP, V, p. 1284. 转引自谌焕义《英国工党与印巴分治》，社会科学文献出版社2004年版，第149页。

③ 参见 Ghosh K. K., *The Indian National Army: Second Front of the Indian Independence Movement*, Meerut: Meenakshi Prakashan, 1969, pp. 127 - 128.

说纷纭，褒贬不一。

二　马来亚印度人民族主义运动对印度人社会的影响

纵观整个马来亚印度人民族主义运动的发展，无论其成败与否，它给马来亚印度人乃至印度本土都带来了不可估量的影响。它赋予马来亚印度人一种使命感，一种发自内心的试图代表南亚次大陆的印度人创造历史的主观意识。轰轰烈烈的马来亚印度民族独立运动第一次树立了马来亚印度人的自信心，给予了他们一次从事具有某种积极意义运动的机会，为他们的思想和行动注入了一种全新的动力。虽然结果令人失望，但整个历程都对马来亚印度人产生了深远的影响。

马来亚印度人民族主义独立运动对印度人知识分子产生了深刻的影响，独立运动增强了马来亚印度人知识分子参与政治的自信心。马来亚印度人知识分子是独立同盟的先锋队，并且有望获得其领导权，大部分的知识分子纯粹地是为了解放南亚次大陆的理想而自愿加入印度的民族独立运动。从此，印度知识分子开始全身心地投入印度的民族独立事业。当战后殖民者卷土重来之际，他们已经改变了与生俱来的那种白人至上态度，在殖民者面前树立了自信。战后的马来亚印度人中产阶级属于反帝的力量之一，并且准备支持其他族群的民族主义运动，与他们一道为马来亚的独立而奋斗。正如一位著名的印度领导人曾经这样评价："当鲍斯到来之际，许多马来亚的印度人感到他们不仅仅是在为印度人的独立而奋斗，同时也是在为了马来亚人民的独立而奋斗……"[1] 事实上，马来亚印度人的独立运动可以视为激进的马来亚民族主义的一个起点，它掀起了战后殖民地马来亚解放殖民地运动高潮的序幕。

马来亚印度人民族主义独立运动及独立联盟对印度劳工的影响也同样巨大。独立同盟第一次将政治运动开展到种植园里，部分种植园里的劳工也被感召加入印度国民军，另外一些则组建服务队，致力于民族独立运动的开展。在战前，民族主义的思想就已在种植园里传播，独立同

---

① Charles Gamba, *The National Union of Plantation Workers: The History of the Plantation Workers of Malaya 1946 – 1958*, Singapore: Published by Donald Moore for Eastern Universities Press, 1962, p. 14.

盟推动了这股趋势的发展并将其公开化。泰米尔文学校教师、监工以及一些有文化的青年成为种植园劳工觉醒的领导人。他们全心投入同盟的政治运动，极大地影响了劳工对战后归来的欧洲种植园主的态度。在此之前，劳工一般对欧洲的种植园园主逆来顺受。但战后的劳工随着民族主义的发展而逐渐觉醒，欧洲种植园园主的那种家长制的作风开始引起劳工的极大反感，罢工事件不断发生。在日本人占领的最艰难时期，马来亚印度人民族主义独立运动激发了印度劳工独立自主、自力更生的潜质。独立同盟的政治运动也很容易延续转型为战后的罢工运动及成立各种政治组织。战后在印度劳工中各种组织和运动如商会、社会改良运动从此登上马来亚历史舞台，促使劳工走出种植园的狭小天地，开始感知外部的世界，并很快与其他族群如华人劳工在争取权益上走到一起。这些发展趋势在战后的马来西亚印度人社会表现得一览无遗。

马来亚印度人民族主义独立运动对马来亚印度人社会的团结起到了一定的促进作用。在战前，由于语言不通、宗教信仰各异、种姓区隔等多种因素，马来亚的印度人很少视来自南亚次大陆的印度人为一个整体。各个语族内部上层社会与劳工阶层之间在心理上也存在很大的隔阂。战前的一些弥合印度人内部分歧的努力很难取得明显的效果。战后，印度人社会内部的认同感在总体上得到了加强，这种日益增长的族群认同意识为日后将印度人不同的语言群体以及政治团体团结在一起成为一种潜在的可能。就其内容而言，这场与南亚次大陆紧密相连的民族主义酝酿而成的政治运动实际与马来亚并无多大联系，马来亚印度人为了祖国而发动的民族独立运动，使得他们的注意力始终关注印度本土，强化了马来亚印度人与印度本土同胞的感情联络，却忽视了马来亚当地政治的发展，脱离了他们已经在马来亚逐渐根植的社会现实，始终把自己作为马来亚的暂居者来看待，绝大多数人缺乏卓识的政治远见，以至于当印度领导人访问马来亚之际，其所受的欢迎程度竟比当地的印度人领导有过之而无不及，这为他们日后融入当地社会设下了一道不小的障碍。

抛开政治意识形态，就当时的物质生活而言，马来亚印度人也深受其害。除了日军统治时期导致印度人人口大幅度下降外，也将整个马来亚印度人社会置身于水深火热之中。当英军撤退之际，马来亚陷入一片混乱。尽管日本人试图恢复原有的秩序，但也无济于事。由于西方的经济制裁和盟军的封锁，马来亚的经济支柱产业橡胶业受到很大的冲击，马来亚经济陷入崩溃的边缘。广大印度劳工的最低固定工资和基本生活物资都无法保障。不仅如此，许多印度人还被日军强制劳役，造成众多的印度人非正常死亡。1940 年，马来亚印度人曾占马来亚总人口的 14%，但在 1947 年的人口统计数据表明印度人只占总人口的 10.8% 了。[①] 这也充分说明，马来亚印度人民族主义独立运动在很大程度上不过是充当了日本人实现其侵略亚洲的工具而已。

第四节　战后马来亚印度人社会的转型

一　马来亚印度人社会转型的原因分析

战后，在风起云涌的解放殖民地浪潮的推动下，殖民地马来亚逐渐朝着独立的方向迈进。受此影响，马来亚印度人社会也开始了其历史上的重大转变时期。从漂泊到根植，从移民到定居，从认同祖国印度到转而效忠新生的马来亚，马来亚印度人经历了前所未有的根本性转变。

促成马来亚印度人社会转型的原因很多，其中主要有四个方面。

首先，英国殖民政策的变化。在第二次世界大战期间，英国大伤元气，战后的实力远不如以前，隶属英国的殖民地纷纷独立。[②] 虽然马来亚也受此国际气候的影响，但局势还算比较稳定，马来亚这颗"皇冠上的明珠"成为平衡英国财政赤字的重要财政来源之一。1946—1951 年是英国战后最为困难的时期，在这一时期马来亚为英国赚取了 17.13 亿美元的外汇，超过同期内英国工业与贸易所获美元的总和，不仅解决了英国国际收支平衡问题，还使英镑区免于负债。[③] 一家英国报刊为此感叹："假如没有马来亚，英镑集团也就不可能存在了。"[④] 但殖民地马来

---

① 参见 Toye Hugh, *The Springing Tiger*, London: Cassell, 1959, p.111.

② 1947 年印度和巴基斯坦取得独立，1948 年缅甸和锡兰独立，英国在南亚和东南亚的殖民统治开始动摇。

③ 参见沈燕清《英国在马来西亚联邦建立及分裂中的角色分析》，载《东南亚》2005 年第 2 期。

④ Hua Wu Yin, *Class and Communalism in Malaysia: Politics in a Dependent Capitalist State*, London: Zed Books & Marram Books, 1983, p.73.

亚的经济离不开外来移民的积极贡献，然而，战后两大主要移民来源地印度和中国政治形势都开始出现重大变化，继续进行短期移民困难重重。在这个背景下，为了英国将来的利益，英人开始考虑给予移民以永久的居住权，以确保这个重要的财政收入地的繁荣。[①] 这个移民政策的重大转变，促进了印度人由移民社会向定居社会的转变。

其次，印度人本土化进程加快。随着家庭的逐渐增多，本地化的趋势也不可避免，且趋势愈发明显。例如，在1921年，马来亚印度人出生率仅为12%，到了1947年就已高达51%（见表2—4）。一个文化与种族更加趋于稳固的印度人社会已经在马来亚扎根。

表2—4　　　　1921—1957年马来亚印度人土生人口在总人口中
所占比例的变化　　　　　　　单位:%

族群	1921	1931	1947	1957
印度人	12	21	51	65
华人	21	30	63	76

资料来源：陈晓律等：《马来西亚——多元文化下的民主权威》，四川人民出版社2000年版，第52页。

再次，移民逐渐中断。早在战前的1938年，印度政府就开始有限制劳工移民的倾向，由于劳工移民的境遇问题引起印度国内舆论的普遍批评，印度政府开始逐渐取消劳工移民。在日军占领期间，移民基本中断。尽管马来亚殖民当局在战后试图努力恢复印度劳工的输入，以弥补在日本占领时期的劳工损失，但1947年印度的独立使得马来亚殖民当局的努力化为泡影。独立后的印度政府热衷于国内外的政治和社会的变革，其认为劳工移民有损整个印度民族的尊严，因而禁止向海外移民劳工。[②] 而从20世纪50年代初开始，即将取得独立的马来亚亦开始对移

①　参见尼古拉斯·塔林《剑桥东南亚史》（下册），王士录等译，云南人民出版社2003年版，第299页。

②　参见 Dr. Chandrashekar Bhat，"India and the Indian Diaspora：A Policy Issues"（http：//www.uohyd.ernet.in/sss/cinddiaspora/occ4.html）。

民实施严格的限制，踏上马来亚的印度移民仅仅限于那些专业技术人员，且条件苛刻。至此，印度移民马来半岛实际上基本被中断了。[①] 而战后移民的本地化程度也越来越高，马来亚的劳动力已经基本能够实现自给自足，对外来移民的需求有所下降，这也是移民逐渐中断的原因之一。

最后，独立后印度政府的侨务政策反对双重国籍制度。据统计，仅在 1846—1932 年期间，印度就向海外输出了 2800 万劳工。[②] 如此众多的海外移民的国籍问题，是印度对外政策的重点之一。印度独立之初，构建对印度民族国家的凝聚力和认同感是后殖民时代印度的主要任务之一，而海外移民与印度国民在爱国主义及对国家的忠诚方面的表现似乎不可相提并论。海外移民与爱国主义和效忠的关系被视为一对充满了矛盾的关系。而当时的印度政府是"和平共处五项原则"的主要倡导者之一，建国后印度总理尼赫鲁坚持国与国之间互相尊重、互不干涉内政的外交政策。在移民问题上，希望海外的印度移民积极就地归化。因此，在侨务政策上，印度坚决反对双重国籍，采取"忘掉"海外印度人的态度和政策。[③] 在这个指导思想下，印度政府于 1952 年正式宣布不承认双重国籍的原则。此项政策的调整是促使马来亚乃至其他海外的印度移民身份转变最重要的缘由。

二   马来亚印度人社会转型的过程
（一）马来亚印度人社会的转型
1. 国家认同的转变

第二次世界大战期间，激起了马来亚印度人强烈的政治意识。但战后初期，马来亚印度人关注的却不是本地的政治形势，而是隔海相望的祖国印度的局势。印度政局的任何风吹草动，都牵动着马来亚印

---

① 参见 Kernial Singh Sandhu, "The Coming of the Indians to Malaysia", in K. S. Sandhu & A Mani, "Indians Communities In Southeast Asia（ed）". Singapore：*Institute of Southeast Asian Studies*. 1993, p. 154.

② 参见 Chandrashekhar Bhat, "India and the Indian Disapora a Policy Issue"（http：//www. uohyd. ernet. in/sss/cinddiaspora/occ4. html）.

③ Ibid.

度人的神经。令人遗憾的是，马来亚印度人深深卷入印度的政治旋涡中，以至战后在印度爆发的族群、宗教冲突也蔓延到马来亚的印度人社会。战后，第一次在槟榔屿和新加坡两地爆发了印度教教徒和穆斯林之间的冲突①，加剧了早就存在分裂倾向的马来亚印度人社会。印度教、伊斯兰教甚至天主教等各大宗教派别都各自为战，以捍卫他们各自的利益。

　　1946 年 3 月，在印度独立前夕，尼赫鲁访问了马来亚。在马来亚，尼赫鲁所受到的欢迎程度完全不亚于在印度国内。按照此前国大党与英国达成的协议，战后英国将给予印度全部独立。虽然如此，针对独立后马来亚印度人的国籍问题，尼赫鲁在访问马来亚期间曾坦率地告诉马来亚的印度人，"在国籍的问题上，马来亚的印度人将来必须在马来亚和印度之间作出选择。假如他们拥有了马来亚国籍，那么他们就不能同时拥有印度国籍。"② 这就意味着即将取得独立的印度完全破灭了马来亚印度人拥有双重国籍的幻想。但尼赫鲁同时又保证："当印度独立后，印度将始终尽力保护他们在海外的印度儿女……"③ 虽然尼赫鲁明确反对马来亚印度人的双重国籍，但他在未来对海外印度人保护的承诺却依然让马来亚印度人对双重国籍制度充满了期待，尼赫鲁的保证反而进一步增强了马来亚印度人对印度的认同感。

　　尼赫鲁描绘的一个拥有独立主权的国度印度，无疑比当时的马来亚更具吸引力。对马来亚印度人来说，马来亚的公民权不能与祖国印度国籍相提并论，它也不能代表任何的特权，何况移民取得马来亚公民权随着马来亚时局的发展逐渐变得困难起来。随着印度的独立，马来亚印度人作为印度公民的自豪感达到了前所未有的高度。因此，在 1945—1951 年，由于印度政府并未以法律条文的形式对双重国籍问题作出最后的决定，广大的马来亚印度人依然心存侥幸，希望印度政府能够赋予他们双重国籍的权利，但这一切随着印度和马来亚局势的发展而化为泡

---

　　① 参见 Straits Times, June 23, 1946. 转自 Virginia Thompson and Richard Adloff, *Minority Problems in Southeast Asia*, Stanford：Stanford University Press, 1955, p. 100。

　　② Virginia Thompson and Richard Adloff, *Minority Problems in Southeast Asia*, Stanford：Stanford University Press, 1955, p. 101。

　　③ Ibid.

影。马来亚印度人由于在选择国籍问题上的犹豫不决，同时遭到了印度
政府和尼赫鲁总理的明确批评。事实上，在此期间，不仅是印度人在公
民权问题上彷徨不定，即使是华人也是左右徘徊，错失了最易获得马来
亚公民权的大好时机。

战后，英国对马来亚政策发生显著变化。英国拟建立"马来亚联
邦"，将半岛上原属保护国的九个邦与槟榔屿、马六甲合并成一个皇家
殖民地马来亚联邦（Malaya Union），并拟在适当时候，使其成为不列颠
国协约国中的自治的一员，同时赋予三个族群同等的公民地位及政治参
与权力，以促进其"统一团结"。[①] 1946 年在马来亚联邦公布的第二本
白皮书中，对马来亚联邦公民权作出如下规定：

（甲）凡在本敕令生效之日以前出生于马来亚联邦或新加坡，
生效之日仍在马来亚联邦或新加坡为常住居民者。

（乙）凡在本敕令生效之日为马来亚联邦或新加坡之常住居民，
年届 18 岁以上，在 1942 年 2 月 15 日以前 15 年内曾居住马来亚联
邦或新加坡达 10 年之久，愿宣誓或承认或接受效忠誓词者（即须
忠于马来亚联邦政府）。

（丙）凡在本敕令生效之日以后出生于马来亚联邦，而其父在
其出生时为一马来亚联邦公民，并且必须或为出生于马来亚联邦或
新加坡者，或为上举（乙）类下之马来亚联邦公民者，或为业已取
得归化证书者。在（甲）（乙）两类下诸公民的未成年子女（即不
足 18 岁者）亦均得成为马来亚联邦的公民。（日本国民被拒绝为马
来亚联邦的公民）。[②]

英国的"马来亚联邦"计划的出笼，遭到了全体马来人的一致反
对。倘若英人赋予三个族群同等的公民地位及政治参与权力，这无异于
取消马来人的特殊政治地位。面对马来人高涨的民族主义情绪，英人很

---

① 参见巴素《东南亚之华侨》（上），郭湘章译，台北：正中书局 1974 年版，第 546—
547 页。
② 英国殖民部："马来亚联邦与新加坡，新宪制草拟撮要"，敕颁文书六七四九号。转巴
素：《东南亚之华侨》（上），郭湘章译，台北：正中书局 1974 年版，第 549—550 页。

快觉察到，实际上马来统治者和民族主义分子并无反对英国统治之意，真正的威胁英国殖民统治的是来自以马共为代表的激进势力，战后迅速发展的马共势力已经向殖民政权提出了挑战。① 为了确保殖民者未来在马来亚的利益安全，英国殖民者一改此前的秉持客观公正的态度，权衡再三后决定牺牲非马来人的利益，在公民权问题上对马来人作出妥协、让步，形势开始朝着不利于非马来人的方向发展。

1946 年 7 月，由英人、马来各邦统治者及巫统代表组成的"制宪委员会"，负责制定马来亚新的宪法。这个制宪委员会只由英人和马来人承担，以显示英国对马来人的尊重。1946 年年底，新宪法草案以蓝皮书的形式公之于众，它以"马来亚联合邦"（Federation of Malaya）草案代替了先前的"马来亚联邦"草案。"联合邦"仍保留了一个强大的中央集权的中央政府，只不过政府首脑由总督换成了高级专员，新加坡仍被分裂出去，各邦苏丹恢复了昔日名义上的统治地位，马来人的特殊地位得到确认。②

新宪法的另一大特点就是提高了非马来人取得公民权的门槛。新宪法规定一个人在此前的 25 年至少居住要满 15 年，并宣布永久定居于此地。此外，新宪法特别强调了获取公民权还需要掌握一定水平的马来语或英语，而在此前的宪法取得公民权的条款中对语言的掌握并没有作任何规定。由于大部分印度人（华人）都不谙马来语或英语，这使得大部分印度人（华人）都不能获得公民权，从而在政治上重新处于不平等的地位。此举实质上将印度人（华人）重新贬为二等公民。③ 因此，与华人一样，在最初的英人提出构建一个平等的"马来亚联邦"国家的设想之时，广大的马来亚印度人的注意力过分集中于印度国内政治的发展，对马来亚政治的变幻缺乏足够的应变能力，从而丧失了取得与马来人平等地位的一个绝好的机会。根据 1946 年马来亚联合邦之宪法，仅仅是很少一部分印度人才有资格获得公民权，但即便是那些有资格可

　　① 参见 Hua Wu Yin, *Class and Communalism in Malaysia：Politics in a Dependent Capitalist State*，London：Zed Books & Marram Books，1983，p. 80.
　　② 参见陈晓律等《马来西亚：多元文化中的民主与权威》，四川人民出版社 2000 年版，第 110—111 页。
　　③ 同上书，第 111 页。

以申请批准的，也很少有人问津。一方面是申请的条件过于苛刻；另一方面，独立后的印度政府对于海外印度人的双重国籍问题还没有正式定论。

1949 年，马来亚印度人国大党联合新成立的马华公会（MCA）一道请求有关部门希望修改联合邦宪法中有关公民权的条款。马来亚印度人国大党提出了一个解决方案，即希望以"国籍"代替"公民权"，并给予马来亚托管的地位，在一段合理的时期内为自治政府制订一项关于政治和教育的计划。① 考虑到在这段时间内没有其他机会获得公民权，马来亚印度人国大党坚持"当前土生的那些印度同胞的地位应该得到保证"。② 但在 1949 年成立的"社团联络委员会"（The Communities Liaison Committee）左右了马来亚公民权的认定，最重要的是其中没有一个印度人。③

1952 年，经多方协调争取，修改后的马来亚联合邦宪法降低了非马来人（印度人及华人）入籍的标准。新任的最高专员格纳德·特普勒（Gerald Templer）爵士认为，"公民权应该授予那些视联合邦或其任何一部分为家的人"。根据这个指示，1952 年 9 月 15 日，修改后的马来亚联合邦公民权法案正式生效，它把公民权的范围进一步扩展以包括更多的对象在内：①任何其父母出生在马来亚，而其本人也出生在马来亚的人；②任何属于英国及其殖民地的申请者。④ 如果根据修改后的宪法，彭亨、马六甲的土生印度人被自动授予公民权，并不需要根据1946 年规定的永久的居住要求，而获得公民权的居住年限也从 15 年缩短到 10 年，但仍然规定"需要掌握一门语言（英语或者马来语）"。不过，宪法对于那些没有机会学习英语或者马来语的人，其掌握英语或者

---

① 参见 Rajeswary Ampalavanar, *The Indian Minority and Political Change in Malaya*, *1945 - 1957*. Kuala Lumpur: Oxford University Press, 1981, p. 121.

② Straits Times, Mar. 21, 1949. 转自 Virginia Thompson and Richard Adloff, *Minority Problems in Southeast Asia*, Stanford: Stanford University Press, 1955, p. 105.

③ 其中 7 人是马来人，3 人是华人，欧洲人和锡兰人分别有 1 人入选其中。参见 Straits Times, Mar. 21, 1949. 转自 Virginia Thompson and Richard Adloff, *Minority Problems in Southeast Asia*, Stanford: Stanford University Press, 1955, p. 105。

④ 参见 Rajeswary Ampalavanar, *The Indian Minority and Political Change in Malaya*, *1945 - 1957*, Kuala Lumpur: Oxford University Press, 1981, pp. 119 - 120.

马来语的标准也有所降低。

根据 1952 年修改后的宪法条文，超过 22 万名印度人可自动获得马来亚公民权，另外还有 18.6 万名具备出生证明的马来亚印度人也有望获得公民权。[①] 同年，印度政府正式宣布不承认双重国籍，迫使马来亚的印度人加快在国籍上的选择。此时已经有超过 60% 的马来亚印度人能够有资格行使政治权利。但在很长一段时间内，马来亚联合邦的印度人对行使这些权利漠不关心，这与新加坡的印度人有很大的区别。例如，在 1955 年的大选中，22 万名马来亚印度人中只有大约 49000 人去作为选民登记注册，仅仅占了全部选民的 4.6%。独立初期，马来亚又进一步放宽公民权的限制，大部分印度人公民权问题基本得到解决。1959 年，虽然印度人公民总数仍然低于其实际人数，但已经占到马来亚总人口的 7.4%。[②]

在独立之年，马来亚土生的印度人已经高达 65%。马来亚独立后，土生的印度人的比例继续增长，逐渐成为印度人社会的主体。对于这些土生的印度人来说，他们与印度的联系明显不如父辈们强烈，马来亚已非客土而是故土，他们对这片土地已经怀有深厚的感情。随着早期老一辈的印度移民逐渐逝去，除了在文化上的传承外，在认同上，土生印度人已经基本按照出生地原则加入当地国籍，成为当地公民，效忠马来亚这个新生的国度。至此，马来亚印度人在国家认同上完成了其具有历史意义的转变，翻开了其历史上的新的一页，马来亚的印度人也逐渐演变为今天的马来西亚印度人族群。

2. 马来亚印度人国大党的转变

战后，重返马来亚的英人对第二次世界大战期间印度人的背叛行为深为恼怒，军政府迅速逮捕了印度国民军的骨干分子八百多人，后在印度国大党的强烈抗议下，这些人陆续得到了释放，但仍有不少著名人士从此被迫离开马来亚，从而使马来亚印度人失去了一批具有号召力的领

---

①　参见 Rajeswary Ampalavanar, *The Indian Minority and Political Change in Malaya, 1945 – 1957*, Kuala Lumpur: Oxford University Press, 1981, p. 121.

②　参见 Vijaya Letchmy. R, *Political Attitudes of Malayan Indians in Post Independent Malaya*, Academic Exercise, Department of History, University of Malaya, 1979, p. 122.

导人。① 马来亚的印度人一度陷入群龙无首的混乱局面。

　　1946 年 8 月，马来亚印度人国大党宣告成立。国大党成立的原因之一是英殖民者为了抵消日益高涨的共产主义对马来亚印度人的影响，另外则是受到 1946 年 3 月尼赫鲁访问印度的影响。尼赫鲁的访问激发了马来亚印度人高昂的政治热忱，他们也希望效仿印度国大党，成立一个代表全体马来亚印度人利益的政党，充当他们的利益代言人。② 事实上，从后来的"马来亚印度人国大党"这个名称，就不难看出其与印度国大党之间千丝万缕的联系。在这种背景下，马来亚印度人国大党应运而生。但马来亚印度人国大党一经成立就宣称是土生的马来亚印度人的代言人，这就失去了很多第一代移民对其潜在的支持。③

　　马来亚印度人国大党在成立之初仍然无法彻底摆脱来自印度国内的影响，在其参加的第一次大会上，国大党代表就表现出模棱两可的政治倾向。会议由孟加拉议会党主持，与会的六百多位马来亚印度人代表对他们在家乡的同胞的境遇表达了同情，他们还一致谴责了南非政府的反印度政策，并声援印尼、缅甸、越南人民的民族解放独立运动。当大会讨论马来亚本地事务时，与会者请求印度政府继续禁止非技术劳工移民，并争取印度人在马来亚享有集会、言论自由及结社上的权利。新生的马来亚印度人国大党同时宣称为了建立一个自由独立的马来亚而愿与其他马来亚人民开展合作。④ 马来亚印度人国大党的一些领导人或许已经意识到他们的未来发展和相关利益显然与印度已经毫无关联，而是与马来亚这片土地紧密联系在一起，继续一个模糊的政治立场显然不利于这个政党今后的发展。6 个月后，在马来亚印度人国大党参与的第二次大会上，马来亚印度人国大党一改此前模棱两可的政治立场，对马来亚的公民权问题态度明确。

　　在第二次会议上，马来亚印度人国大党决定加入由马来亚民主同盟

　　① 参见 N. V. Rajkumar, "Indians outside Indian", New Delhi, 1951. 转自《马来西亚种族政治下的华人与印度人社会》，载《华侨华人历史研究》1992 年第 1 期。

　　② 参见 Virginia Thompson and Richard Adloff, *Minority Problems in Southeast Asia*, Stanford: Stanford University Press, 1955, p. 101.

　　③ 参见 Rajeswary Ampalavanar, *The Indian Minority and Political Change in Malaya*, *1945 - 1957*, Kuala Lumpur: Oxford University Press, 1981, p. 115.

　　④ Ibid. , p. 186.

（Malayan Democratic Union）领导成立的一个反对联邦提案的统一战线组织"联合行动委员会"（Council for Joint Action），旨在抵制新的联邦宪法的意图。联合行动委员会建议"成立一个包括新加坡在内的民主自治的马来亚国家，所有在此居住超过 8 年的任何人，只要誓言效忠马来亚，不论是谁都将获得公民权"。不过，很多马来亚印度人拒绝接受这个提议。因为根据联邦宪法之要求，取得公民权要宣誓马来亚是他的永久居留地，而作为英国（印度）的属民，他们感到最终将落叶归根，虽然这实际上并不与他们的效忠相矛盾。因此，马来亚印度人国大党一时之间无法扮演马来亚印度人的代言人角色去代表广大马来亚印度人争取其利益诉求。

造成马来亚印度人国大党陷于困境的深层原因主要有两个：一是马来亚印度人并不是唯一宣布代表全体马来亚印度人的利益政党，除了马来亚印度人国大党外，还有其他一些马来亚印度人政治组织；二是成立之初的马来亚印度人国大党基本还属于以中、上阶级的北印度人为主的聚合体，既无群众基础，也与当时占马来亚印度人人口绝大多数的南印度泰米尔人关系疏远。[①] 1954 年，马来亚印度国大党的领导层经过"泰米尔化"后，其影响力才逐步获得改善。[②] 从那时开始，马来亚印度人国大党才代表了绝大多数的马来亚印度人利益，当然也主要是泰米尔人的利益。

尽管联合行动委员会等反对势力的强烈反对，并发动了一次全国范围内的大罢工，但殖民政府由于有马来人的绝对支持，拒绝对反对势力的要求作出让步，英人还是在 1948 年 2 月 1 日宣布"马来亚联合邦"的成立。1948 年，英国殖民当局借口三名欧籍种植园主被杀以及马共的武装反抗，突然宣布马来亚进入"紧急状态"（State of Emergency）。同年 6 月，紧急

---

① 例如，马来亚印度人国大党的第一任主席是名印度基督徒，第二任是名锡克人，而第三任则是名来自旁遮普省的印度教徒，与马来亚印度社会中主流的泰米尔印度教徒相比，他们不过是属于极少数的群体。参见 Rajeswary Ampalavanar, *The Indian Minority and Political Change in Malaya, 1945 - 1957*, Kuala Lumpur: Oxford University Press, 1981, p. 189。

② 参见 Stenson, Michael R., *Class, Race, and Colonialism in West Malaysia: the Indian Case*, Vancouver: University of British Columbia Press, 1980, p. 177.

状态扩展到新加坡。许多组织被宣布为非法团体①，迫于压力，这些政治组织随后销声匿迹。虽然马来亚印度人国大党幸免于名单之内，但其势单力薄，也无法作出抗争，遂宣布暂停一切政治活动。② 马来亚印度人国大党直到形势缓和后才于1951年重新开始其政治活动，但此时的国大党已开始不得不面对以马来人为主导的族群政治现实。

事实上，马来亚印度人国大党在成立之初，就深受印度国大党的政治理念的影响，即希望在马来亚组建一个如印度国大党那样的不分族群的政党，这一点与巫统的创始人拿督翁的政治理想不谋而合。拿督翁深知马来亚的未来注定要靠一个不分族群的政党领导才能保持稳定和发展，为了独立，就必须建立一个不分种族的政党。但他的想法遭到了巫统党内马来统治者的反对，为此拿督翁甚至不惜辞去巫统主席之职，而于1951年9月成立了马来亚独立党（IMP）。这个党是建立在族群平等的基础之上，同时代表了三大族群的利益，但却不能为马来人所容忍。③ 而此时，马来亚印度人国大党与印度人协会及印度人联邦组织在这些问题上也难以达成一致。为了政治理想，马来亚印度人国大党转而加入拿督翁领导的独立党。

但理想与现实总是有差距，即便是拿督翁也未曾料到他对马来亚的政治构想与当时的马来亚的政治环境几乎是水火不相容的。长期分而治之的殖民政策造成的三大族群之间的疏离，不是短期内就能够彼此认同和协调各自利益的，以族群利益为取向的巫统和马华公会联盟在1952年的选举中大获全胜也就不足为奇了。

经过此次打击，马来亚印度人国大党清醒地认识到，要在这样的环境里实现不分族群的政治理念，几乎就是幻想。1954年，经过泰米尔化的马来亚印度人国大党开始以本族群利益为重，同年加入联盟而组成马华印执政党联盟。马华印联盟的成立，翻开了马来亚历史上新

---

① 如马共与泛马来亚自由工会、马来亚民族抗日老同志协会、新民主青年同盟、马来亚国民党、马来亚青年组织等政治团体被宣布为非法团体。参见陈晓律等《马来西亚：多元文化中的民主与权威》，四川人民出版社2000年版，第114页。

② 参见 Virginia Thompson and Richard Adloff, *Minority Problems in Southeast Asia*, Stanford：Stanford University Press, 1955, p. 105.

③ 参见陈晓律等《马来西亚：多元文化中的民主与权威》，四川人民出版社2000年版，第116页。

的一页。为了马来亚的独立，三大代表各自族群的政党终于走到一起。此后在马华印联盟的共同努力下，马来亚迅速向独立迈进，而加入联盟的印度人国大党至今从未离弃过联盟/国民阵线。从1946成立到1957年的独立，马来亚印度人国大党成功地完成了其政治转型。

　　3. 经济与文化的转型

　　战前大规模的劳工移民赋予马来亚印度人经济典型的移民经济的特点。由于殖民者一直将马来亚印度人视为临时的客居者，因此，与华人一样，广大马来亚印度人落叶归根的情结浓厚。马来亚的那些劳工，在生活上稍有结余一般都将余款汇回印度本土。以1935—1940年为例，在此期间，共有1.4亿卢比汇往印度。战后的50年代，由于马来亚实行"紧急状态"，独立前的形势更不明朗，导致每年从马来亚汇往印度的汇款比以往任何时候都要高。仅在1951年，就有高达2900万马币被汇往印度。[①]

　　随着独立的临近，入籍马来亚的条件逐步放宽，许多印度人自动归化为马来亚公民，印度人移民社会加速了向定居社会的转变。而土生的印度人逐渐占有优势，他们主要关注的是马来亚的发展动态。在经历了本地化后，土生的印度人与父辈的故土之间的联系显然日渐疏远，汇往印度的汇款也有所下降。从马来亚独立开始，马来亚印度人汇往印度的汇款更是大幅度减少了。随着马来亚的独立，马来亚印度人的经济也成为马来亚国民经济中重要的组成部分。

　　战后的马来亚印度人泰米尔文教育几经周折，几乎面临被取缔的危险。[②]

---

　　① 参见 Sandhu, Kernial Singh, *Indians in Malaya-Some Aspects of their Immigration and Settlement* (*1786 – 1957*), London：Cambridge U. P.，1969，p. 290.

　　② 日军打败英军的事实激起了马来族群的民族意识和民族主义，于战后强烈反对英国殖民政府以英文作为教学用语的政策，迫使英殖民当局重新拟订马来亚的语言政策，遂于1949年成立了"巴恩马来文委员会"（Barnes Committee），对马来语学习情况进行调查，并于1951年发表了《1951年马来亚联合邦马来文教育委员会报告书》（简称《巴恩报告书》）。该报告建议建立国民学校来达致社会整合的目标，并希望以英语或者马来语作为教学语的国民学校取代现存的方言学校（母语学校），在国民学校里，华文课与泰米尔文课将被视为其中的一门教学科目。《巴恩报告书》的企图非常明显，就是要逐步废除各族群的母语教育。不赞同建议的少数族群将被当作对马来亚"不效忠"。参见叶玉贤《语言政策与教育——马来西亚与新加坡之比较》，台湾：前卫出版社2002年版，第16页；杨培根《宪法与马来亚母语教育的法律条文》，载柯迦逊主编《马来西亚少数民族母语教育》，黄进发等译，董总教育中心2003年版，第370页。

最终在独立前夕，非马来人与马来人经过激烈的讨价还价，非马来人的母语教育得以保留下来。不过，根据此前达成的协议，所有的泰米尔文学校都要转型为国民小学。从此，马来亚印度人文化自动也转型为马来亚国家文化的一部分，而马来亚的独立宪法也对此给予了充分的肯定。

小　结

战前的马来亚印度人社会，无论是从政治、经济还是文化来说，都呈现一派移民社会的特性。虽然战前的印度人社会结构复杂，但劳工一直是这个移民社会的主体。不管殖民者如何粉饰，始终都难以抹杀印度人作为殖民地人民被奴隶和剥削的本质。在殖民者的刻意安排下，马来亚印度人社会始终无法摆脱移民社会的印记，自然无法融入当地社会。对于英人而言，印度移民仅仅是满足他们一时需要的生产工具而已。因此，在政治上，殖民者拒绝移民参与当地政治，导致移民对当地政治意识淡漠。第二次世界大战期间印度人的民族主义运动，唤起了马来亚印度人沉闷已久的政治意识，对战后的印度人社会产生了深远的影响。战后，由于各种因素的影响，经历了最初的彷徨与犹豫后，马来亚印度人社会开始了其历史上重要的转变，绝大部分印度人加入当地国籍，认同当地政治，效忠新生的马来亚国家。因此，在独立之际，马来亚印度人社会成功地完成了其历史上的重大转型，成为今天的马来西亚印度人或印度人族群。

第 三 章

独立及马来西亚建立以来的印度人

　　1957 年马来亚正式获得独立，1963 年马来亚与新加坡及北婆罗洲的沙巴、沙捞越组建马来西亚联邦（简称马来西亚），1965 年新加坡退出，马来西亚遂成现在的国家格局。独立以来的马来西亚①印度人，在认同上继续深入当地社会。但独立初期的马来西亚政治，仍未摆脱殖民统治时期的影响而进入"后殖民时期"，而马华印执政党联盟内部的妥协与退让，并未消除殖民时期遗留下来的种种弊端和潜在危机，以致独立后马来西亚社会发展的不平衡加剧，最终引发了 1969 年的"5·13"事件。此后，崛起的马来人几乎完全垄断了国家的行政资源而开始了自上而下的国家整合。在国家整合中，作为弱势群体的马来西亚印度人的发展在很大程度上受马来人与非马来人的"二元论"的困扰和制约，以致马来西亚印度人族群长期处在被边缘化的境地。

第一节　独立以来马来西亚印度人的政治

一　独立后印度人的政治选择

　　独立后的马来西亚政体与英国的政体非常类似：有一位立宪君主（由九位苏丹轮流担任），国会分成两院（相当于英国的上、下两院），由多数党组成责任内阁。然而，没有人敢于断言马来西亚的政体与英国

---

　　①　由于马来亚独立到马来西亚联邦的建立只有短短的六年时间，为行文方便，本章开始从独立后到现在一般只用"马来西亚"这个称呼。

的政体具有同等的内涵与实质。① 执政党联盟开始运作之初，其组织内部因为选举上的互利因素，因而有"圆桌会议"的协商功能，其运作内涵除由各党轮流担任会议安排外，也经常要求不运用多数来作为表决的方式。虽然当时马华公会和印度人国大党的代表总数经常处于多数的地位，但协商仍是主要的运用方式。② 当时联盟各成员党之所以能够有长久持续的合作关系，除选举互利的主因外，其领导精英阶层在很大程度上具有同质性也是因素之一。由于联盟内部无论是巫统、马华公会或是印度人国大党，其领导阶层当时基本上都是出生于英文背景的资产阶级精英，因此在政见上或偶有分歧，但基于共同保守的阶级利益，比较容易取得妥协或者共识。③

然而，虽然独立前夕的联盟政党内部各大政党的地位表面上貌似平等，在很多情况下不能避开协商议价程序，但非马来人政党——马华公会和马来西亚印度人国大党在实质上并未具备与巫统相抗衡的政治条件。随着巫统在独立过程中逐渐掌握国家机关，并加重展现其在政治上的优势地位，也同时相应增加了其在马来西亚政坛上的支配能力。④ 在独立前夕，经过激烈的讨价还价，联盟内部非马来人政党与巫统通过互相让步暂时达成一致，使马来亚顺利独立，但这也埋下了独立后族群之间不平等的种子：独立宪法保护了马来人的"特殊地位"，而非马来人则降为二等公民。独立后的马来人在政治上与政府的行政地位不容挑战，但非马来人可继续保有其在阶级领域的充分自由。这对当时大部分具有商业背景且其从政仅为有助于商业活动的非马来人政党阶层来说，是可接受的相处模式，因而也甘愿在政治上处于从属地位。⑤

就印度人国大党（简称国大党）而言，这个时期国大党的领导阶层

---

① 参见陈晓律等《马来西亚：多元文化中的民主与权威》，四川人民出版社 2000 年版，第 74 页。

② 参见许斯能《圆桌会议——被遗忘的历史片段》，载《南洋商报》1993 年 3 月 6 日。

③ 参见 Anthony S. K. Shome, *Malay Polotical Leadership*, London：Routledge, 2002, pp. 84 - 85.

④ 参见李悦肇《马哈迪时期马来西亚之国家整合（1981—2003）》，博士论文，台北：中国文化大学，2004 年，第 87 页。

⑤ 参见 Anthony S. K. Shome, *Malay Polotical leadership*, London：Routledge, 2002, pp. 85 - 87.

大都由商业精英构成，他们代表的本质上是上层统治阶级的利益而绝不是广大普通印度人的根本利益，而印度知识分子则受印度国内民族主义的影响，代表了马来西亚印度人激进的民族主义一派，代表的是广大普通印度人的根本利益。因而在利益指向上，国大党与知识分子的分歧始终难以弥合，但在独立前知识分子代表的激进的民族主义已遭打压而未能有较大的影响。虽然如此，由于代表着不同的利益群体，国大党依然对那些知识分子心存疑虑，并与其渐行渐远。在族群政治的氛围下，国大党的领导阶层也深谙获取本族群的支持至关重要，否则，政党很有可能成为无源之水、无本之木。鉴于此，一方面，国大党利用泰米尔人的族群认同及印度教的宗教认同来保持与广大普通印度人情感上的联络；另一方面由于资产阶级商人的本性，他们骨子里对普通的印度人高人一等的心态始终难以消弭。[①]

与此同时，由于殖民统治长期的"分而治之"导致清晰的族群界限，印度人缺乏对其他族群，特别是在政治上同为二等公民的华人社会的更多了解。因而独立之初，广大的印度人在大选中还是给予了国大党以强有力的支持。在独立之年，印度人共有69.62万选民，占选民总数的11%，这些印度人的支持是独立初期国大党在历次大选中获胜的关键。[②] 在1964年的大选中，恰逢与印尼发生严重的对抗，马华印执政党联盟与全国人民前所未有地团结在一起，共同回应印尼的威胁，而获得了空前的胜利。在此次大选中，马来西亚印度人国大党旨在夺取国会中的3个席位，并实现了预期的目标。在争取槟榔屿、霹雳和雪兰莪3个州议席上，国大党赢得了6个席位，在内阁部长中，保留了2个席位，分别由该党的正、副主席担任。[③]

虽然遭到打压，但印度知识分子并不甘落寞，在族群政治的氛围下，他们另辟蹊径，寄希望于其他多元族群政党寻求政治庇护，并借此

---

① 参见 V. Suryanarayan，"Indians in Malaysia, The Neglected Minority"，in I. J. Bahadur Singh，"Indians in Southeast Asia"（ed），New Delhi：*India International Center*，1982，p. 47.

② 参见廖小健《世纪之交马来西亚》，世界知识出版社2002年版，第2页。

③ 参见 Chandra Muzaffar，"Political Marginalization in Malaysia."K. S. Sandhu & A. Mani，"Indian Communities in Southeast Asia"（ed），*Times Academic Press and Institute of Southeast Asian Studies*，1993，p. 213.

挑战执政党联盟乃至国大党的统治地位。印度人知识分子的参政削弱了在印度人社会一直占统治地位的马来西亚国大党的力量，大大改变了印度人社会内部的政治结构。这种结构上的变化主要有两个方面：一方面，试图采纳大众文化需求的改革派脱离了印度人国大党，独自成立了政党；另一方面，以实现族群平等为目标，以非马来人为核心、主要扩大非马来人为权力的在野党纷纷成立并兴起。一些印度人积极加入这些在野党。受到这种潮流的影响，在 1965 年 8 月 9 日新马分离后，同年 11 月，马来西亚民主行动党（Democratic Action Party，DAP）正式成立。民主行动党以华人和印度人为核心，反对马来人优先政策，并积极开展要求族群间平等的运动。虽然民主行动党中华人占有绝对的优势，并且它的利益指向也相对以华人为重，但由于非马来人政党的属性，居住在城市中的印度人中产阶级还是给予了民主行动党积极支持。可见，独立后马来西亚印度人的政治态度已悄然发生变化。至少在族群政治概念的选择上出现了马来人与非马来人的两大政治分野，开始尝试突破族群政治的界限。

1968 年，马来亚劳工党和统一民主党联合成立了马来西亚民政运动党（Gerakan Rakyat Malaysia，GRM，简称民政党），并以族群融合为目标，在承认作为国语和通用语的马来语的地位的基础上，主张华语和泰米尔语教育的继续存在。① 民政党温和的多元主义也吸引了一些比较有影响力的马来人加盟。但总体上成立之初的民政党的目标主要是吸引印度中产阶级的支持，特别是在槟榔屿和雪兰莪两地的印度人中产阶级。由于社会的低度整合，独立之初的马来亚始终难以实现真正的民主。在一个实际上主要由三个界线分明的族群组成的社会中，族群的利益与完全的民主永远是一对矛盾。从 20 世纪 60 年代中期开始，大部分的马来西亚印度人对曾经给予厚望的马来西亚印度人国大党的表现深感失望。原因主要在于：从大的方面而言，多数马来西亚印度人认为国大党所在的马华印执政党联盟并没有引领这个国家实现独立之初的宏伟蓝图；从小的方面来说，作为执政党之一的国大党也未能为广大普通的印

---

① 参见岸胁诚《独立初期马来西亚的经济开发与国民统一》，载《南洋资料译丛》2005年第 1 期。

度人争取更多的权益。[①] 因此，印度人国大党的支持率受到了挑战。

1969 年的马来西亚大选，联盟的三个分别代表各自族群利益的族群政党的支持遭到严重的削弱，流失的选票主要是失去了非马来人社会的支持。此前的那些非马来人选民，如种植园和城镇里的一些印度人，虽然对大选没有表现出太多的热情，但总体上还是将票投给了马华印联盟，主要是因为此前并没有一个反对党能够打动他们。但在 1969 年的大选中，正如华人一样，大批的印度人选民投票给反对党，马华印执政党联盟因此遭受严重挫折。国大党的 3 个国会位置丢失了 1 席，其余 2 席也是勉强得以通过，而 6 个州立法委员会的席位，国大党仅仅赢得 1 席。在此次大选中，广大印度人给予了非马来人政党——民政党和民主行动党候选人以强力的支持。选举的结果不言而喻，广大印度人对此欣喜若狂。一些以反对党候选人身份竞选的印度人挑战部分国会、州议会的席位都获得了相当的成功。来自槟榔屿的反对党代表赢得了 6 个国会议席，其中 4 个为印度候选人所得（3 个代表民行党，1 个代表民政党），反对阵线华印两族携手一道，为此举行了盛大的庆祝活动。

从 5 月 11 日选举成绩揭晓的当天傍晚至第二天晚上，民政党和民主行动党的支持者在首都吉隆坡市区举行了热闹且充满挑衅性意味的胜利大游行，又继而举行了无数的小规模游行，游行队伍特别在马来人聚居区举行示威，终于激起马来人的愤慨情绪。马来人的情绪也开始沸腾，开始举行反制性的大游行，最终导致双方失控而引发暴力冲突的惨剧，虽然死伤者中不乏马来人，但印华两族死伤尤为惨重。马来西亚政府据此认为正是非马来人的挑衅激起了马来人的仇恨报复心理而导致了马来人对华印两族的杀戮。1969 年的大选表明，华印政治联盟旨在挑战马来人的政治特权的联合行动，这是两大族群第一次为了一个共同的政治目标而走到一起。但"5·13"事件后，华印联盟很快就迫于压力不得不宣告瓦解了。[②]

---

① 参见 V. Suryanarayan，"Indians in Malaysia：The Neglected Minority" in I. J. Bahadur Singh，"Indians in Southeast Asia"（ed），New Delhi：*India International Center*，1982，p. 48.

② 参见谢诗坚《马来西亚华人政治思潮之演变》，友达企业有限公司 1984 年版，第 152 页。

　　"5·13"事件后的马来西亚政治经历了前所未有的变革，国会民主被暂停，选举的结果也宣告无效，东古拉赫曼被迫下台，在继任者敦拉萨（Tun Abdul Razak）的带领下成立了一个全国行动委员会（National Operations Council）。作为马来西亚的权力机构，在其九个成员中，仅有两人为非马来人。虽然大选的结果马华印执政党联盟内部的非马来人政党惨败，表现令人失望，但当重组内阁之时，联盟出于安抚非马来人社会的考虑，马华公会和国大党的部分领导人还是被安排在内阁成员中。不过，虽然国大党继承了此前的两个内阁席位，但它的权力却掌握在国家执行委员会中，其中最核心的决策层为三个马来人。① 至此，1969年的选举和骚乱的结果是严重削弱了印度人（非马来人）在马来西亚政治体系中的权力。

　　"紧急状态"后马来人认为，自独立以来的政治体系对华印两族作了太多的让步，这个体系必须重构马来人不仅在政治上，甚至在经济、社会和国家文化上都要体现马来人的特权地位。② 翌年，马国会出台了一系列旨在运用国家权力来确保马来人利益的一揽子计划。"紧急状态"后，宪法被重新修订，1971年出台的"内安法"（Seditiuon Laws）规定，语言、马来人的特权以及公民权不得在讨论的范围之内，违者将绳之以法。③ 这使民主行动党陷入危险的境地。在这些法律的压制下，反对党的力量大为削弱。民政党一分为二，一部分加入联盟与政府合作。几个月之后，另一部分人民进步党（People's Progressive Party-PPP）也被联盟"招安"而加入政府，只留下民主行动党形单影只继续与执政党马华印联盟抗争。在目睹反对党被打压收编的事实后，反对党的部分印度人支持者发现支持国大党或联盟比较可靠，于是纷纷改旗易帜。他们也不得不接受这个新的政治现实，即通过国大党或者联盟才有可能

　　① 参见 Chandra Muzaffar, "Political Marginalization in Malaysia", K. S. Sandhu A. Mani, "Indian Communities in Southeast Asia"（ed），*Times Academic Press and Institute of Southeast Asian Studies*, 1993, p. 214.

　　② 参见［马］陈祖排《大马种族关系概况》（http：//myedu. hibiscusrealm. net/index. php? option = com_ content&task = view&id = 80&Itemid = 39）。

　　③ 参见 Leon Comber, *13 May 1969: A Historical Survey of Sino-Malay Relations*, Singapore: W. Heinemann, 1967, p. 55.

伸张政治诉求，尽可能地争取和维护自身的权益。[①]

　　1969 年后，敦拉萨着手将原有的联盟进行改组。在早期的政治权力中，马来人代表的巫统在一定程度上要依靠马华公会和国大党的支持。不过，在 1969 年后，这两个联盟伙伴内部混乱不堪，相互倾轧严重，加之反对党迅速崛起，马华公会和国大党已经难以有效代表各自的族群，迫使敦拉萨总理减少对这两个非马来人政党的支持和依赖，而更多地采取稳定马来人支持巫统（马来民族统一机构，The United Malays National Organization，简称巫统，UMNO）[②] 的做法，因而在各种政策上对非马来人采取限制措施，以博取广大马来人对其的绝对支持。而此时的国大党的两个内阁部长为国大党主席之位的斗争公开化，引发党内管理混乱，腐败丛生，派系斗争严重，有时竟不得不借用警力才能平息党内的内讧。国大党的内部丑闻在社会上不胫而走，严重影响了其在公众面前的形象，国大党的支持率在 1970—1973 年间史无前例地跌至最低谷。[③] 这种情况下，敦拉萨总理为了加强联盟的实力，而不得不扩大联

---

　　① 参见 V. Suryanarayan, Indians in Malaysia: The Neglected Minority. I. J. Bahadur Singh, "Indians in Southeast Asia"（ed），New Delhi: *India International Center*, 1982, p. 49.

　　② 1945 年，第二次世界大战过后，英国再次回到马来亚（现在的马来西亚半岛）继续统治其殖民地。之后，英国殖民地政府为整合英属马来亚而在 1946 年 4 月 1 日宣布成立马来亚联邦。由于马来亚联邦计划的提出，使一向视英国人为"保护者"的马来人感到遭受背弃，视之为对马来亚的并吞。尤其是计划里宽松的移民政策、欲开放公民权给当时的人口庞大的外来移民（如华人和印度人）的建议，使其对马来亚原居民的地位备感焦虑。在这种情况下，由柔佛的"半岛马来人运动"（Peninsular Malay Movement）与雪兰莪的"马来人协会"（Persatuan Melayu Selangor）主导的"泛马马来民族大会"，1946 年 3 月 1 日在吉隆坡举行，并于 5 月 11 日的第二次会议上正式成立了"全国巫人统一机构"（United Malays National Organization, UMNO，简称巫统），积极反对马来亚联邦计划。当时创办人之一拿督翁被推选为首任主席。不过，1951 年拿督翁提议开放巫统党籍给非马来人遭拒绝后离开了巫统，由东姑阿都拉曼接任，拿督翁离开巫统后，创设马来亚独立党（Independence of Malaya Party, IMP）。自 1957 年脱离英国独立以来，由于巫统在联盟/国阵里占多数议席，因此党主席即是首相。1969 年东姑阿都拉曼领导的联盟在全国大选中遭到挫折并爆发"5·13"种族暴乱事件后，在党内马来民族主义者的压力下 1970 年让位给敦拉萨，敦拉萨在 1976 年 1 月 14 日病逝于英国伦敦，由其副手胡先翁接任，1981 年由马哈迪接替。马哈迪担任了长达 22 年的党主席及首相的威权独裁统治后，才于 2003 年退位，由其指定的接班人巴达威继任。2008 年大选失利，巴达威退位，由纳吉接任。

　　③ 参见 Chandra Muzaffar, Political Marginalization in Malaysia. K. S. Sandhu & A. Mani, "Indian Communities in Southeast Asia"（ed），*Times Academic Press and Institute of Southeast Asian Studies*, 1993, p. 214.

盟阵营，吸纳其他一些政党加入。马来伊斯兰教党和另外两个非马来人政党——民政党和人民进步党开始成为执政党联盟的成员，联盟因此而改称为"国民阵线"。① 民政党有着许多印度人的支持，而国民阵线中除了国大党外，其他一些党派的印度人也被委以适当的职务。

此外，马来西亚印度人还陆续成立了一些以印度人为归依的政党，如 1974 年成立的马来西亚印度人伊斯兰教教徒国大党（Kongres Indian Muslim Malaysia，KIMMA），1985 年成立的马来西亚印度人民主党（Democratic Malaysian Indian Party）及 1990 年成立的泛马印度人进步阵线（All-Malaysia Indian Progressive Front）。② 从那以后，对印度人来说，国大党已经不再是唯一能够代表印度人利益的政党了。③ 印度人的政治态度开始有了更为理性多元的选择，他们在马来西亚的多元政治现实中寻找适合自己的生存方式。

因此，独立以来的马来西亚印度人政治选择，经历了一个明显的变化，从独立初期的支持本族群政党国大党到与其他族群一起组建反对阵线，试图与联盟及后来的国民阵线相抗衡，在马来西亚的多元族群政治现实中，印度人的政治理念越来越归于理性。虽然由于人口的劣势，它的政治影响力始终不大，但其在独立后马来西亚的政治领域率先开启了非族群政治的路线。随着国家的发展和族群的融合，马来西亚的政治也必将朝着非族群的政治方向迈进。最近的几次马来西亚大选表明，马来西亚政治开始逐步进入多元政治的现实，大选也似乎印证了这股民主政治的发展趋势。

二　独立以来印度人国大党及其角色分析

从三大政党联盟到后来的国民阵线，马来西亚印度人的国大党的地位表面上似乎一直无可撼动。从 1955 年至今，它长期扮演着执政党之

---

① 参见 Sri Tharan，*Political Development of the Indians and the Role of the Indian Congress*，M. I. C，Cendramata，1976，pp. 50 - 61.

② 参见王国璋《马来西亚的族群政党政治（1955—1995）》，唐山出版社 1997 年版，第 206—220 页。

③ 参见 V. Suryanarayan，"Indians in Malaysia：The Neglected Minority"，I. J. Bahadur Singh，"Indians in Southeast Asia"（ed），New Delhi：*India International Center*，1982，p. 50.

一的角色。国大党的分支机构遍布全马来西亚，在 1955 年就有党员近 17 万人，今天已经发展到有党员超过 55 万人，是目前马来西亚印度人的最大政党。① 独立以来，自诩为马来西亚印度人利益代言人的印度国大党，在马来西亚这个多元族群政治中多大程度上维护了印度人的利益及其在执政党联盟中的影响力如何，是个值得探讨的话题，它可以从另一个层面来解读独立以来马来西亚印度人的政治生态。

独立后的马来人继承了在政治上的优势地位，而在 1969 年后，联盟经过改组，蜕变为"国民阵线"继续执政，马来人借此充分巩固了自己的政治优势。但国民阵线一如早期的联盟政党一样，并不是一个建立在平等合作基础之上的政党联盟，其中巫统在联盟中始终处于领导地位。在联盟时期，为了维系合作，理论上各党必须作出某些妥协和让步以达至利益上的均衡。但实际上，非马来人政党——马华公会和印度人国大党作出的妥协与让步较之巫统要大得多。② 此外，无论是森本善主席（Sambanthan）③ 还是继任的马尼卡华沙甘主席（Manikavasagam）④，都不得不置本族群的批评声于不顾，与巫统领导阶层保持紧密的合作关系。这种关系固然加强了国大党领导与巫统领导之间的私人关系，但对国大党在争取本族群的支持方面却没有多大作用。⑤

派系斗争成为印度国大党最大的不幸。为了权力，国大党内部经常为一些琐事发生争斗。德瓦塞（Devaser）⑥ 与森本善、森本善与马尼卡华沙甘、马尼卡华沙甘与现任国大党主席三美威鲁（Samy Vellu）⑦ 之间都曾经为权力而相互倾轧，国大党在马来西亚政坛上声名狼藉。20 世纪 70 年代，正、副主席之间的权力之争日趋激烈，副主席马尼卡华沙甘甚至试图罢免森本善。正、副主席的私人纷争导致整个国大党内部

---

① 参见 V. Suryanarayan，"Indians in Malaysia：The Neglected Minority"，I. J. Bahadur Singh，"Indians in Southeast Asia"（ed），New Delhi：*India International Center*，1982，p. 44.

② 参见王国璋《马来西亚的族群政党政治（1955—1995）》，台北：唐山出版社 1997 年版，第 209—220 页。

③ 马来西亚印度人国大党第四任主席，任期 1955—1973 年。

④ 马来西亚印度人国大党第五任主席，任期 1973—1979 年。

⑤ 参见 Sri Tharan，*Political Development of the Indians and the Role of the Indian Congress*，M. I. C，Cendramata，1976，pp. 50–61.

⑥ 德瓦塞（K. L. Devaser），马来西亚印度国大党第三任主席，任期 1951—1955 年。

⑦ 三美威鲁（Samy Vellu），马来西亚印度人国大党第六任主席，任期 1979—2010 年。

分为两派，一派是继续支持正主席森本善，另一派则站到了副主席马尼卡华沙甘一边。国大党会议经常被各种纷争所中断，国大党内部成员抨击其领导人的现象对外人而言已经司空见惯。与此同时，马华公会内部也呈现分裂的迹象。两个重要的政治盟友内部混乱不堪，敦拉萨大失所望，为了加强联盟的实力，不得不扩大联盟阵营，收编了一些其他政党入内，联盟也因此而更名为"国民阵线"。如果印度人国大党能够团结一致，在马来西亚的多元族群政治中，它必将在马来人和华人之间扮演一个重要的平衡角色，以显示其不可忽视的地位。党内相互倾轧，党外又逐渐失去本族群的支持，使印度人国大党陷入前所未有的困境。

由于党内矛盾不断、意见不一而始终难以形成合力，1969 年后的国大党在马来西亚历次大选上的表现，与其他两大政党的表现相比几乎不值一提。国大党甚至在一些选区都难以组织有效的支持者来投票，其候选人每次选举几乎都不得不依靠马来人和华人的选票来赢得支持。自独立以来，以知识分子为代表的城镇印度人，在政治上与国大党的距离渐行渐远，他们带着对国大党的极度失望和对非族群政治的理念不断加入反对党。劳工党及民主行动党的很多领导人都是印度人，不少印裔领导人则代表反对党重返国会。以反对党名义进入国会的印度人甚至比国大党在国会中的人数还要多。例如，在 1978 年国会选举中，国大党选派了 4 名代表，其中 3 人赢得了席位，而主要的反对党民主行动党派出了 9 个印度人候选人，其中有 4 人成功跻身国会。[①]

由于无法赢得广泛的支持，国大党的影响力在马来西亚政坛中进一步衰退，陷入被边缘化的境地。从 1955 年开始，历次大选后的联盟组阁，国大党都有两名代表跻身其中（见表 3—1），但 1969 年"5·13"事件之后的印度人国大党已显得无足轻重。政治边缘化的结果是在1969 年之后，在马来西亚的内阁席位上，原本还有两个位置的印度国大党在此后不到几年只有象征性的一人了。以内阁官职的分配来看，1964 年 6 月的内阁，含正、副首相在内的 22 位内阁部会首长当中，印

---

① 参见 Pathmanathan, *Intra-party Politics and the Malaysia Indian Congress*, *MIC*, Cengramata, 1976, pp. 62 – 67.

度人占 2 席，即工程、邮务与电讯部部长以及劳工部部长；1973 年 4 月
所组成的内阁当中，在 26 席部会首长里头印度人亦有 2 个席次，这次
他们担任国家团结部部长和劳工与人力资源部部长；而当 1975 年 8 月 6
日内阁降为 23 席之后，印度人仅剩下 1 席通讯部部长；从 1975 年开
始，尽管内阁不断扩充其部会数量，而印度人却仅获得 1 席部长席次，
且仅能担任工程部部长（1984 年、1997 年、2008 年）、通讯部部长
（1975 年）或能源部部长（1992 年）之职务；而 2004 年空前庞大的
"超级内阁"里，在含正副首相在内的 34 个部会首长当中，印度人却仍
然只担任 1 席工程部部长；① 而在 2008 年的马来西亚大选中，身为国大
党主席的三美威鲁竟在内阁选举中落败，而不得不将党主席之职让位于
巴拉尼威（G. Palanivel）。②

　　独立后作为马来西亚印度人的最大政党，马来西亚印度人国大党一
直标榜自己是印度人利益的维护者，但实际上往往力不从心、事与愿
违。在维护印度族群的利益上，印度人国大党的呼声显然有点苍白无
力。例如，按照马来西亚国籍法之规定，约有 15 万印度人不能获得马
来西亚国籍。而没有国籍就意味着不能获得公民权，不能享有平等的权
利，尤为重要的是，在就业方面也受到严格的限制。1968 年 8 月马来
西亚通过《就业登记法》，按此规定，非公民不能领取工作许可证，其
就业机会受到诸多的限制。就业限制主要影响到马来西亚印度人的命
运，这对大批没有公民权而又长期待在种植园里的印度人来说是个沉重
的打击，对那些本就穷困潦倒的一些印度人来说无疑是雪上加霜。即使
取得公民权的印度人，政治待遇也比本地人低。没有取得公民权的印度
人在 20 世纪 80 年代曾经一度高达 20 多万。③ 尽管标榜是马来西亚印度
人权益的维护者，本身也是执政党成员之一的印度人国大党，多次与马
来西亚当局谈判，但却毫无下文，其影响之大还不如马来西亚印度人的
工会。

---

　　① 参见陈中和《马来西亚印度族群边缘化的根源在哪里？一个宪政体制的分析观点》，
载（马来西亚）《视角》2007 年第 12 期（http：//www. mag-horizon. net）。
　　② 巴拉尼威（G. Palanivel），担任马来西亚印度人国大党主席从 2010 年至今，现担任马
来西亚天然资源与环境部部长一职。
　　③ 参见王士录《东南亚印度人概论》，载《东南亚研究》1988 年第 3 期。

表3—1　　　　　　马来西亚内阁部长三大族群席位分配表　　　　　　单位：人

年份	1969	1974	1978	1982	1986	1990	1995	1999
土著	14	16	19	18	18	18	18	20
华人	3	4	5	6	6	6	6	7
印裔	2	1	1	1	1	1	1	1
部长总数	19	21	25	25	25	25	25	28

资料来源：张晓威、古鸿廷：《马来西亚首相制度之研究》，载萧新煌主编《东南亚之变貌》，台北"中央研究院"东南亚区域研究计划出版，2000年，第481—521页。

第二节　独立以来马来西亚印度人的经济与就业

一　独立以来印度人的经济状况及其贫困问题

与马、华两族相比，印度人在经济领域的前景最为暗淡。自独立以来特别是"新经济政策"以来，以族群区分为依据的各种扶植落后群体的发展计划很少惠及非马来人，尤其对印度人的冲击最大。几乎在所有马来西亚政府公布的数据中，印度人都落后于这个国家的发展步伐。无论是"新经济政策"还是后来的"新发展政策"时期，作为第三大族群的印度人社会，实际上几乎游离在这个国家的发展之外，成为马来西亚现代经济中的边缘人。

新经济政策的两大主题分别是：（1）通过提高所有马来西亚人（无论族群）的收入水平和增加其就业机会，来减少乃至最终消除贫困；（2）加速马来西亚社会重组的进程以纠正经济的不平衡，从而通过经济功能减少并最终消除种族差别。重点发展以马来人为中心的私人资本，亦即通过国家行政手段的干预来提高马来人私人资本的经济实力。规定1970—1990年，将使马来人在公司的股份占有率从2.4%提高到30%。显然，要达到这一宏伟目标，国家必须采取向马来人大幅度倾斜的政策，新经济政策的本质即是以消除全体马来西亚人的贫困之名行优先扶助马来人之实。这一点从新经济政策的内容上也可以得到充分的印证，如要求各部门在启用劳动力时必须反映人口的种族构成：马来人占

54%，华人35%，印度人10%，其他人占1%；努力扶植一个富有活力的马来人工商阶层，扩大马来人接受高等教育的机会等，这些无不体现出巫统领导下的马来西亚的政策倾向。[1]

不过，1970—1990年长达20年的新经济政策，似乎完全忽视了印度人经济发展的需要。在新经济政策的扶持下，马来人经济总体上得到了飞速发展。土著与非土著（实为马来人与非马来人）的二元论，完全将同为弱势群体的印度人排除在各种扶持的优惠政策之外。实际上，在1970年新经济政策规划之际，从官方公布的平均月收入（见表3—3）与三大族群的贫困率来看（1970年马、华、印的贫困率分别为64.8%、26.0%、39.2%[2]），印度人的经济境遇比马来人略强。但从拥有的股份权来看，印度人则与马来人相差无几。占大约10%的马来西亚人口的印度人，拥有的股份也仅为1.10%，显然与其人口比例很不相称，而同期的华人持有的股份为27.2%（见表3—2）。而且，这组数据的背后隐含了一个重要的事实，即印度人严重的收入不平衡。例如，11.6%的印裔家庭属于最低的收入家庭，月收入不到100令吉（马来西亚货币），39%的家庭月收入为100—200令吉。换言之，有近一半的印裔家庭收入低于每月200令吉，另有高达31%家庭月收入为200—400令吉的水平，仅仅1.8%的印裔家庭的月收入超过1500令吉。通过以上数据不难发现，区区1.10%的财富还主要集中在少数富裕的印度人手中，广大的印度人仍然位居贫困之列。

在就业结构上，1970年47%的印度人从事农业，其中高达74%的人又集中于种植园；其次是服务行业，主要集中于层次较低的服务性行业，占其就业的24%；印度人的第三大职业为商业，占10.6%，但主要是些小商贩。[3] 印度人在采矿、制造业、建筑及银行等行业的就业统计因为人数太少而不值一提。然而，虽然从事公共事业的印度

---

① 参见陈晓律等《马来西亚：多元文化中的民主与权威》，四川人民出版社2000年版，第212—213页。

② 参见《马来西亚第一远景计划1970—1990》，转自廖小健《战后马来西亚族群关系研究》，博士论文，暨南大学，2007年，第175页。

③ 参见 V. Suryanarayan, "Indians in Malaysia, The Neglected Minority", I. J. Bahadur Singh, "Indians in Southeast Asia" (ed), New Delhi: *India International Center*, 1982, p. 37.

人只占其 2.3%，但印度人在马来西亚总的就业中比例高达 32.3%。不过，这个高达 32.3% 的数据主要是一些技术含量不高的体力活，几乎 80% 的印度人在从事与体力劳动相关的工作，多数为非技术工种或者半技术工种，只有 6% 的印度人从事行政、专业技术和管理层工作。[①]

但从 1970 年开始，由于新经济政策的实施，上述的情况已开始发生了明显的变化，马来人在经济领域中的地位，已渐渐得到改善，马来人的资源已透过各土著机构而渐渐巩固起来。就新经济政策期间三大族群持有股份增长的情况来看，华人和马来人均有所增加，而印度人不仅没有增长反而下降了 0.1%（见表 3—2）。而新经济政策之后的新发展政策时期，虽然马来西亚政府宣称发展经济不能忽视其他族群的贫困问题，贫困现象并非马来人独有，但实际上，从结果来看，印度人的经济依然似乎有继续被边缘化的嫌疑。正如怡保西区的国会议员古拉以讽刺的口吻说，"要感谢新经济政策，因为它将印度人 1990 年的 1.0% 股份拥有权上升到 2004 年的 1.2%"。[②]

尽管印度人在马来西亚拥有悠久的商业传统，但迄今为止未能在马来西亚的经济领域发展起一个比较有影响力的产业。[③] 在新经济政策实施的第一个五年里，西马印度人的家庭收入增长也低于华人和马来人（见表 3—3）。印度人族群的经济境遇由此可见一斑。新经济伊始，当政府将所有的注意力都集中在纠正马来人落后的问题之时，同样经济境况不佳的印度人却无人问津。政策的偏差导致 1970—1980 年马、华两族的农业人口在逐步下降之际，印度人的农业人口却反而呈现上升的趋势（在 1970—1980 年，马来人的农业人口从 67.0% 下降到 66.3%，华

① V. Suryanarayan, "Indians in Malaysia, The Neglected Minority", I. J. Bahadur Singh, "Indians in Southeast Asia" (ed), New Delhi: India International Center, 1982, p. 37.

② 东方日报 2007 年 2 月 10 日：固打分配重量不重质，新经济政策削弱竞争力（http://cn. keadilanrakyat. org/content/view/623/39/）。

③ Waytha Moorthy Ponnusamy (Chairman, HINDRAF, Malaysia), "Malaysian Indian Minority and Human Rights Violations Annual Report 2008", Presented at India during Gopio and Pravasi Summit 2009 (http://makkal. org/files/mimhrvar2008. pdf).

人从 21.4% 下降到 19.9%，而印度人则从 10.1% 增长到 13.0%[①]），印度族群农业人口的增长态势显然与马来西亚工业化的发展趋势是背道而驰的。

表 3—2　　　　1970—2004 年马来西亚三大族群股份权对比[②]

单位：百万马元、%

年份	华人股金	持有比例	马来人股金	持有比例	印度人股金	持有比例
1970	1450.50	27.20	125.60	2.40	55.90	1.10
1988	31925.10	32.60	19057.60	19.40	1153.00	1.20
1990	49296.23	45.50	20877.50	19.30	1068.00	1.00
1995	73552.70	40.90	36981.20	20.60	2723.10	1.50
1999	117372.40	37.90	59394.40	19.10	4752.90	1.50
2004		39.00		18.90		1.20

资料来源："The Report of They National Economic Consultative Council, 1991", Table 14. "Midterm of Sixth Malaysia Plan, 1991 – 1995", table 3 – 5；"Seventh Malaysia Plan, 1996 – 2000", Table 3 – 5, 转自林水檺、何国忠、何启良、赖观福合编《马来西亚华人史新编》（第二册），第 341、337 页，2001 年、2006 年（马来西亚）南洋商报资料。

表 3—3　　西马来西亚三大族群的平均家庭收入对比（1970—1979）

单位：马元、%

族群	1970	1973	1976	1979	年平均增长率
马来人	172	209	237	309	6.7
华人	394	461	540	659	5.9
印度人	304	352	369	467	4.9

资料来源：《马来西亚第四个五年计划，1981—1985》，1981 年版，第 56 页。转自西口靖胜《当代马来西亚的种族对立与收入分配结构》，载《南洋资料译丛》1987 年第 4 期。

[①]　参见李永梁、J. 马蒂纳《马来西亚的经济分工与种族差别》，载《南洋资料译丛》1988 年第 4 期。

[②]　转引自廖小健《战后马来西亚族群关系研究》，博士论文，暨南大学，2007 年，第 149 页。

　　根据第九个马来西亚计划（2005 年）数据，20.1% 印度人从事种植业、机械操作和装配工作，另有 16.3% 印度人从事没有任何技能需求的"基础行业"。换言之，有多达 36.4% 印度人集中在低薪行业。在三大族群中，从事上述低薪工作的印度人比例最高，土著次之（25.4%），华人比例最低（19.1%）。[①] 一般给人的错觉是，许多印度人投身高薪专业领域，如社会上许多医生、律师职业都是印度人在从事。但实际上，印度人的专业人士比例是三大族群中最低的。根据第九个马来西亚计划，专业人士占印度人劳动人口的 5.2%，共有 44100人，仅占全国专业人士总数的 8.2%；土著专业人士占土著劳动人口的 6.1%，共有 314200 人，占全国专业人士总数的 58.5%；华人专业人士占华人劳动人口的 5.8%，共有 171300 人，占全国专业人士总数的 31.9%。[②] 另有数据表明，从事律师、医生等专业人士的印度人比例在逐年下降。如在 19 世纪 80 年代，从事医生的印度人占全国医生总数的 41.7%，但到了 2005 年，印度人医生已下降到 26.6%；印度人律师的比例也从 19 世纪 80 年代的 35.4% 下降到 2005 年的 24.1%。[③]

　　印度人的贫困问题主要集中在种植园工人身上，在马来西亚的大规模工业化过程中，种植业不再是印度人当年的保护伞。种植园里的印度人在 1980—2000 年受到了严峻的挑战。随着马来西亚工业化进程加快，城市拓展计划和房地产业的兴起直接影响了种植园的规模。以橡胶园为例，在第七个马来西亚计划期间，橡胶园的种植面积从 1700 万公顷（1995 年）缩减到 1400 万公顷（2004 年）。[④] 相应地，种植园的员工也从 1976 年的 163577 人减少到 2004 年 5 月的 13366 人，迫使超过 30 万名工作和生活在种植园里的印度人在 1980—2000 年间离开种植园（表

---

　　① 参见［马］陈慧思《马来人原住民同归类土著平均收入数字说真话了吗?》，载（马来西亚）独立新闻在线（http://www. merdekareview. com/news. php? n = 55912007/12/18）。

　　② 同上。

　　③ Malaysia. Ninth Mlaysia Plan 2006 - 2010, Kuala Lumpur: Percetakan Nasional Malaysia Bhd, 2006. 转自［马］陈慧思《马来人原住民同归类土著 平均收入数字说真话了吗?》，载（马来西亚）独立新闻在线（http://www. merdekareview. com/news. php? n = 55912007/12/18）。

　　④ 参见 Malaysia Government, *Eighth Malaysia Plan 2001 - 2005*, Kuala Lumpur: Percetakan Nasional Malaysia Bhd, 2001（b），p. 209.

3—4 清楚地显示了马来西亚印度人从农村到城市的发展变化)。① 尽管在这股移民浪潮中，很多印度人并非自愿离开，政府也清楚这样的结果必然会给一些家庭和社区带来某些不良影响，却无任何措施来改善这些陷入困境中的印度人。

1999 年，马来西亚联邦政府组成了一个特别委员会"国家房产权及种植园工人重新安置委员会"，以确保种植园移民得到足够的补偿和基本住房。1973 年，政府曾拟订一项计划，试图推动种植园和矿工的房产权问题的解决，以缓解那些低收入者退休后所面临的无家可归的难题。根据这个计划，从第三个马来西亚计划（1976—1980 年）开始，马来西亚政府将向种植园里的低收入者提供总数为 1 亿令吉的低息贷款用以帮助他们解决住房问题。按照这个计划，许多低收入的种植园工人（大部分为印度人）将从中受益。不过，负责这项资金的部门从 1980 年开始就停止了贷款，却没有对此作出具体的解释。② 1999 年，马来西亚人力资源部承认这项计划已经失败，二十多年里只有仅仅 78 个种植园修建并出售了 8171 套低成本住房给相关工人，这对于解决数十万种植园印裔工人的住房问题来说几乎无济于事。③ 在第三个马来西亚计划时政府就已经意识到了种植园工人的生活状况，声称要采取实际行动来改善他们的状况以缓解他们的经济压力。④ 然而，政府并没有采取任何实质性的行动，种植园里的工人经济状况依然停滞不前。贫困交加导致了印度人社会领先了马来西亚的自杀率和犯罪率。在三大族群中，不仅印度族群的平均寿命最低，而且自杀率最高，每 10 万名印度人当中就有 21.1 人自杀，而与之相对应的是华人为 8.6 人，马来人为 2.6 人。⑤ 印度族群虽然只占马来西亚总人口的 7.5%（2005 年统计数据），但 2005 年在新邦令金改造中心（Simpang Renggam Rehabilitation Centre）里拘留在押的 703 名罪犯中有 54% 为马来西亚印度人。

---

① 参见 Department of Statistics Malaysia, "Handbook of Rubber Statistics, 1985", p. 196; Malaysia, "Monthly Rubber Statistics", May 2004: 24.

② The Sun Megazine, Aug. 30, 1994.

③ New Straits Times, June 10, 1999: 15.

④ 参见 Malaysia, "Third Malaysia Plan, 1981 – 1985", Kuala Lumpur: Percetakan Nasional Malaysia Bhd, 1981, pp. 47, 74, 159, 165, 177.

⑤ Health Ministry's statistics cited in New Straits Times, Sept 13, 2005.

　　几乎可以肯定的是，马来西亚政府在某种程度上忽视了印度人的处境问题。虽然马来西亚政府多次表明贫困问题并不是马来人所特有，但尽管如此，政府很少有实际行动来解决印度人的贫困问题，而与此同时，投入解决印度人贫困问题的预算资金杯水车薪，根本不足以解决众多印度人的贫困问题。从 1970 年以来的政府文件可以发现，政府实际上早已意识到了印度人社会的贫困问题。[①] 早在 1991 年，马来西亚"国家经济咨询委员会"对印度族群总体上在新经济政策中没有很大受益表示关注。为此，国家经济咨询委员会在新发展期间（1991—2000年）建议政府应该对马来人一样对印度人也采取一些扶助性的政策，建议包括：（1）种植园工人宜采用月薪制度；（2）在种植园里开办幼儿园；（3）将所有的泰米尔文学校纳入政府全额财政拨款计划；（4）为种植园里的工人和年轻人提供培训以提高他们的生产能力；（5）授权印度人建立一所商业银行、一个金融机构以及一个保险公司；（6）成立一个信托基金为印度人提供信用透支投资股票市场；（7）成立一个专门奖学基金以资助优秀印度人能够在海外接受高等教育；（8）对印度人也采取与土著类似的扶助政策。[②]

表 3—4　　　　　　　印度人在马来半岛城市和乡村的分布　　　　单位：人、%

年份	城市		农村		总数
	数量	比例	数量	比例	
1970	323435	34.7%	609194	65.35%	932629
1980	448397	41.0%	644715	59.0%	1093112
1991	837659	63.8%	475929	36.2%	1313588
2000	1338510	79.7%	341622	20.3%	1680132

　　资料来源：根据 Population and Housing Census Reports of 1970, 1980, 1991, 2000, Department of Statistics, Malaysia 资料绘制。

---

　　① Waytha Moorthy Ponnusamy (Chairman, HINDRAF, Malaysia), "Malaysian Indian Minority and Human Rights Violations Annual Report 2008", Presented at India during Gopio and Pravasi Summit 2009, (http://makkal.org/files/mimhrvar2008.pdf).

　　② The Case of Low Income Malaysia Indians, (http://www.cpps.org.my/downloads/F_%20Low_Income_Malaysian_Indians.pdf).

国家经济咨询委员会报告成为正视印度人社会贫困问题的一个里程碑，它肯定了印度人贫困问题并开始了实质性建议，以便他们能够尽快发展起来。这个报告尤为重要，虽然它有点姗姗来迟，但毕竟表明马来西亚政府开始正视这个问题。实际上这个报告是一些非印度族群领导人的共同意见，他们认为有必要对印度人的贫困问题给予更多的关注。① 这充分说明了这个问题的严重性及其在作为国家发展课题里一环的重要性。尽管如此，政府随后却似乎没有采取任何实质性的行动来补救政府施政偏差所导致的过失，印度人失去了一个实现公平发展的重要机会。第六、第七个马来西亚计划继续承认印度人某些群体贫困问题的严重性，但仍旧未有具体扶贫计划和行动来帮助这部分弱势群体走出社会和经济困境，这种情况在整个 20 世纪 90 年代都是如此。②

第三个马来西亚全面发展计划与第八个马来西亚计划都坦承印度族群作为一个整体的股份拥有权太低，声称要将印度人的资产拥有股份权到 2010 年提高到 3%，同时，政府同意研究评估印度人的经济参与状况，以便采取适当的政策和措施来提升印度人的经济能力。然而，在计划中并没有实际的资金预算以帮助印度人于 2010 年实现股份达到 3% 的目标。第八个马来西亚计划中期检讨书重申要将马来西亚印度人的股份拥有权实现 3% 的目标，为此将通过各种培训和股份拥有计划来提高印度人从事商业积极性，政府将致力于培养一批有潜力的印度人青年企业家。这个中期检讨书规定了资金上的援助但并未有更进一步的详细说明。第八个马来西亚计划同时建议加大力度推行就业重组计划和政策，无论是在经济还是就业上都要体现各个族群人口的比例，以在土著和非土著之间达到平衡，但在执行中政府依然更多的是关注的是马来人的参与情况。此后，第八个马来西亚计划中期检查报告建议为那些印度族群低收入者中即将毕业的学生提供技术培训。

---

① The Case of Low Income Malaysia Indians（http：//www.cpps.org.my/downloads/F_% 20Low_ Income_ Malaysian_ Indians.pdf）.

② 参见 Malaysia, *Sixth Malaysia Plan 1991 - 1995*, Kuala Lumpur：National Printing Department, 1991（b），p.45.

根据第八个马来西亚计划中期检讨书的建议，2004年，313名印裔青年人有机会在普萨特玛拉技能培训中心（Pusat Giatmara）接受培训。然而，就27%的人已在毕业之前就辍学的这个结果来说，这个项目或许是个失败之举。除了普萨特玛拉技能培训中心，马来西亚还有其他几所政府资助的培训机构负责印度人的技能培训工作。不过，即便接受了培训的许多印裔青年最后也同样无法通过马来西亚的教育文凭考试。[①] 与此同时，工商界却大量聘请外劳，加剧了印度族群的失业率。根据有关方面的统计，马来西亚外劳人数已近200万人，加上约30万名非法外劳，其总人数实已超越人口仅约200万的印度族群，大批失业的印度人因此埋怨政府及私企将印度人排除于外，加大了他们与马来人及华人之间的收入与经济上的鸿沟。[②] 马来西亚的印度人族群，已经沦为马来西亚社会经济活动中的弱势群体。

二　公民权与印度人的就业

正如其在经济领域的境遇一样，马来西亚印度人的就业在独立以来也遇到诸多的难题。其中公民权问题对就业影响最大，一直影响到今天的马来西亚印度人。

无论是马来西亚印度人国大党、反对党还是商会领导人，在独立初期一个重要的失策是都未能对公民权引起足够的重视，即说服所有的马来西亚印度同胞积极争取马来西亚公民权。虽然政府数度放宽公民权条件，许多印度人也符合申请条件，但到了20世纪70年代，只有80%的印度人成为马来西亚公民，仍有相当一部分印度人宁愿持永久居住证侨居而不愿加入马来西亚国籍，而另外一些人则没有任何身份证明。1969年前的马来西亚政治环境对非马来人相对宽松，民主协商的精神得到了比较认真的体现。在这个大好时机，这些印度人未能对取得公民权予以足够的重视，而导致了1969年后自新经济政策开始在就业方面饱受非议而受到不公正的待遇。

---

① 参见 Malaysia, *Mid Term Review of the Eighth Malaysia Plan 2001 – 2005*, Kuala Lumpur: Percetakan Nasional Malaysia Bhd. , 2003.

② 南洋社论：印裔族群社会问题严峻（http://wengsan.blogspot.com/2007/12/blog-post.html, 2007/11/30）.

20 世纪 60 年代，马来西亚印度人的失业率与其他族群相差无几，都低于 6% 。① 1968 年 8 月，马来西亚通过了《就业限制法》（Employment Restriction Act），根据该法律，在 12 个指定的工种中就业的非公民都必须到有关部门登记。1969 年"5·13"事件后，在马来人强大的压力下，政府将此前规定的 12 个工种扩大到 2000 个详细的类别，涵盖了种植业、铁路、市政服务以及部分技术行业。这些都是印度人传统的就业范畴，大部分印度人都集中于这些行业工作。根据就业限制法，在这些行业工作的非公民要申请许可证才能继续工作，对于技术要求不高的工作只给予三个月的期限，而对那些技术要求高的工种则可申请最高两年的期限。工作许可证在初次颁发时就被盖上"不可延期"字样，这些规定影响了数以千计的印度人。因为许多印度人的公民身份一时难以认定，这些人主要是种植园的工人及一些非技术或半技术工人。

《就业限制法》无疑造成这些印度人巨大的心理压力，这些规定无异于在警告非公民在工作期满后自动放弃他们的工作。这些人已在马来西亚居住多年，已经完全具备获得公民权的条件，其中一些人正在申请公民权，但他们的申请有待于政府批准。1969 年 10 月，马来西亚政府颁发了 238086 个就业许可证，其中高技术工为 1243 个，技术工为12014 个，其余全部为非技术工。在这些就业许可证中，近 60% 的工作机会颁发给了印度人，如果强制执行《就业限制法》的话，将有多达55000 名种植园的印度劳工失业。② 尽管如此，此种不平等的待遇还是使许多印度人倍感生存的压力。按照新的就业规定，以及政府随后颁布的就业"固打制"，那些没有取得马来西亚公民权的印度人已经无法在马来西亚就业，无法继续生存下去，而不得不选择离开马来西亚回国。翌年，大约有 60000 名印度人返回印度，以至印度马德拉斯与马来西亚之间的渡轮竟然一时人满为患，需要提前好几个月才能预订到船票。③这个消息在国际上引起轩然大波，抨击马来西亚政府种族主义的批评声

---

① 参见 V. Suryanarayan，"Indians in Malaysia, The Neglected Minority"，in I. J. Bahadur Singh，"Indians in Southeast Asia"（ed），New Delhi：*India International Center*，1982，p.37.

② Ibid.

③ Ibid.，pp. 37 - 38.

持续不断。在国内外舆论的压力下，马来西亚政府不得不对此作出一些让步。内政部部长伊斯梅尔（Islmail）宣布将加快处理公民权的申请，对于那些已经提出公民权申请的申请人在最后结果公布之前允许继续在马来西亚工作，同时也宣布，这些符合公民权申请条件的申请人在工作许可期满后也可以提交继续工作申请。就印度人而言，政府的让步对他们来说无疑是最大的福音。

马来西亚政府突然作出这样的更改，事实上也是无奈的选择，这主要是政府安排的就业大部分都与种植园有关。20世纪70年代，马来西亚经济尚未实现转型，种植园经济如橡胶产业仍然是马来西亚政府一个不可或缺的经济支柱，种植园工作艰辛，马来人对这些工作兴致不大，政府为了经济发展的需要，也不得不调整某些政策来挽救即将陷入人力资源危机的种植园经济。马来西亚政府因此在第一个马来西亚计划期间恢复了58000份印度人就业许可，用马来西亚政府的话解释就是"因为他们具备获得公民权的条件"[1]。虽然如此，在原住民优先的政策下，到新经济政策实行五年之际的1975年，印度人的失业率猛增至11.7%，而同期的马来人的失业率仅为6.9%；1978年，由于马来西亚经济得到较大发展，全国的失业率都有所下降，印度人的失业率降到8.1%，但此时的马来人和华人的失业率则分别为7.0%和6.7%，即意味着印度人的失业率依然高居三大族群榜首。[2] 由于政府的就业政策依然与公民权挂钩，高居第一位的印度人失业率很难说与公民权问题无关。

1969年后，新任敦拉萨总理于1970年7月颁布"紧急状态法令"，以如下四个问题属"敏感问题"为理由，禁止在公开场合讨论这些问题：马来人的特权；马来语为国语；马来苏丹的地位；公民权。[3] 根据该法令，讨论公民权将被视为触犯法律。然而，为了就业生存，许多印

---

[1]　Selvakumaran Ramachandran, *Indian Plantation Labour in Malaysia*, Kuala Lumpur: S. Abdul Majeed & Co/Insan, 1994, p. 120.

[2]　参见 V. Suryanarayan, "Indians in Malaysia: The Neglected Minority", in I. J. Bahadur Singh, "Indians in Southeast Asia" (ed), New Delhi: *India International Center*, 1982, p. 37.

[3]　参见西口清胜《当代马来西亚的种族对立与收入分配结构》，载《南洋资料译丛》1987年第4期。

度人，特别是种植园里的劳工，最终不得不面对残酷的公民权问题的现实，数以千计的印度人此时不得不涌进公民权申请办公室。但 1969 年后马来民族主义高涨，马来舆论不断向政府施压，要求严格控制公民权的认定。虽然大多数的印度人完全满足基本的申请条件，但面对高涨的马来人民族主义情绪，政府也不得不从严把关公民权的认定，例如在非马来人不谙马来语问题上做文章。具备申请公民权的条件之一是要掌握基本的国语（马来语），但大多数的印度人却未能通过该项测试。原因很简单，绝大多数的印度劳工基本是文盲出身，殖民统治下长期的"分而治之"也使得这些印度劳工缺乏对马来语的基本掌握，在对自己的母语都不能读写的情况下，就更遑论对马来语有多少掌握了。

在严格控制公民权的同时，一些马来极端分子同时也质疑某些公民权的有效性。因为根据宪法第 30 条之规定，政府有权去帮助一个申请条件存在疑点或存在实际困难的申请者去申请认定公民权。面对质疑声，马来西亚政府不得不将所有在这种情况下认定的公民权全部收回重新审查，其中一些人未能通过再次审查而被取消公民权，这些人大部分为印度人。马来西亚政府也严格控制给已经取得公民权的印度人的配偶颁发入境许可证。这些措施导致很多印度人怀疑政府在公民权问题上主要针对的是印度人。马来西亚印度人国大党也多次催促政府加快速度解决印度人的公民权问题，但却毫无下文。

公民权问题为许多马来西亚印度人带来了诸多的不便，一些未能取得公民权的印度人因这个问题而困扰了一生。时至今日，虽然年老的一代已经逐渐成为历史，但在今天的马来西亚，据有关方面的统计，2005 年仅在吉打、霹雳、森美兰、雪兰莪等地的 10 个社区中心以及马来西亚的教育研究协会等机构的统计数据表明，至少有 20000 名印度妇女没有能够证明其身份的官方文件。① 实际上，这个数字要高得多，根据最新的（2008 年）一份马来西亚人权报告显示，马来西亚的印度人未取

---

① Berita Harian, April 11, 2005. cited from "The Case of Low Income Malaysia Indians", (http: //www. cpps. org. my/downloads/F_ %20Low_ Income_ Malaysian_ Indians. pdf).

得公民权的人数高达 150000。① 这些人当中很多已属于第二、第三代的
马来西亚印度人。究其原因，主要归因于种植园多年来与外界联系少，
种植园里的工人文化程度不高，自己忽视这个问题的重要性，同时也是
被政府长期忽视的结果。

由于在种植园里时印裔子女上的是泰米尔文学校，成年人在种植
园里工作，当时对那些出生证明以及身份证之类的官方文件未能予以
足够的重视，一旦移居城市中，就会给日常生活带来诸多不便。但当
他们去补办这些必要的手续或者证明之时，由于不能熟练运用国语
（马来语）与那些官员（大部分为马来人）交流，更不懂那些烦琐的
程序和要求，很多人因而备受挫折，继而放弃申请那些相关的证明，
结果自然无法取得公民身份，也无从享受这个国家赋予的基本权利。
没有取得公民权的印度人只能长期凭借马来西亚政府颁发的永久居住
证生活在马来西亚，尽管在事实上他们早已成为马来西亚社会的一
部分。②

第三节　独立以来马来西亚印度人的文化

一　国家整合下的印度人教育

泰米尔文是继汉语之后保留得最为悠久的语言之一，它已被印度人
使用了大约 2500 年之久。泰米尔文携带着浓厚的宗教与文化气息，成
为使用泰米尔语族的民族身份特征。③

在 1816 年，泰米尔文学校作为马来亚英语学校的附属机构开始成

---

① Waytha Moorthy Ponnusamy（Chairman, HINDRAF, Malaysia）, "Malaysian Indian Minori-
ty and Human Rights Violations Annual Report 2008", Presented at India during Gopio and Pravasi
Summit 2009（http: //makkal. org/files/mimhrvar2008. pdf）.

② 2006 年 9 月 24 日《星报副刊》曾经报道了这样一则消息：一名 14 岁印裔少女被迫与
一名年长男子结婚，并在年仅 14 岁时成为母亲，她的子女已属于第三代马来西亚印度人，却
依然没有出生证而无法获得公民权。独立新闻在线：《李光耀说的没错，印裔也遭边缘化》
（http: //www. merdekareview. com/news. php? n = 2629, 2006 - 09 - 06）.

③ K. Arumugam, "2002 Tamil Schools: The Cinderella of Malaysia Education"（ht-
tp: //www. Malaysia. net/aliran/monthly/2002/5f. html）. 参见周泽南《马来西亚语言规划
之研究——单语政策与弱势语族诉求之冲突》，硕士论文，台湾淡江大学，2006 年，第
131 页。

立，以便让从南印度移居至马来亚的印度裔子女受教育，但规模很小。这些印度移民多在橡胶种植园、甘蔗园以及可可园里充当劳工。于是，绝大部分的泰米尔学校开设在种植园里，城镇里的泰米尔文学校则主要为铁道局、公共工程政府机构的印裔工人的子女所开办。学校所教授的学科和内容大纲主要以印度为归依，反映泰米尔族群的文化精神。① 大部分家长将孩子送往泰米尔文学校是为了捍卫自己的文化，他们认为只有母语学校才能扮演好捍卫祖国泰米尔语族文化的角色。有些家长将子女送往附近的泰米尔文学校是因为付不起将孩子送到其他城镇学校的昂贵交通费，将孩子送到设立在圉丘里的学校，在接送孩子方面可以省却一笔费用，学校也可以充当这些家长在工作时间的临时托儿所。②

　　但在独立前夕的联盟内部的谈判，非马来人为换取公民权和维护自己的经济地位，而在政治上承认马来人的特权地位，马来语作为官方语言。③ 独立初期，马来亚学校分成四大源流，即以马来语为主要教学媒介语的马来文学校、以华语为主要教学媒介语的华文学校、以泰米尔语为主要教学媒介语的泰米尔文学校和以英文为主要教学媒介语的英文学校。独立前发表的《1956年教育委员会报告书》（拉扎克报告书），曾明确提出政府教育政策的"最终目标"是建立以国语（马来文）为主要教学媒介语的教育制度。但在非马来人的强烈反对下，1957年颁布的《1957年教育法令》虽然没有列明"最终目标"这一款④，但这为今后的限制非马来人的母语教育埋下了伏笔。独立后，以马来人为首的政府，依然通过一系列的政策与行政措施，不断地促进教育马来化，向"最终目标"迈进。例如，根据《1961年教育法令》规定：全国小学改为国民小学（以马来语为授课语言）和国民型

① 参见砂胡尔（Shahul Hamid Mydin Shah）：《马来西亚的泰米尔文教育》，载柯迦逊主编《马来西亚少数民族母语教育研讨会论文集》，董教总教育中心2003年版，第95页。
② 参见周泽南《马来西亚语言规划之研究——单语政策与弱势语族诉求之冲突》，硕士论文，台湾淡江大学，2006年，第131页。
③ 参见 John Michael Gullick, *Malaysia: Economic Expansion and National Unity*, London: Westview Press, 1981, p.199.
④ 参见郑良树《马来西亚华文教育发展史》（第三分册），马来西亚华校教师会总会1999年版，第320页。

小学（以华、英、印等族群母语为授课语言）。该法令的 21 条 B 项还特别列明，必要时，教育部长有权将国民型小学改为国民小学（以马来语为授课语言）。① 在该法令的影响下，其他族群的中小学校无疑必须加强马来文与英文的教学，非马来文小学还随时面临改为马来语学校的可能。

1969 年 "5·13" 事件后，政府认为族群冲突的原因之一是国民统一意识不强。为了加强国民统一意识，教育部决定采取分阶段推行以国语为各级学校主要教学媒介的措施，加快教育的马来化。1969 年7 月，马来西亚教育部宣布，国民型英文小学，将从 1970 年起逐级改用国语（马来语）为授课媒介语，到 1975 年转变为国民小学；英文中学一年级至五年级的媒介语，则在 1976—1980 年逐步改变为国语媒介，中学的全部考试也改用国语为媒介；大学方面，早在 1970 年11 月，马来西亚最高学府马来亚大学就宣布马来语为唯一的官方语言，学校未来的方向是所有科目用马来语教学，其他大学，如理科大学、国民大学、农业学院、技术学院等，在 70 年代也先后表示要用国语为教学媒介语。② 继而又宣布从 1983 年起，所有国立大专院校也按政府规定采用国语授课。③ 80 年代初，马来西亚政府还试图推行强化在各源流小学加强马来语教育的 "三 M 制"。即从 1983 年起小学课程实行全面改革，将当时六年的教育课程分成两个阶段，目的在于提高小学生阅读、书写和计算能力，因阅读、书写和计算三词的马来文第一个字母都是 M，所以这一计划又称 "三 M 制计划"。根据这个计划，许多课程必须使用马来文课本及改用马来语教学，甚至连音乐教材也规定马来歌曲占 50%。④

---

① 参见邝其芳《教育报告书与教育法令》，（马来西亚）董教总网（http://www. djz. edu. my/，2006 - 10 -28）。

② 参见 Tham, Seong Chee, *Malays and Modernization*：*A Sociological Interpretation*，Singapore：Singapore University Press，1983，p. 124. 转引自廖小健《战后马来西亚族群关系研究》，博士论文，暨南大学，2007 年，第 98 页。

③ 参见卢晓中《试论马来西亚的教育一体化》，载《外国教育研究》1995 年第 3 期。

④ 参见白晓东《法律突破：马来西亚华文教育发展战略的必行步聚》，载《华侨华人历史研究》1996 年第 3 期；廖小健《战后马来西亚族群关系研究》，博士论文，暨南大学，2007年，第 98 页。

　　泰米尔文学校由于受到诸如来自上述语言政策和教育政策的限制，陷入了深深的困境。在大学方面，早期在一些大学里的泰米尔文研究已经基本名存实亡。从基础教育来看，泰米尔文母语教育愈发举步维艰。虽然泰米尔文小学都是由政府出资开办，但学校分为部分和全额拨款两种类型，其中接受部分拨款的泰米尔文学校高达总数的70％，只有30％为全额拨款。① 前者所获得的拨款非常低微，每个泰米尔文学校的学生的拨款仅为10.55令吉，而马来穆斯林学校的拨款则为33.30令吉。② 种植园的印度劳工社会又普遍经济拮据，无法像华人社会那样肩负筹募教育基金的任务，去协助泰米尔文学校的建设和添加设备，学校落后的状况导致大部分家长对泰米尔教育产生信心危机。

　　除了经费不足的问题，泰米尔文学校面对的困境还主要有以下三个方面：①师资荒。泰米尔文学校极度缺乏合格正式教师或临时教师。2008年在全马来西亚共有总数为523所泰米尔文学校，共有教师7800名，但其中有1400名教师被认定为不合格，占了教师队伍约20％的比例，且教师队伍不稳定，很多是以此为跳板，因而教学质量难以得到保证。③ ②基本设施不足。大部分接受政府拨款的学校没有完善的基础设施，教学设备不足，其资源中心也总是不完备的，很多学校的图书馆只是名义上存在。由于学校硬件设施情况不容乐观，部分泰米尔人对泰米尔文学校失去信心。导致该教育机构面临生源不足的问题。长此以往，泰米尔文学校只有面临被逐一关闭的命运。③教科书质量差。泰米尔文学校所采用的教材皆翻译自其他语言，译文差强人意。由于泰米尔文书籍的市场很小，教科书的价格奇高，市场上可供选择的书

　　① Waytha Moorthy Ponnusamy (Chairman, HINDRAF, Malaysia), "Malaysian Indian Minority and Human Rights Violations Annual Report 2008", Presented at India during Gopio and Pravasi Summit 2009, p. xix (http://makkal.org/files/mimhrvar2008.pdf).

　　② Sembaruthi Magazine, Aug 2008, p. 47. cited from "Malaysian Indian Minority and Human Rights Violations Annual Report 2008", Waytha Moorthy Ponnusamy (Chairman, HINDRAF, Malaysia): Presented at India during Gopio and Pravasi Summit 2009, p. xx.

　　③ Tamil Nesan 16th June 2008, p. 15.; NST 13th June 2008, p. 24.

籍种类有限，直接影响了学生的学习质量和兴趣。[①]

　　马来西亚大约有 60% 泰米尔文学校面临生源不足的问题，与此同时，大部分坐落于种植园里的泰米尔文学校又被迫让位于工业发展，面临被停办的厄运。在这种情况下，泰米尔文学校的学生总是转学市内就读于非泰米尔文学校。[②] 由于上述原因很多泰米尔文学校不得不关闭。1957 年泰米尔文小学在 1957 年曾经高达 888 所小学，1963 年学校数目下降至 720 所，而 2008 年时只剩下 523 所。[③] 泰米尔文学校数量在一直被迫不断减少。

　　泰米尔文教育除了面临种种"外患"和外在的法令限制，还面临更严重的"内忧"，即越来越多印度人基于经济前途，选择放弃母语，接受更有市场的英文及国文教育。大部分学生在参加政府考试时放弃考泰米尔文，而选择其他在高等学府时受重视的科目，因为对这些学生而言，泰米尔文显然缺乏经济价值。[④] 玛里姆都（Marimuthu）在1987 年的研究中称泰米尔文教育为马来西亚教育系统的灰姑娘，他提出坐落在贫穷的种植园在内的泰米尔文小学，根本无法提供学生社会能动性的条件和更改学生命运的便利。[⑤] 无论是这些学生家庭的贫穷状况还是设备不足、教材差强人意以及质量糟糕的教育，都导致印度学生无法逃脱贫穷的轮回。不无讽刺的是，他们似乎只能抱着这样的愿望：种植园工人的孩子或许能够成为一个比较出色的种植园工人。[⑥]

---

　　① 转引自周泽南《弱势族群与文化屠杀：淡文教育、贫穷与不平等》，载《当今大马》2007 年 12 月 18 日。

　　② 参见周泽南《马来西亚语言规划之研究——单语政策与弱势语族诉求之冲突》，硕士论文，台湾淡江大学，2006 年，第 131 页。

　　③ K. Arumugam, "2002. Tamil Schools: The Cinderella of Malaysia Education" (http://www. Malaysia. net/aliran/monthly/2002/5f. html).

　　④ 参见砂胡尔（Shahul Hamid Mydin Shah）《马来西亚的泰米尔文教育》，载柯迦逊主编《马来西亚少数民族母语教育研讨会论文集》，董教总教育中心 2003 年版，第 95 页。

　　⑤ 参见周泽南《弱势族群与文化屠杀：淡文教育、贫穷与不平等》，载《当今大马》2007 年 12 月 18 日。

　　⑥ K. Arumugam, "2002. Tamil Schools: The Cinderella of Malaysia Education" (http://www. Malaysia. net/aliran/monthly/2002/5f. html).

表3—5　1972—2005年马来西亚各语文源流小学发展拨款

单位：令吉，%

	1972—1978				1991—1995				1996—2000				2001—2005			
	拨款	占拨款总比率	1972年学生总数	占总人数	拨款	占拨款总比率	1991年学生人数	占总人数	拨款	占拨款总比率	1996年学生人数	占总人数	拨款	占拨款总比率	2001年学生人数	占总人数
国小	237118327	90.81	1046513	66.85	1133076000	89.72	1845400	72.98	1027167000	96.54	2128227	75.30	4708800000	96.09	2236428	76.04
华文小学	18097380	6.93	439683	28.08	102726000	8.14	583218	23.07	25970000	2.44	595451	21.07	133600000	2.73	61.5688	20.93
泰米尔文小学	5892660	2.26	79278	5.07	27042000	2.14	99876	3.95	10902000	1.02	102679	3.63	57600000	1.18	89040	3.03

资料来源：参见 [马] 周泽南《马来西亚语言规划之研究——单语政策与弱势语族诉求之冲突》，硕士论文，台湾淡江大学，2006年，第132页。

泰米尔文学校的困境每次在选举期间才拥有一线解决的希望，因为用印度人的选票换取执政党的拨款早已是不言而喻的事了。例如在1990—1995年，一个以争取泰米尔文教育权利为目的的印度族群政党兴起，与亲政府的印度人国大党抗衡。结果在这段时间，政府给予泰米尔文教育的拨款竟破天荒地高达27042000令吉，占教育总拨款的2.12%。后来该反对党加入国阵（执政党联盟），执政党的选票威胁也松懈下来，结果在1996—2000年给予泰米尔文教育的拨款也下降至10902000令吉，即仅占教育总拨款的1.02%。和华文小学的情况类似，泰米尔文小学所获得的政府教育拨款微不足道，分别仅占小学拨款的2.73%及1.18%（2001—2005年教育拨款统计）。[①]（表3—5统计了1972—2005年马来西亚各类母语小学的拨款。）

1969年"5·13"事件后，政府成立高等教育检讨委员会，该委员会提出的《马吉依斯迈报告书》认为，如果按照标准考试进校，进入大学的大学生，大约只有20%是马来人。因此，该报告书建议，大学招生不但在学生人数，而且在选择专业方面，都要体现社会人口结构。据此，1971年起，政府开始实施《马吉依斯迈报告书》的主张，即不以学生的学业成绩，而以族群的人口比例作为国立大学收生的根据，即所谓的"固打制"。虽然在非马来人政党的争取下，1979年6月28日内阁制定的"政府大学招生政策"，将国立大学录取的"固打"比例作了调整，即55%学额分配给土著，45%分配给非土著（华裔占35%，印裔占10%）。[②]但我们根据表3—6的统计数据可以看出，印度人在西马高等学府中的毕业生比例最低，从中可推断印度人的高等教育比例也最低。据马来西亚有关部门的统计，2008年印裔学生每年能够享受高等教育的比例实际上仅仅在5%左右。[③]这表明印度族群没有完全享受"固打制"10%的特别照顾。

① 转自周泽南《马来西亚语言规划之研究——单语政策与弱势语族诉求之冲突》，硕士论文，台湾淡江大学，2006年，第132页。
② "628方案"，（马来西亚）《南洋商报》，2001年5月12日。转引自廖小健《战后马来西亚族群关系研究》，博士论文，暨南大学，2007年，第99页。
③ Dilip Lahiri, "Malaysian Indian Community: Victim of 'Bumiputera' Policy" (http://www.observerindia.com/cms/export/orfonline/modules/issuebrief/attachments/malaysia_1203067850658.pdf).

升迁大学的固打制，造成很多印裔学生在马来西亚接受高等教育无望。受此影响，许多印度人甘愿节衣缩食，选择将子女送往邻近的印度接受教育，学习艺术、商业、自然科学、法律和教育等专业。但马来西亚政府只承认印度部分大学的专业和学位。其结果是很多在印度学成归来的马来西亚印度人，一回到马来西亚就面临着学位的认可难题。由于文凭得不到承认，很多人一毕业就面临着失业的危险，因而大大挫伤了这些印裔学生的自信心和对马来西亚的认同感。[①]

表3—6　　　　1970 年和 1980 年西马各族别高等学府毕业生统计

单位：千人、%

族群	1970 年						1980 年					
本地	大学学位		其他文凭		共计		大学学位		其他文凭		共计	
	人数	所占比例	人数	所占比例	人数	所占比例	人数	所占比例	人数	所占比例	人数	所占比例
马来人	2.3	19	7.6	33	10.0	28	21.9	38	17.2	54	39.1	44
华人	6.3	50	10.8	47	17.0	48	24.2	42	10.8	34	35.0	39
印度人	2.5	20	3.1	14	5.6	16	7.5	13	2.5	8	9.9	6
其他	1.4	12	1.4	6	2.8	8	3.5	6	1.4	4	4.9	6
共计	12.5	100	22.9	100	35.4	100	57.0	100	31.9	100	88.9	100

资料来源："1970/1980 Population and Housing Census of Malaysia"，转自林水檺、骆静山合编《马来西亚华人史》，马来西亚留台校友会联合总会 1984 年版，第 470 页。

二　伊斯兰教复兴运动对印度人宗教及其社会的影响

马来人的伊斯兰教作为马来西亚的国教，一直得到政府的特别重视。"5·13"事件前，政府基本承认多元文化存在的事实，并不阻碍其他族群发展自己的文化，但马来西亚是世界上二十多个把伊斯兰教定为国教的国家之一，作为伊斯兰世界的一部分，不能不受到这个全球性运动的影响。[②]"5·13"事件后，国家文化政策为强调伊斯兰教的精

---

① 参见 I. J. Bahadur Singh, *Indians in Southeast Asia*, New Delhi: Sterling Publishers Private Limited, 1982, p. 42.

② 参见张禹东《马来西亚的"伊斯兰化"运动对华人及其宗教文化的影响》，载《华侨华人历史研究》1996 年第 4 期。

神，以及顺应日益高涨的世界伊斯兰复兴运动，马来西亚政府大张旗鼓地在国内推行各种"伊斯兰化"政策，强调在生活上、行政上要更符合伊斯兰教教义，宣称要"把伊斯兰教的价值观注入国家行政"①。政府宣布修订国家法律系统，使之与伊斯兰教法律更一致，宣布政府机器的伊斯兰教化，并拨款建立东南亚伊斯兰教研究中心、伊斯兰教大学、伊斯兰金融系统，为国际伊斯兰教训练建立长期基地，建立伊斯兰教医学中心，在马来西亚城市里推广建立"伊斯兰教村"，在各地建立更多的清真寺，在电台和电视大量增加有关伊斯兰教的节目，广播伊斯兰教的召祷声。② 巫统领袖频繁出席各种伊斯兰教的庆典仪式，宣称"巫统是马来西亚历史最长和世界上最大的伊斯兰教党"③。前首相马哈蒂尔还于 2001 年 9 月对外宣布，马来西亚是一个伊斯兰教国④。

　　"5·13"事件后的马来西亚政治权力的改组，执政党联盟的核心——巫统，其成员都是清一色的伊斯兰教徒，这就使"伊斯兰化"运动的推行有了一个强有力的政治权力基础。从伊斯兰教的种族分布看，在马来西亚，几乎所有马来人都是伊斯兰教徒。从某种程度上说，马来西亚的"伊斯兰化"运动与"马来化"运动具有同一的意义，带有浓厚的种族主义色彩。⑤ 1971 年马来西亚"国家文化大会"上提出的"国家文化"概念和通过的塑造"国家文化"的"三大原则"⑥，为

---

　　① 张文光：《三角关系——大马宗教自由法律浅析》，马来西亚雪兰莪中华大会堂 1990 年版，第 194—195 页。转自廖小健《战后马来西亚族群关系研究》，博士论文，暨南大学，2007 年，第 102 页。

　　② Hussin Mutalib, *Islam and Ethnicity in Malay Politics*, Singapore：Oxford University Press, 1990, p. 134. 转自廖小健《战后马来西亚族群关系研究》，博士论文，暨南大学，2007 年，第 102 页。

　　③ Vidhu Verma, *Malaysia：State and Civil Society in Transition*, Boulder, Colo：Lynne Rienner, 2002, p. 108.

　　④ "首相宣布大马是回教国"，（马来西亚）《星洲日报》，2001 年 12 月 31 日。参见廖小健《战后马来西亚族群关系研究》，博士论文，暨南大学，2007 年，第 102 页。

　　⑤ 参见张禹东《马来西亚的"伊斯兰化"运动对华人及其宗教文化的影响》，载《华侨华人历史研究》1996 年第 4 期。

　　⑥ 这"三大原则"是：（一）马来西亚的国家文化必须以本地区原住民的文化为核心；（二）其他文化中有适当和恰当的成分可被接受成为国家文化的一部分；（三）伊斯兰教是塑造国家文化的重要成分。参见［马］《董总三十年》中册，马来西亚华校董事联合会总会 1987 年版，第 485 页。

"伊斯兰化""马来化"运动的推行制定明确的指导思想,提供了强有
力的政策保障。在它的指导下,政府当局采取各种措施、手段,致力于
建立伊斯兰文化、马来文化的统治地位。比如,当局拨款增建了许多雄
伟壮观的伊斯兰教堂和更多的祈祷室,但对其他宗教建立庙宇、教堂的
要求却加以限制。[1]

由于马来西亚印度人社会宗教色彩浓厚,其一直将宗教视为自己生
命的一部分。因此,马来西亚"伊斯兰教化"运动的兴起和发展,对
马来西亚印度人的宗教及其社会产生了深远的影响。

一方面,印度人的宗教文化受到明显的压制。伊斯兰复兴运动激起
了马来社会的狂热,也产生了对非伊斯兰宗教的敌视情绪,马来西亚不
断发生破坏印度人寺庙的事件。1977 年马来西亚发生了第一起这样的
事件,不久之后在马六甲边境上的霹雳高速公路上共有 28 座寺庙被
毁。[2] 最为震惊的事件是发生在克林的苏巴马廉王(Kirling Subramani-
ar)寺庙的事件,穆斯林极端主义分子闯入寺庙中,对寺庙中的保卫人
员实施暴力,造成了马来西亚境内严重的宗教暴力事件。更为重要的是
这些穆斯林极端分子不仅仅是普通的农民,更包括大学生、老师,甚至
在国外留学的马来穆斯林学生。8 个寺庙保安被逮捕之后被宣判监禁,
而冲击寺庙的暴徒却逍遥法外。[3] 此后,破坏印度人寺庙的事件不断发
生(一些华人宗教场所也同样未能幸免)。以雪兰莪州为例,根据当地
的统计,仅该州就有超过 5000 座大大小小的印度教寺庙,但根据该州
最新的规定,宗教的场所只能建在人口稠密的地方,且至少要有
2000—2500 名信徒才能拥有一个宗教场所,其余的都将根据这个原则
予以拆除。根据这项新的规定,该州多达 95% 的印度教寺庙将被当地
政府"合法"地拆除。根据"兴都权益行动委员会"[4] 的估计,在马来

---

① 参见张禹东《马来西亚的"伊斯兰化"运动对华人及其宗教文化的影响》,载《华侨
华人历史研究》1996 年第 4 期。

② 参见 Theodore Gabriel, *Hindu and Muslim Inter-Religious Relation in Malaysia*, Lewiston,
N. Y. : Edwin Mellen Press, 2000, p.130.

③ Ibid. , pp.130 – 131.

④ "兴都权益行动委员会"(Hindraf),英文名称"Hindu Rights Action Force",由马来西
亚 30 个印度人非政府组织组成,成立的宗旨是为捍卫马来西亚印度人的权益和其传统文化免
遭侵蚀。

西亚（2006 年），平均每三个星期就有一座印度教寺庙被损毁。在 2006 年 2 月 22 日至 11 月 30 日，至少有 15 座印度寺庙被摧毁，其中还有 3 座寺庙至少有 100 年的历史。在此期间，至少还有 48 座庙宇接到被威胁拆除的通知，其中至少有 9 座寺庙有上百年的历史，有一座还曾经得到联合国教科文组织的认定。[①]

另一方面，马来西亚当局实行的"伊斯兰化"运动加剧了印度人社会宗教信仰上的分野，从而导致印度人社会某种程度的分化。印度人社会本就不是一个均质的社会实体。就宗教的结构而言，目前，马来西亚印度人 80% 的人口信仰印度教；其次为伊斯兰教徒，占 15%；剩余的为基督教和锡克教，占 5%。[②] 由于历史的原因，印度大陆印度教和穆斯林的是非恩怨也影响到马来西亚的印度教徒和印裔穆斯林之间的关系。战后，马来西亚各地的印度人穆斯林组织和报刊都呼吁印度人穆斯林支持真纳，建立独立的巴基斯坦。但是在 1947 年的印度与巴基斯坦分治后，马来西亚的印度穆斯林组织又分裂为巴基斯坦穆斯林协会和印度穆斯林协会。在马来西亚的印度人社会中，宗教的认同往往超越族群的认同。印度人穆斯林与印度教徒之间的隔阂竟如此之深，以致有些印度人穆斯林宁愿把自己看作马来人，而不愿被视为印度人。[③] 独立以来随着认同的转变，印度国内的族群、宗教冲突对其海外印度人的影响逐渐淡化，马来西亚印度族群的印度教徒和穆斯林之间的对立有所缓和。但 70 年代以来在马来西亚政府"扶持马来人抑制非马来人"的政策下，印度人经常可以看到对其不利的偏差现象，一些印度人非穆斯林教徒皈依伊斯兰教，意图基于宗教信仰上的认同取得与马来人同等的利益，导致越来越多的印度人皈依伊斯兰教。[④] 在 20 世纪 80 年代，马来西亚印

---

① 参见 Viknesh Jayapalen，"A Transition from Glorious Hindu Malay Kingdoms to Crumbling Hindu Temples: The Past and Present of Hinduism in Malaysia"（http://www.idazuwaika.com/articles/vik002.pdf/8）January 2007.

② 参见 Dilip Lahiri，"Malaysian Indian Community: Victim of 'Bumiputera' Policy"（in http://www.observerindia.com）

③ 参见梁英明《马来西亚种族政治下的华人与印度人》，载《华侨华人历史研究》1992 年第 1 期。

④ 参见 Jan Starkjan，"Indian Muslims in Malaysia: Images of Shifting Identities in the Multi-ethnic State"，*Journal of Muslim Minority Affairs*，Vol. 26，No. 3，December 2006.

度人穆斯林的比例仅仅占其总人口的 6.7%①，但近年来却上升至 15%。放弃传统的宗教而皈依伊斯兰教的印度人不断增多，印度人社会在宗教的信仰上的分野不断加深，并由此导致印度人社会某种程度的分化。这一过程与"伊斯兰化""马来化"进程是同步的，并随之逐步强化而不断加剧。

第四节　独立后马来西亚的印度人穆斯林的认同问题

认同，原本属于哲学范畴，后来在心理学中的应用日益频繁，表示"个体对自我及其与社会和他人关系估量的结果"②。认同是个人或社会根据互动对象确定我/他关系的过程，它是个人根据一定的标准对自身和外界作出识别的态度或行为，即个体以群体一分子的身份界定自己。因此，认同的本质不仅在于心理的感受，也包含"群体"的概念，是一项自我的延伸，是将自我视为一个群体的一部分。认同依赖于隶属的概念，不仅把某人归入一些与他有共同点的人群，同时也把他从另外一些人中区别开来。认同对内是自我认同，对外则是区分"我"与"他群"。③ 族群认同和宗教认同即是在此基础上衍生出来的两种最为常见的认同方式。前者是社会成员对自己族群归属的认知和感情依附，"是对自己族属身份的确认"④，后者是指社会个体以宗教群体中的一分子来界定自己，是个体把自己归属于相信同一种宗教的宗教群体，也就是我们所说的"某教徒"。⑤ 无论是族群认同抑或宗教认同，不过都是在这个多元世界里寻找自身归属的简单问题，但如果认同与权利或者机会联系在一起，特别是将这种身份的认同加以制度化的话，那么特殊的身

---

① 参见 V. Suryanarayan，"Indians in Malaysia：The Neglected Minority"，in I. J. Bahadur Singh，"Indians in Southeast Asia"（ed），New Delhi：*India International Center*，1982.

② 宁骚：《民族与国家》，北京大学出版社 1995 年版，第 13 页。

③ 参见李海淑《宗教认同与民族认同的互动》，硕士论文，中央民族大学，2005 年，第8—9 页。

④ 王希恩：《民族认同与民族意识》，载《民族研究》1995 年第 6 期。

⑤ 参见梁海宏《宗教认同结构变迁与宗教活动的工具理性倾向》，载《社会学》1998 年第 2 期。

份将使部分群体得到某些特权而具有"含金量",或者使他们注定被歧视而无法享受相同的权利。[①] 如果在资源、利益和发展机会分配方面的族群差别越大,族群之间歧视的程度就越严重,受到歧视的一方要么奋起抗争,要么通过努力来改变自我认同的边界,以期得到优势群体的接纳,实现身份的转换,进而争取与优势群体平等的权益。马来西亚印度人穆斯林的认同问题即是这样一个案例。[②]

一　马来西亚的族群边界缘起及其发展

如何防止马来西亚各个族群之间的融合和联合而掀起的民族主义运动,是英殖民统治的重点。尽管马来人、华人、印度人之间的差别是显而易见的,但这种差别本质上只属于文化上的,在风起云涌的殖民年代,马来西亚的各个族群在反殖民主义的召唤下,融合为一个新的马来西亚民族并非不可能。为了保持殖民统治的稳定,英人必须防止一个在政治上和经济上都十分强大的单一族群的出现。通过与马来各邦签订条约的形式,英人确立了在马来半岛的统治,但这些条约只是确认了马来各邦处于"保护国"的地位,并未将各邦的主权让渡与英国。[③] 在历史上合法化、正当化了的马来苏丹才是马来西亚的"主权者"。因此,英国的统治不仅赋予了马来人政治参与的合法性,马来传统社会的社会阶层与统治制度亦得以延续。与此同时,英人还在政治上给予了马来人优先的地位。在马来各邦政府中,除去较高的官职由英人担任外,较低的职位都由马来人来担任。1920 年后,有更多的受过英式教育的马来贵族充实到低级官僚阶层。此外,军队与警察也悉数由马来人来充任。英人通过政治手段保留了马来统治上层的优势地位,使得马来贵族成了英人间接管理马来族群之高效工具。而在这种间接统治之下,马来人仍然认为自己是想当然的"国家主人",马来人的特权意识油然而生。但在

---

①　参见马戎编著《民族社会学——社会学的族群关系研究》,北京大学出版社 2004 年版,第 95—96 页。

②　参见 Salim Osman, *Indian Muslims' Identity Dilemma in Quest for Bumiputera Status*(http://www.stasiareport.com/the-big-story/asia-report/malaysia-elections/opinion-blogs/story/indian-muslims-identity-dilemma-que).

③　参见 Radin Soenarno, "Malay Nationalism, 1896 - 1941", *Journal of Southeast Asian History*, Vol. 1, No. 1, Mar. , 1960, pp. 1 - 28.

殖民政府的有意限制下，马来人基本上都属于农民，经济实力与其政治影响远不相称。与此同时，英人却将经济角色赋予了非马来人。[①] 据统计，1937 年，华人的投资额约为 2 亿美元，同期的英国企业的投资额约为 2.604 亿美元[②]，华人资本已经接近英国资本。虽然统计可能并不准确，但至少可以说明，以华人为代表的非马来人，在马来西亚已经拥有了不容小觑的经济实力。尽管如此，殖民政府在将马来统治阶级融入政府机构的同时，却仍将日益本土化的非马来人排斥在行政部门之外。由此马来人与非马来人之间开始逐渐分化。

英殖民时代的教育政策，是促使马来西亚族群进一步分化的另一只幕后推手。英人为传统的马来统治者的后代安排类似英国本土的教育环境，而城镇中的马来官员其子女也有机会入公立学校就读。但对大部分农村的马来人子女，则只有基础的母语教育。英人针对马来人设计的殖民教育政策，主要是为了教育上层马来人的子弟，从传统的精英分子中培育出一个殖民文官阶层。接受英式教育的目的是使其与英人结合，以便在将来可抵挡非马来人的侵犯，并且竭力维护英殖民地的利益。[③] 对于华人和印度人的教育问题，殖民政府则基本是采取了不闻不问、放任自流的态度。作为"分而治之"战略的一部分，这种分化的教育导致马、华、印三大族群在文化和心理上竖立了一道篱笆，使本已具备分离倾向的社会更趋分裂。英殖民者在马来西亚采取的"分而治之"的策略，让殖民地子民各自为政，各自发展自己的语言文化、经济功能、教育制度、聚居环境，加速形成了泾渭分明的族群边界。马来西亚社会实际上被分裂成三个"种族—职业—文化"的集团[④]，而每个集团为了自身的利益，都必须对应于一个族群，以求在这个多元社会中谋求本族集团利益的最大化。这种固化的"族群—利益"的模式，进一步加剧了三大族群的隔阂。当代表各自利益的族群在各领域直接竞争时，相互之

---

① 1931 年，马来各邦中有 78009 个马来人种稻，而同期只有 1892 个印度人、1038 个华人种稻。参见巴素《东南亚之华侨（上）》，（台北）正中书局 1974 年版，第 500 页。

② 参见李国卿《华侨资本的形成和发展》，福建人民出版社 1984 年版，第 118 页。

③ 参见 Roff William, *The Origins of Malay Nationlism*. Kuala Lumpar：University of Malaya，1980，pp. 14 - 24.

④ 参见陈晓律等《马来西亚——多元文化中的民主与权威》，四川人民出版社 2000 年版，第 73 页。

间防范的心理也因应而起，付诸行动就是强化族群的认同，马来西亚的族群边界也因此更为清晰可见。印度人作为三大族群中最小的族群，人口远少于其他两大族群，势单力薄的印度人族群的劣势一览无余。

身份的构建和定义，是独立后马来西亚历届政府最为关注的敏感议题之一。作为一个以马、华、印三大族群为主体的多族群国家，马来西亚素来都将马、华、印族群分别视为三个不同的群体，这不仅是因为三者在种族上的差异，更有信仰上的明显区分。在马来西亚，马来族群主要信仰伊斯兰教，华人族群主要信仰佛教，印度人族群主要信仰印度教。种族和宗教在一定程度上成为当今马来西亚划分多元族群社会的双重标准，亦成为个体寻求集体认同的标志。尽管如此，马来西亚却在习惯上将整个社会划分为马来人和非马来人两大群体。因为在独立前夕，马来人和非马来人经过激烈的讨价还价，马来人对非马来人的公民权要求作出了让步，非马来人则承认了马来人的特殊地位。因此，1957 年颁布的《马来西亚联合邦宪法》在赋予非马来人公民权的同时，亦承认了马来人的特权。[①] 此项规定一直延续至今。换言之，在马来西亚，若为马来人，不仅意味着跻身于优势群体，更将获得非马来人无法企及的特殊地位。因此，马来西亚宪法中对于马来人有着明确的定义：马来人是指信仰伊斯兰教、习惯讲马来语、遵守马来习俗者。[②] 如此才能被归类为马来人，也因而得以享受若干政府所赋予的特权，其实质是利用宪法的权威将国内特定的语言（说马来语的族群）、特定的宗教信仰（伊斯兰教徒）以及特定的风俗习惯的社群（奉行马来习俗的社群）从多元组合的社会中分离出来，成为一个独特的政治群体，而借此让马来特权合理化，并彰显马来主权的一种"配套的规定"。[③] 表面看来，要

----

① 马来西亚宪法确认马来人保留地制度、服务公职的保留名额制度；承诺向马来人颁发经营某些特殊执照和在教育方面给予马来人奖助优待；并规定由最高元首负责保障马来人的特殊地位和调整有关条款，若要修订此案，必须经马来人统治者会议同意及国会上下议院全体议员的三分之二多数通过；宪法还规定，马来语为国语，马来人信仰的宗教伊斯兰教为国教。参见《马来西亚宪法》第 153 条 Constitution of Malaysia，（http：//www1. umn. edu/humanrts/research/malaysia-constitution. pdf）。

② 参见《马来西亚宪法》第 160 条，Constitution of Malaysia，（http：//www1. umn. edu/humanrts/research/malaysia-constitution. pdf）.

③ 参见李肇悦《马哈迪时期马来西亚之国家整合：1981—2003》，博士论文，台湾中国文化大学，2004 年，第 293 页。

成为一个宪法意义上的"马来人"的条件并不苛刻，这就为许多幻想转变成马来人，并借此享有与马来人同等权利的非马来人提供了想象的空间。但纵使宪法对马来人的属性有所规定，而现实环境并未给任何认同马来族群的非马来人放弃其原有身份而纳入马来族群领域内的机会。因为非马来人身份的界定，在除通过宪法上的相关规定外，官方的许多作为和行政的程序，都强烈限制非马来人皈依到马来族群的领域内[①]，也因此有效阻碍了非马来人向马来人身份的流通，从而确保了马来族群的"隔离性"及其"纯正性"。更为重要的是，这种以法律和行政的方式实质上阻断了非马来人试图转换为马来人身份的渠道，破灭了非马来人希望借此取得处于优势地位的马来族群的认同，进而达致与马来人坐享平等权益的幻想。

尽管如此，宪法的规定仍然让身兼印度人种群和伊斯兰教教徒的双重身份的非马来人——印度人穆斯林心存幻想。到底是以宗教还是以种族为自我认同的标准，这个问题及随独立后马来西亚社会资源分配不公的现实而不断导致印度人穆斯林在认同问题上的矛盾和冲突，而这种自我认同的归属挣扎从独立伊始即成为日后马来西亚印度人穆斯林日常生活的常态。

二　新经济政策与印度人穆斯林的认同

于 1971 年开始执行的新经济政策（NEP）旨在消除和缩小马来人在经济及教育方面与非马来人之间的差距，但它以有失公平的方式来增加马来族群在国家经济中的配额，因此至今仍饱受质疑。[②] 由于马来人多处在农村，贫困问题最为突出，新经济政策的两大目标之一实际上是以消除全体马来西亚人的贫困之名行优先扶助马来人之实，旨在消除马

---

① 虽然宪法上已经有所规范，但马来西亚许多州属对于马来人的定义则是以血统作为最主要的依据，同时国家登记局（Jabatan Pendaftaran Negara）在 1981 年 3 月之后规定，非马来人在皈依伊斯兰教而改换伊斯兰教名称之后，也必须同时保持其本名或本姓，以借此防止非马来人在皈依伊斯兰教的过程中取得马来人的身份而分享马来特权。参阅陈美萍《寻找马华文化》，载《人文杂志》2000 年第 1 期，第 19—20 页。

② 参见 K. S. Jomo, *A Question of Class, Capital, the State and Uneven Development in Malaysia*, Singapore: Oxford University Press, 1986; Means, *Malaysian Politics, the Second Generation*, Oxford: Oxford University Press, 1991, pp. 23 – 27; John Hilley, Malaysia: Mahathirism, Hegemony and the New Opposition, London: Zed Books, 2001, pp. 52 – 60.

来人和非马来人之间的经济差距。其后的土地发展规划、技术培训计划等，都是试图让马来人在这个国家的经济领域中分享更大的比例，扶持出现一个强而有力的马来工商阶层，新经济政策本质上就是一个典型的"马来人优先政策"，也借此体现巫统领导下的马来人优先的政策倾向。此时的马来族群实际上获得了国家机器的支配权以及国家经济的主导权，它试图通过其话语权去创造一个想象出来的更大的"马来族群"，其虽然无所不容，但其核心却是以马来人为中心、以马来文化为核心内容的"马来族群"。① 这种想象让印度人穆斯林族群面临自我认同的选择：是加入向社会上层流动的马来族群，而成为体制内拥有特权的一部分，还是保持原有的印度人身份，而处于相对贫穷的社会底层的少数族群地位？实际上，加入向社会上层流动的马来族群绝非易事。尽管宪法层面的规定似乎为印度人穆斯林（非马来人）转化为马来人提供了制度的管道，但在实际操作层面上的种种阻扰，使得印度人穆斯林转化为法律意义上的马来人实无可能。换言之，纵使印度人穆斯林人出于宗教的角度自视为"马来人"，但在现实中却并不为马来人族群所认同，更遑论借此分享马来族群的特权了。②

新经济政策（NEP）作为国家强制推行的族群分类的工具，尽管部分达到了其预期的目的，却无法掩饰马来人与非马来人（特别是印度人族群）之间社会矛盾加剧发展并变得更为复杂的事实。这种社会矛盾在1997年的政治风波和亚洲金融危机之后开始显现。此次政治风波集中表现为一些社会团体对不均衡的经济发展、国家资助和政治特权的深深不满。对马来人而言，如果单从新经济政策的目标群体新兴的马来工商阶层来看，新经济政策的努力还是相对成功的，马来人所持有的有限公司的股权从1970年的2.4%提升到1990年的19.3%。但同期的印度人族群持有的股权则由1970年的1.1%下降至1990年的1.0%。③ 新经济

---

① 在马来西亚，对于绝大多数的马来人而言，伊斯兰教即代表了其全部的马来文化。对此观点的阐述可参阅 Hussin Mutalib, *Ee Heok KuaIslam in Malaysia: From Revivalism to Islamic State?* University of Hawaii Press, July, 1994.

② 参见 Jan Stark, *Indian Muslims in Malaysia: Images of Shifting Identities in the Multi-ethnic State*, Journal of Muslim Minority Affairs, December 2006, Vol. 26, No. 3, pp. 386 – 387.

③ 参见 Gomez, Edmund Terence; Jomo, K. S. *Malaysia's Political Economy: Politics, Patronage and Profits*, New York: Cambridge University Press, 1997, p. 168.

政策的后果在若干年后仍在发酵，1999—2002 年，印度人族群的贫困率保持在 1.9%，而同期的马来族群贫困率则从 10.2% 下降至 7.3%，华人族群则从 2.6% 下降到了 1.5%。[①] 超过 30% 的印度人没有自己的房子，而与此相对应的马来人和华人则只有 25.2% 和 17.6%。[②] 马来西亚的印度人族群，已经沦为马来西亚社会经济活动中的弱势群体。2001 年发生在甘榜美丹（Kampung Medan）马来族群和印度人族群之间的冲突，为马来西亚不同族群之间关于就业机会下降、政治权利缩小及生活条件恶化等矛盾敲响了警钟。此次冲突导致了 6 人死亡、48 人重伤的惨剧，再一次印证了马来西亚国家总体发展政策失衡带来的弊端。[③]

如果说是贫穷引发了印度人穆斯林社会下层希冀从“印度人族群”到“马来族群”之间的身份认同的转换的话，那么引发印度人穆斯林社会上层身份认同的转换同样也是源于贫穷。就印度人族群的观点来看，新经济政策以及后续的新发展政策（NDP）下的经济和社会重组，使得其能参与政治和经济活动的机会明显少了很多。[④] 其原因可以归结为两个方面：其一，政府对于将印度人族群纳入消除贫穷计划内的呼声无动于衷；其二，印度人族群普遍遭到边缘化。尽管标榜是马来西亚印度人族群权益的维护者，本身也是执政联盟成员之一的马来西亚印度人国大党（MIC），多次与马来西亚当局谈判，但却毫无下文，其影响甚至还不如印度人的工会。[⑤] 因此，印度人穆斯林不仅在经济层面陷入自我认同的窘境，在政治层面也是面临无可归属的认同困境。

---

① Centre for Public Policy Studies (2006) "Ensuring Effective Targeting of Ethnic Minorities: The Case of Low Income Malaysian Indians", in Proposals for the Ninth Malaysia Plan (Kuala Lumpur: Asian Strategy and Leadership Institute), (http://www.cpps.org.my/downloads/F_ % 20Low_ Income_ Malaysian_ Indians. pdf). 转自罗圣荣《马来西亚印度人的处境——兼谈马来西亚的不平等民族政策》，载《世界民族》2009 年第 2 期。

② Ibid.

③ 参见 Simon Elegant, "Neighborly Hatred", Time, Vol. 157, No. 12, 26 March, 2001, pp. 16 – 17; quotation from p. 17.

④ 参见 Selvakumaran Ramachandran, *Indian Plantation Labour in Malaysia*, Kuala Lumpur: S. Abdul Majeed, 1994, pp. 306 – 309.

⑤ 参见东古·阿都拉曼《五一三前后》（http://www.bpguide.org/article/2007/1017/article_ 97. html）。

三 族群政治与印度人穆斯林的认同

马来西亚的印度人族群并非一个同质的群体，仅从宗教的角度来看，约占全马来西亚人口总数的 8%，印度教教徒占其 86.18%，基督教教徒占 5.99%，穆斯林占 4.13%，佛教徒占 4.13%，其他宗教占1.92%，无信仰者占 0.05%。[①] 由于印度人国大党里的高层乃至支持者基本上是印度教教徒，在印度人穆斯林看来，印度人国大党与其说是代表了全体马来西亚印度人的利益，倒不如说是马来西亚印度教教徒的利益更为确切，且不说印度人国大党在维护族群利益的表现差强人意。在这个族群政治色彩浓厚的多元社会组建一个属于自己的政党，维护切身利益，在马来西亚印度人穆斯林社会看来那是不得已而为之。1974 年马来西亚的印度人穆斯林国大党（KIMMA）应运而生。虽然成立了属于自己的政党，但基于数量仅占马来西亚印度人总人口的 4.13% 的印度人穆斯林国大党支持者甚少，要在马来西亚的族群政治舞台实现自己的诉求绝非易事，与其他一些政党结成联盟是唯一的生存之道。

实际上，早在 1946 年，槟榔屿的印度人穆斯林联盟和新加坡马来人联合会等组织就曾联合组成泛马穆斯林联盟，呼吁马来西亚所有的穆斯林支持真纳。泛马穆斯林联盟的成员中有印度人穆斯林十余万人。1959 年，它成为马来民族统一机构的一个附属组织。[②] 虽然穆斯林联盟独立伊始就一直是巫统的有力支持者，但由于受到族群政治的影响，它也无法摆脱被排除在巫统政治利益分配之外的命运，更遑论希冀透过加入巫统来分享与马来人同等的权益。失望之余的印裔穆斯林于 1974 年成立的马来西亚印度人穆斯林国大党，其主要目的就是希望为印度人穆斯林提供实际的政治参与，进而实现自己的利益诉求。但如此一个小小的族群政党要在马来西亚族群政党林立的政治氛围中生存，除非能够加

---

① 参见 "2010 Population and Housing Census of Malaysia". Department of Statistics, Malaysia. Retrieved 2012 – 06 – 17. p. 97.

② 参见梁英明《马来西亚种族政治下的华人与印度人社会》，载《华侨华人历史研究》1992 年第 1 期，第 4—5 页。

入执政党联盟——国民战线中谋得一席之地，否则将毫无意义。[①] 因此，成立后的印度人穆斯林国大党积极寻求加入国民阵线。但历经数次努力都无果而终，其转而投向了反对派阵营。1989 年年初，一些反对党如伊斯兰教党（PAS）、印度人穆斯林国大党（KIMMA）、穆斯林人民党（HAMIM）、泛马来西亚伊斯兰阵线（BERJASA）以及从巫统分裂出来的四六精神党（S46）等一些穆斯林政党建立起了一个新的联合阵线——穆斯林联合运动组织（APU）。同时，穆斯林联合运动组织又与以华人为主体的民主行动党建立起联盟关系。作为联盟的条件之一，以伊斯兰教党为首的穆斯林联合运动组织同意支持民主行动党在一些州的竞选。[②]

　　然而，暂时的妥协并不足以掩盖反对党联盟的内部分歧，因为民主行动党并不赞同伊斯兰教党的伊斯兰教原教旨主义的价值倾向，即在马来西亚建立一个纯粹的伊斯兰教政权，其实质是维护马来人的特殊地位。但对伊斯兰教党而言，"建立一个纯粹的伊斯兰教政权"的目标是决定其能否博取广大穆斯林选民的支持，尤其是马来穆斯林选民支持的关键，其结果将直接影响到伊斯兰教党今后的命运，伊斯兰教党自然不会轻易放弃其"崇高理想"。[③] 双方争论的焦点归根结底还是集中在马来人的特权问题上，这显然触犯了广大马来人的最核心利益。反对党联盟内部的分歧让印度人穆斯林国大党身陷尴尬的境地，从宗教的角度而言，印度人穆斯林国大党理应站在伊斯兰教党这边；但若以种族的角度视之，印度人穆斯林又显然应该站在非马来人政党民主行动党这边。由于双方矛盾的核心问题无法达致妥协，民主行动党后来不得不退出了该反对党联盟。而此后伊斯兰教党在穆斯林联合运动组织中的一党独大让印度人穆斯林国大党也无所适从，1995 年印度人穆斯林国大党也不得

---

　　① 参见 Khoo Boo Teik，*Beyond Mahathir*，*Malaysian Politics and Its Discontents*，London：Zed Books，2003，pp. 159 - 164.

　　② 参见王国璋《马来西亚的族群政党政治（1955—1995）》，唐山出版社 1997 年版，第 167—170 页。

　　③ 参见陈晓律等《马来西亚——多元文化中的民主与权威》，四川人民出版社 2000 年版，第 174—175 页。

不效仿民主行动党离开了反对党阵营。① 但印度人穆斯林国大党并不像四六精神党那样后来重新获得加入执政党联盟国民阵线的机会而得以重返马来西亚的族群政治舞台。② 1999 年 2 月，印度人穆斯林国大党内部因为领导权的争斗而分崩离析，印度人穆斯林国大党在马来西亚政坛的影响更是日渐式微。与此同时，在一次伊斯兰教政党会议上，伊斯兰教党将印度人穆斯林喻为"印度人穆斯林蛇"的讥讽让印度人穆斯林国大党再也忍无可忍，印度人穆斯林国大党借此将伊斯兰教党诉之于法庭。③

有了在穆斯林联合运动组织（APU）的前车之鉴，加之与伊斯兰教党的关系恶化，脱离穆斯林联合运动组织后的印度人穆斯林国大党并未尝试加入再度兴起的反对党联盟替代阵线，但马来西亚印度人穆斯林国大党多次向国民阵线表达了加盟的意愿。然而，国民阵线对此的态度却犹豫不决。因为将一个对自身利益诉求强烈的非马来人政党（印度人穆斯林国大党）纳入执政党联盟，必将与联盟的最大党巫统的主要宗旨"提高马来人的社会地位"是背道而驰的，这对主要争取以马来人为支持的巫统而言不能不有所顾忌。④ 而处于执政党联盟边缘的马来西亚印度人国大党，尽管深知只有通过构建族群内部的政治联盟，才能使国大党在族群政治中发挥更多的影响力，因此虽有吸纳印度人穆斯林国大党的考虑，却担心因为其内部印度教的倾向会引发内部矛盾而只好作罢。⑤ 因为在印度人族群的内部，宗教的认同往往超越对族群的认同，印度人穆斯林与印度教徒之间的隔阂如此之深，以致某些印度人穆斯林

---

① "Kimma Tarik Diri daripada Gagasan Rakyat"（Kimma Withdraws from Gagasan Rakyat），Berita Harian（Daily News），15 June，1995.

② 反对党联盟在 1995 年的大选中以败绩而告终，无奈的四六精神党于 1996 年回归了巫统。

③ 蛇在伊斯兰教中是比较邪恶的化身。"Kimma Mahu Dakwah PAS di Mahkamah"（Kimma Wants PAS to be Taken to Court），Berita Minggu（Sunday News），15 August，1999.

④ Ali Cordoba，*The Kimma, the Party the BN Do Not Want*（http：//www. malaysia - to-day. net/archives/21115 - the-kimma-the-party-the-bn-do-not-want）.

⑤ "Mengimbau fungsi MIC majukan kaum India"（Widening MIC's Role Makes Indians Progress），Berita Harian（Daily News），14 May，2002；"Saranan Bersatu di Bawah MIC"（Goal to Unify under MIC），Berita Harian（Daily News），23 February，2002.

宁愿把自己看作马来人，而不愿被看作印度人。① 权衡再三，国民阵线
最终还是婉拒了印度人穆斯林国大党加盟的请求。

无论是在执政党联盟还是在反对党联盟，马来西亚印度人穆斯林国
大党都无法以信奉同一宗教的认同标准，借此获得处于优势地位的马来
人政党的接纳和认同，亦由于信仰的差异，也无法与属于同一种族的最
大本族群政治代表印度人国大党团结一致。印度人穆斯林国大党迄今仍
然不得不游离在马来西亚族群政治的舞台之外②，而无法有效表达自己
的利益诉求。马来西亚的印度人穆斯林群体，在政治上同样深陷自我认
同的困境之中。

总之，认同本是个体或群体在多元社会里寻找自我归属的一种简单
的单向社会选择，但纵然条件符合归属的标准，认同是否能够成功，仍
须视对方是否能够接纳为前提。因此，认同又是一种有条件的双向选
择。马来西亚的印度人穆斯林群体，本拥有无可厚非的种族（印度人族
群）、宗教（与马来人信仰同一宗教）的双重优势，却无法以双重的认
同标准来获得优势群体的认同，更无法借此来分享优势群体（马来族
群）所独享的社会资源，反而沦为马来西亚社会的弱势群体。追本溯
源，造成马来西亚印度人穆斯林认同困境的根源，固然是始于殖民时代
的族群边界的贻害，但独立后马来西亚仍因循守旧，沿袭了独立前"族
群"与"利益"相对固定的分配模式才是问题的症结所在。这种族群
与利益相对应的社会资源分配模式，迫使相对弱势群体的马来西亚印度
人穆斯林群体不得不尝试以各种方式改变自我认同的边界，寻求加入处
于优势的马来族群，进而分享马来族群所特有的社会资源。但在实际操
作中，这些尝试和努力却经常遭到马来西亚的行政规定的阻挠和马来人
政治代表的拒绝，而印度人族群则因为内部宗教的原因也不愿完全接纳
印度人穆斯林。他们既没有被认同为马来人，也没有完全被认同为印度
人，印度人穆斯林的认同归属不得不在马来族群和印度人族群之间徘
徊。被尊崇为马来西亚国教的伊斯兰教，在弥合马来人与非马来人差异

① 参见梁英明《马来西亚种族政治下的华人与印度人社会》，载《华侨华人历史研究》
1992 年第 1 期，第 4—5 页。
② 参见 Ali Cordoba, *Will the Indian Muslim Wish Come True?*（https://www.xingdaili.com/browse.php）.

的过程中，并未发挥应有的融合作用，其不过是马来族群内部的黏合剂，并借此强化了马来西亚的族群边界。马来西亚独立已逾50年，政治虽已日趋多元，但族群政治的色彩依然比较浓厚，印度人穆斯林只能接受这种无可回避的社会现实，并保持自己对伊斯兰教的虔诚。

小　结

　　尽管独立以来的马来西亚印度人在认同上更加认同当地社会，认同马来西亚这个国度，但历经五十余年的发展，印度人族群在各个方面始终没有获得较大发展。这显然与马来西亚政府的政策偏差有关。土著、非土著（实乃马来人与非马来人）的二元论，将同是弱势群体的印度人社会排除在国家发展的主流之外，而使印度人族群难免有遭边缘化之嫌疑。

第 四 章

马来西亚印度人与华人社会的比较

马、华、印三大族群构成了当今马来西亚多元社会的主体。作为移民到定居社会，再归化为当地公民，华、印两大社会与以土著自居的马来人社会有着本质的区别。虽然华、印两大社会存在诸多共性，但毕竟是来自两个不同的地区的不同种群，彼此的社会结构、文化背景也迥然相异，因而在现实生活中也存在较大差异。

第一节 印度人与华人社会基本情况比较

一 印度人与华人社会人口及分布比较

华人和印度人都为马来西亚民族的主体构成之一。根据 2000 年马来西亚全国人口普查统计（见表 4—1），马来西亚本国人口 2327 万人，其中拥有马来西亚国籍的人为 2189 万，94.1%。在马来西亚本国人口中，占人口比例最大的是以马来人为主的当地土著，占 65.1%，约 1425 万；华人是该国的第二大族群，占总人口的 26.0%，约 569 万人；印度人是第三大族群，占 7.7%，约 168 万人；其余的是欧亚等地的外来移民。从表 4—1 我们不难看出，华人、印度人分别作为马来西亚的第二、第三大族群，从 1921 年以来在马来西亚的总人口比重中，都呈不断下降的趋势，但绝对人口却在不断增长。而马来人无论是人口比重还是绝对人口数量，都在稳步增长。从下降的程度来看，华人人口从 1921 年到 2000 年比重只下降了 3.4%，而印度人口比重则下降了 7.4%，几乎锐减了一半。从以上数据不难发现，马来西亚华人人口的发展比印度人人口的发展要稳定。① 由于人口比重逐渐下降，今天的马来西亚印度人实际上已经逐渐沦为马来西亚的少数族群了。

华人移民最早的落脚点是槟榔屿与马六甲，而今，华人在西马和东马都有分布，以西马居多。西马的华人又主要分布在马来半岛西海岸，在中央山脉以东华人很少。在华人较多的槟榔屿、雪兰莪、霹雳、森美兰、马六甲和彭亨等州，华人在人口中所占的比例为33%—66%；在玻璃市和吉打两个州，华人所占的比例很小；在吉兰丹和丁家奴，则几乎没有华人。东马的华人约占全国华人总数的12%，其中大部分居住在沙捞越州。② 早期的印度人主要居住在马六甲、槟榔屿一带，目前绝大多数分布在西马，集中在吉隆坡—巴生港—马六甲一带，以及吉打等河谷地区。吉隆坡、槟城、怡保、太平等城市有较大的印度人居住区，其人口约占马来西亚印度人总数的33%。东马的印度人大都住在海边的城市。③

表 4—1　　　　　　　　**马来西亚各族群人口统计④**　　　　单位：万人、%

年份	总人口	马来人		华人		印度人		其他	
1921	290.7	156.9	54.0	85.6	29.4	43.9	15.1	4.3	1.5
1931	378.8	186.4	49.2	128.5	33.9	57.1	15.1	6.8	1.8
1947	490.8	242.8	49.5	188.5	38.4	53.1	10.8	6.5	1.3
1957	627.88	312.55	49.78	233.38	37.16	69.62	11.0	12.33	1.96
1970	1081.16	601.39	55.62	371.91	34.39	98.85	9.14	9.0	0.83

---

① 根据这里的研究，那就是不论是华人还是印度人，人口的增长都比较稳定，但增长的速度难以与马来人相提并论。张秀明在《马来西亚华人和印度人认同的比较分析》中认为，马来西亚印度人人口的增长比较稳定而华人人口在减少的说法值得商榷，因为无论是华人还是印度人，人口的绝对数量都在增长，只是占人口的比重下降了而已。人口比重的下降，对华、印社会在马来西亚社会生活的影响力都产生了一定的影响。

② 参见朱振明《当代马来西亚》，四川人民出版社1995年版，第45页。

③ 同上书，第46页。

④ 转自廖小健《战后马来西亚族群关系研究》，博士论文，暨南大学，2007年，第19页。

年份	总人口	马来人		华人		印度人		其他	
1980	1374.52	805.95	58.63	441.46	32.11	117.67	8.56	9.44	0.68
1991	1775.1	1073.6	60.45	502.28	28.28	141	7.94	—	—
2000	2189	1425	65.1	65.1	26.0	168	7.7	—	—

资料来源：（1）1921—1947 年数据，见 1957 年马来亚联合邦户口普查资料，转自前引巴素《东南亚之华侨》，郭湘章译，（台北）正中书局 1874 年版，第 373 页；（2）1957—1980 年资料，见 "1970/1980 Population and Housing Census of Malaysia"，转自林水檺、骆静山合编《马来西亚华人史》，马来西亚留台校友会联合总会 1984 年版，第 453；（3）1991 年数据，见马来西亚统计局数据，转自 Phang Hooi Eng，"The Economic Role the Chinese in Malaysia"，Tablet4.1. 转自 Lee Item Hing and Tan Chee-Beng，eds.，"The Chinese in Malaysia, Slangor Darul Ehsan：Oxford University Press"，2000，p.96；（4）2000 年数据，见 "Population And Housing Census 2000"，转自马来西亚统计局网站（http：//www statistics. gov. my/. 2004 – 11 – 15）；（5）1921—1957 年数据仅为西马（不包括新加坡）的数据，1970—2000 年包括东、西马数据，1970—2000 年的马来人的数据包括所有土著；（6）战后马来亚（马来西亚）于 1947 年、1957 年、1970 年、1980 年、1991 年和 2000 年进行过全国人口普查，上述数据均是历次人口普查统计。

就两者城市化的角度来说，华人一直以来在城市的居住比例在马来西亚三大族群中为最高（见表 4—2），印度人次之，但独立后随着马来西亚的现代化进程，马来西亚的城市化进程加快，印度人城市化的速度甚至超过了华人的进程。

表 4—2　　　　　　　马来西亚各族群城市化的比较　　　　　单位：%

族群	占城市人口的比例				年平均增长率
	1947	1957	1970	19.8	
马来人	7.3	11.2	14.9	1980	6.3
华人	31.1	44.7	47.4	55.9	2.9
印度人	25.8	30.6	34.7	41.2	3.2
其他	46.2	49.3	40.8	41.6	4.5
所有城市人	15.9	26.5	28.7	37.5	4.3

资料来源：Malaya and Malaysia, Population Cencus 1947；1959；1970；1980.

二　印度人与华人社会影响力比较

就社会影响力而言，战后以来的马来西亚印度人社会影响力远不及华人社会。战后初期，马来西亚华人和印度人都曾面临选择公民权以及维护本族群的语言、文化、教育等问题。一些华人和印度人团体曾为此进行过联合的斗争。但独立以来马来西亚华人和印度人社会都不得不接受在政治、经济和社会中保留马来人特权这一既成事实。[①]自第二次世界大战爆发后，华印两个移民社会都面临不同的命运，他们的地位也发生了深刻的变化，从而导致了两者社会影响力难以相提并论。

自诩为马来西亚印度人政治代言人的马来西亚印度人国大党，实际上从其诞生之日起就有先天不足的缺陷。成立于 1946 年的印度人国大党一开始就没有广大结实的群众基础，它只代表了马来西亚印度人上层社会的利益，特别是切蒂亚商人的利益，而没有获得占马来西亚印度人大多数的种植园工人的支持。而党内错综复杂的派系斗争，也严重削弱了印度人国大党在马来西亚社会上的声誉和影响力。"5·13"事件后的印度人国大党尽管依然为国民战线中的一员，但其影响已经更不如此前。由于缺乏有力的社会支持，国大党已经在执政党联盟国民战线中彻底边缘化。[②] 2008 年，印度人国大党的党主席森美·维鲁甚至在内阁选举中都名落孙山。而面对广大印度人边缘化的事实，作为执政党联盟的国大党也未能对政府施加更多的影响力。就在野党而言，尽管印度人一改战前的政治意识淡薄、积极参与政治、表达利益诉求，但印度人在在野党的也只能在各大反对党中扮演依附的角色，无多大起色。而作为马来西亚华人的政治代言人马华公会，无论是在独立前还是在独立后，都是马来西亚政坛上一股不可忽视的力量。华人的政治影响虽然在"5·13"事件后亦遭到了严重的削弱，但无论是在野党还是执政党的华人政治势力，始终是马来人一股不可忽视的政治力量。

---

① 参见梁英明《马来西亚种族政治下的华人与印度人社会》，载《华侨华人历史研究》1992 年第 1 期。

② 同上。

独立后新兴起的华人中产阶级成为马来西亚政坛上的一股强大的力量，他们形成对执政党国民阵线强有力的对手。无论在何时，在马来西亚的政治领域，马来人都不得不考虑华人社会所产生的影响。[①] 在马来西亚的历次大选中，各大媒体关注的基本是以马来人和华人为首的两股朝野政治势力的竞争和角逐。

在经济和文化领域，印度人也难以与华人相提并论。经济上，马来西亚华人经济实力强大，从 1970 年的新经济政策以来，尽管受到种种不公平的待遇，但华人在逆境中顽强拼搏进取，马来西亚的华资股权仍然有增无减，从 1970 年的 27% 增长到 2004 年的 39%，而印度人则从 1.10% 增长到 1.20%，最高时期也仅为 1.50%。[②] 家庭月收入方面华人社会高居马来西亚各族群榜首，而家庭贫困率也远低于印度人社会。华人的经济情况，远比印度人实力强劲（见表 4—3、表 4—4）。文化上，马来西亚华人文化始终透视出一股强大的生命力。马来西亚的华文教育是除中国外唯一建立有完整的华人教育体系，不仅有华文的初级教育，甚至还建立了不少的华文高校，这在海外华人里也是绝无仅有的。改革开放以来，随着中国经济的发展，华文的影响在今日的马来西亚越来越大，不仅华人以自己的文化为骄傲，即便是对华文教育心存戒心的马来人，学习华文的热情也日趋高涨。印度人的文化在独立后一直处在一种边缘化的尴尬境地，正如前述，泰米尔文学校危机不断，甚至陷入借华文学校办学的窘境。[③] 许多印度人甚至出于前途的考虑而放弃母语教育的机会。迄今为止，马来西亚境内没有一所泰米尔文大学。

① 参见梁英明《战后马来西亚华人与印度人社会比较研究》，载《周一良先生八十生日纪念论文集》，中国社会科学出版社 1993 年版，第 338 页。

② 参见 "The Report of the National Economic Consultative Council, 1991", Table 14. and "Midterm Review of Sixth Malaysia Plan, 1991–1995", Table 3–5; "Seventh Malaysia Plan, 1996–2000", Table 3–5. 转引自廖小健《战后马来西亚族群关系研究》，博士论文，暨南大学，2007 年，第 149 页。

③ 参见陈慧思《失落印记系列（三）没厕所·租店屋·依附华小：淡小飘摇刺痛印裔社会的心》（http://www.merdekareview.com/news.php? n = 5598）.

表4—3　　　　马来西亚各族群家庭平均月收入（1970—2004年）　　单位：马元

族群/年份	1970	1975	1984	1987	1990	1995	1997	2004
马来人	172	492	852	868	940	1604	2038	2771
华人	394	938	1502	1430	1631	2890	3737	4437
印度人	304	756	1094	1089	1209	2140	2896	3443
其他	813	1904	2454	2886	1105	1744	2625	
全体	264	693	1095	1074	1169	2008	2607	

　　根据以下资料整理：Phang Hool Eng，"The Economic Role of the Chinese in Malaysia"，Table 4.7，In *The Chinese in Malaysia*，p. 112，　（马来西亚）经济平台网站资料（http：//www. mytrade. com. my/，2006 - 04 - 03）.

表4—4　　　　　马来西亚各族群贫困率（1970—2004年）　　　　单位：%

年份	全国	马来人	华人	印度人
1970	N	64.8	26.0	39.2
1990	17.1	23.8	5.5	8.0
1999	7.5	12.4	1.2	3.5
2004	5.7	8.3	0.6	2.7

　　说明：N表示没有获得当年的相关数据。

　　资料来源：根据马来西亚第一远景计划（1971—1990）、马来西亚第二远景计划（1991—2000年）及（马来西亚）《南洋商报》等资料绘制。转引自廖小健《战后马来西亚族群关系研究》，博士论文，暨南大学，2007年，第175页。

三　印度人与华人社会差异性分析

　　华、印族群的形成有着太多的相似性，但战后以来华人与印度人社会二者差距何以如此巨大？造成这一差别的客观原因固然是华人人口占马来西亚人口的比重比印度人要高，居住比较集中等。不过，就美国的犹太人而言，它所占的比例远比作为马来西亚第三大族群的印度人占全国人口的比例小得多（仅约占美国人口总数的2.3%），但犹太人却在美国发挥着不可忽视的影响。有鉴于此，我们还需注意到这两个族群的社会结构性差异而对各自族群造成的影响。

　　从族群的结构上来看，我们在习惯上所称的马来西亚印度人社会，其实并非单一的族群。印度人社会结构比较复杂，它是以宗教为团体、以语言为区分、以种姓为阶层的多层次复式社会结构。在马来西亚印度人中人数最多的是泰米尔人，约占马来西亚印度人总数的 82.7%，主要来自印度南部，其次为北印度人，主要为锡克人（7.7%）、马拉雅兰人（4.7%）、泰卢固人（3.4%），其余为斯里兰卡泰米尔人（2.7%），巴基斯坦和孟加拉人（1.1%），以及一些其他印度人（0.4%）等。[①] 若按照宗教来划分，印度教徒为 81.2%，天主教为 8.4%，伊斯兰教为 6.7%，锡克教为 3.1%，佛教为 0.5%，还有 0.1% 信仰其他或者无宗教信仰。在泰米尔人中又包括来自斯里兰卡的泰米尔人在内，斯里兰卡的泰米尔人人数较少（2.7%）。[②] 这种浓厚的宗教意识，造成印度人社会对宗教的认同往往超越对族群的认同。因为信仰差异，印度人内部各个宗教组织之间时有摩擦发生。1978 年，当一个利用政府控制的电台用泰米尔语播放某些批评印度教习俗的言论时，这引起印度教徒的强烈不满，他们指责这是某些泰米尔穆斯林的故意挑衅行为，以致差点酿成宗教冲突的悲剧。[③]

此外，印度人移民马来亚，印度特有的种姓制度并没有因水土不服而消亡，它同样在马来西亚的印度人社会延续。殖民时期持续不断的劳工移民也强化了马来亚印度人社会的种姓观念，在马来亚的劳工日常生活中就表现出泾渭分明的特色，等级森严的种姓制度在劳工的居住问题上就有明显体现。一般而言，低种姓和高种姓从不会居住在一起，甚至连饮用水都是分开的。这种区分无论是生活在种植园的印度劳工还是生活在城镇中的印度人均为如此。种姓的隔阂迫使马来亚各个种姓的印度人内部形成自己的社团以维护自己阶层的利益。因为早期的印度人内部发生的大小冲突，大部分是发生在不同的种姓之间。[④] 这种与生俱来而

---

① 参见 S. B. Sivananthan，"Community Centers for the Empowerment of Indian Women in Malaysia"，ERA Consumer Malaysia，（http：//www. fnfmalaysia. org/article/cc_ center_ survey_ report_ 1st_ phase. pdf）．

② Ibid. .

③ 参见 R. Rajoo，"Indians in Peninsular Malaysia：Communalism and Factionalism"，in I. J. Bahadur Singh，"Indians in Southeast Asia"（ed），New Delhi：*India International Center*，1982，p. 56.

④ 参见 Rajakrishnan Ramasamy，"Caste Conciousness among Indians Tamils in Malaysia"，Pelanduk publications，1984，pp. 55 – 101.

又泾渭分明的社会地位观念在马来亚的印度人心中根深蒂固。第二次世界大战结束以来，马来西亚印度人的种姓意识并没有淡化，在马来西亚各地还纷纷出现印度人的种姓团体。时至今日，种姓依然在马来西亚的印度人社会内部继续存在，在一定程度上影响了整个马来西亚印度人社会的内部团结。① 宗教的差异、种姓制度的肆虐，导致马来亚印度人上下层之间缺乏有机联系，印度富人与泰米尔劳工之间的关系比较疏远，造成马来亚印度人社会四分五裂，形同散沙。

华人社会则与印度人社会大不相同，华人社会远没有印度人社会复杂。马来西亚华人社会不存在这种严重阻碍其社会团结的社会藩篱，华人社会基本上可以视为一个不可分割的整体。华人社会是以方言为类别、以血缘为纽带凝聚在一起（关于华人的籍贯组成，可以参见表4—5）。华人团体多为宗乡和宗亲组织，具有浓厚的家乡地域观念，并因此而形成某些帮派团体。但是这种社会团体与印度人的种姓团体的性质是完全不同的。与印度人的种姓团体区别的是"帮"，"帮"是不同方言集团的早期华人移民在没有可能获得政治和法律保护的情况下，为了维护各自集团的利益而自然形成的，而族群意识才是维系华人社会的强大精神力量。在宗教上，华人虽然也信仰不同的宗教，但华人宗教意识淡薄，纷繁的宗教信仰并没有对马来亚的华人社会产生分化的作用。② 虽操不同方言，却都视自己为同一族群的成员。悠久的历史与文化传统，共同的习俗与心理状态，使华人对本族群具有强烈的认同意识，社会上下之间的关系比较紧密。即使偶有冲突发生，也是利益博弈，绝非宗教使然。这些都与印度人社会形成鲜明的对比。第二次世界大战结束后，由于受中国国内政治斗争的影响，马来西亚华人社团曾经形成某些政治上对立的团体和派别。但随着广大华人逐渐认同于居住国，并成为马来西亚公民之后，华人社会中由于中国国内政治斗争而产生的分歧和对立

---

① 转引自梁英明《马来西亚种族政治下的华人与印度人》，载《华侨华人历史研究》，1992 年第 2 期。R. Rajoo, "Indians in Peninsular Malaysia: Communalism and Factionalism", in I. J. Bahadur Singh, "Indians in Southeast Asia" (ed), New Delhi: *India International Center*, 1982, p. 56.

② 参见梁英明《战后马来西亚华人与印度人社会比较研究》，载《周一良先生八十生日纪念论文集》，中国社会科学出版社 1993 年版，第 329 页。

就逐渐消弭了。马华公会的出现，尽管是在马来亚复杂的政治背景下组建的，但它以维护整个华人社会的合法权益为其主要的政治目标，成为独立前后马来亚华人社会的一面旗帜，得到广大华人的认可和拥戴。同时，由于马来西亚经济的发展和教育的普及，华人的帮派观念也逐渐淡漠。当前，争取华人在政治和经济上的平等地位，维护华人自身的传统文化的合法权利，已成为马来西亚华人社会共同关心和争取的目标。[①]

从文化的角度而言，马来西亚印度人缺乏共同的文化背景。在很长一段时间内印度人社会的劳工与非劳工社会接受的是两种截然不同的教育模式。以种植园劳工为代表的印度人通常是以泰米尔语言作为通用语，而以商人、知识分子、公务员为代表的则是接受英语教育。由于语言和文化背景的差异，泰米尔语言群体与接受英语教育的两个印度人群体之间明显存在隔阂，往来甚少。也导致在第二次世界大战前夕马来亚各地出现数十个印度人团体，甚至互相对抗，但会员极少。以1946年成立的马来西亚的第一大印度人政党——马来西亚印度人国大党组建后的表现来看，事实上，马来亚的印度人独立前后都没组成一个能有效代表全体印度人的全国性组织。虽然独立后马来西亚的印度人在母语教育方面实现了统一，但泰米尔文教育的质量和前景使许多印度人不得不放弃母语教育而选择国语马来语甚至华语教育。泰米尔文的高等教育更是无从谈起，迄今为止全马来西亚还没有一所泰米尔文高等教育学府。这对印度人社会的内部的凝聚力不能不说造成一些不容忽视的影响。

表4—5　　　　　　　　　西马华人籍贯组合　　　　　　单位:%

方言群	1921	1931	1947	1957	1970	1980
闽南	28.40	27.90	28.60	31.70	34.20	36.70
客家	23.80	23.20	25.70	21.80	22.10	21.80
广府	29.60	25.10	21.10	21.70	19.80	19.20
潮州	9.00	11.10	11.00	12.70	12.40	12.30
海南	6.30	5.60	5.60	12.10	4.70	3.90

---

① 参见梁英明《战后马来西亚华人与印度人社会比较研究》，载《周一良先生八十生日纪念论文集》，中国社会科学出版社1993年版，第340页。

续表

方言群	1921	1931	1947	1957	1970	1980
广西	0.10	3.80	3.80	5.50	2.50	2.30
福州	1.00	2.00	2.00	3.00	1.80	1.90
其他	1.90	2.20	2.20	2.00	2.50	2.10
总计	100.00	100.00	100.00	100.00	100.00	100.00

资料来源：钟临杰：《西马华族人口变迁》，载林水檺、何国忠、何启良、赖观福合编《马来西亚华人史新编》第一册，马来西亚中华大会堂总会1998年版。

与印度人存在很大不同的是，马来西亚华人和世界各地的华人一样，都对悠久的中华文化怀有强烈的自豪感。即便是早期的海峡殖民地的华人，土生比例高，多受过英语教育，但也程度不同地保存了中华文化的影响。20世纪初在马来亚各地出现的中华会馆或中华总商会，实际上是华人社会的统一领导机构，他们大力宣扬中华文化，弘扬民族精神，对马来西亚华人在继承本族群文化传统上起到了巨大的推动作用。在战后的马来亚殖民政府对华文教育采取压制的态度之下，华人举社上下，齐心协力兴办华文学校，华语普通话在马来亚华人社会得以流行。[①] 在经济交往日益扩大和教育逐渐普及的情况下，目前华语普通话在马来西亚华人社会中的使用已经相当普遍，有效地消弭了各个方言群之间的界限，华人社会更加紧密联系在一起。在马来西亚政府对华文教育实施各种限制的不利条件下，华文教育依然蓬勃发展。据马教育部提供的最新资料，马现有华文小学1290所，华文独中60所，华文大专院校3所（南方学院、韩江学院、新纪元学院）。除此之外，还有153所国民小学提供交际华文课程，78所国民改制型中学设有华文必修课程，24所寄宿中学向马来学生提供华文课程，16所师范学院开办中小学中文教师培训课程，马来亚大学、博特拉大学、国民大学等国立大学也设有中文系，其中马来亚大学还设有中国问题研究所。全国就读华文人数超过20万人，其中华文独中在校学生6万多人。近年来，不仅是华裔子女进华校，一些马来人、印度人的子女也

---

① 参见梁英明《马来西亚种族政治下的华人与印度人》，载《华侨华人历史研究》1992年第2期。

开始到华校读书。目前就读华文独中的马来学生约 5000 人，就读华文小学的非华裔学生近 7 万人。① 马来西亚华文教育在东南亚乃至全世界首屈一指，是除中国大陆、台湾、港澳地区以外唯一拥有小学、中学、大专完整华文教育体系的国家。数十家华文报刊仍拥有大量华人读者。这充分体现了优秀的中华文化的强大生命力及其对马来西亚华人社会的凝聚作用。

第二节 印度人与华人社会的认同比较

一 印度人与华人社会对本族群文化认同的比较

马来西亚印度人和华人都对本族群文化保持着顽强的认同。从宗教信仰来看，88.5% 的华人和 83.1% 的印度人都信仰其传统宗教，另有 0.4% 的华人和 15% 的印度人信仰伊斯兰教。② 虽然信仰伊斯兰教的印度人比例要高于华人，但这并不说明印度人比华人对马来文化认同的程度更深，因为有些印度人在移民马来西亚之前就信奉伊斯兰教，为印度穆斯林。虽然他们与马来人信奉相同的宗教，但并没有被完全接纳为马来人，并不能享受与马来人一样的特权，并不能完全通过宗教和文化上的认同而完全融入马来人的社会之中。③ 因此可以说，认同的障碍在于族群的差异和特权，而不是宗教。就母语教育而言，华人在维护华语教育方面成就斐然，印度人也在坚持自己的母语教育，如目前共有 526 所泰米尔文小学。④ 在农村的印度人中间，泰米尔语仍是他们交流的主要用语。印度人的社会生活在很大程度上仍局限在相同的语言和宗教集团中。在高等学校，根据一项调查，在用语言交流方面，华裔学生有

---

① 参见顾洪兴《马来西亚华文教育情况》，中国驻马来西亚大使馆网站（http：//my. china-embassy. org/chn/zt/nycf/t314470. htm）。

② 参见 Dilip Lahiri，"Malaysian Indian Community：Victim of 'Bumiputera' Policy"（http：//www. observerindia. com/cms/export/orfonline/modules/issuebrief/attachments/malaysia_ 12030 67850658. pdf）.

③ 参见雷蒙德·L. M. 李《归属之两难：马来西亚华印混血人的边缘性》，载《世界民族》1993 年第 3 期。

④ 参见 K. Arumugam，"2002，Tamil Schools：The Cinderella of Malaysian Education"（http：//www. Malaysia. net/aliran/monthly/2002/5f. html）.

70%选择马来语，28%选择华语，2%选择英语；印裔学生则有76%选择马来语，10%选择泰米尔语言，12%选择英语。[①] 从这个调查可以看出，华裔学生与印度裔学生对国语（马来语）的认同基本相当，但在对本族群语言的认同上，华裔学生选择本族群的语言略微强烈。当然，印度人比例较低，很大程度上与它自身社会复杂的构成有关，即他们在语言文化方面原本就不统一且有较大的差别，事实上很多来自印度的各个语族甚至还保留有各自的文字。

就社团组织而言，截止到2005年年初，马来西亚华人拥有约7900个各种类型的社团。[②] 从来到马来亚的第一天起，为了守望互助，华人就组织起来，直到今天，社团仍是华人社会团结互助、维护和争取自身权益的核心力量。印度人同样也以这种方式保持集团的认同，维护集团的利益。以斯里兰卡的泰米尔人为例。从移民马来亚的第一天起，斯里兰卡的泰米尔人就成立了许多互助社团，这些社团已成为这一族群最重要的中心，也是其族群认同的象征和加强团结的公众聚会的场所。这些社团能满足斯里兰卡泰米尔人所有的各种需求，一直到今天依然在发挥着作用。[③]

在对本族群的传统文化认同上，华人和印度人社会都面临着一个难以逆转的发展趋势，即都存在着老一代与二、三代认同上的差异。华人社会一些有识之士对年青一代华人对本族群文化的淡漠忧心忡忡。而年青一代的斯里兰卡泰米尔人对祖先的文化传统也漠不关心，越来越少参加本族群的社会文化活动及保留本族群的文化传统，他们对斯里兰卡发生的一切也没有兴趣。这实际上是许多移民本地化后所必须面对的问题。如由于生于斯、长于斯，年轻一代的认同必然是越来越当地化。但就华印两族而言，由于中华传统文化在世界上的影响力日趋强烈，华人对本族群文化有种强烈的自豪感，对中华文化的认同感要较印度人强烈。这也是导致一些马来人据此产生"华人难以同化而印度人比较容易

---

① 华声报：马来西亚大学内马来人华人印度人分化严重（http://news.sina.com.cn/world/1999 - 10 -13/21348. html/1999 - 10 - 13）.

② 参见林奋之《马来西亚华人的新特点》，载《东南亚纵横》2008年第3期。

③ 参见张秀明《马来西亚华人和印度人认同的比较分析》，中国侨网（http://www.chinaqw. com/node2/node116/node119/node162/node470/userobject6ai29659. html）.

同化"之偏见的一个重要原因。

二 印度人与华人国家认同转变的比较

第二次世界大战后的马来西亚华人经历了国家认同的转变，由战前的认同中国转变为认同马来西亚，印度人也经历了类似的转变。由于印度及巴基斯坦第二次世界大战后又分裂为几个不同的国家，印度人在国家认同的转变上相对华人更为复杂。但随着马来西亚印度人本地化程度的加深，大部分马来西亚出生的印度人基本是认同于出生地，对于他们而言，马来西亚已非其先辈们印象中的客土而是故土。土生的印度人对马来西亚这片土地已经怀有深厚的感情了，对印度只是在感情上和文化上还有些许联系，在政治上已经基本没有联系。

独立前印度人与华人一样，作为侨居者，他们的客居意识都很强烈，鲜有扎根意识，叶落归根情结浓厚，绝大部分人都希望有一天能衣锦还乡，荣归故里。因此，在战前，他们更关心的是印度而非马来亚。20 世纪 30 年代，印度的民族主义在马来亚的印度人中间传播开来。殖民时代由马来亚印度人商人资助知识分子创办了一份名为《印度人》的周刊，其宗旨就是要告诫印度人随时不要忘记自己的印度人身份，甚至呼吁移植印度传统文化来强化土生的印度人对印度传统文化的认同感，培育对印度的政治认同。[1] 随着印度独立运动的兴起，马来亚的印度人自然而然地卷入印度的独立运动之中，他们甚至幻想借助日本人的力量来摆脱英国的殖民统治，成千上万的印度人出于爱国热情参加了这一组织。马来亚印度人的爱国热忱，第一次被激发并很快高涨，对祖国印度的热爱，得到了淋漓尽致的宣泄。而 1946 年成立的马来西亚印度人国大党，其组建是为了支持印度的独立要求。[2] 从其名称上都不难发

---

① Khoo Kay Kim, "Malay Attitudes towards Indians", in K. S. Sandhu & A. Mani, "Indian Communities in Southeast Asia" (ed), *Times Academic Press and Institute of Southeast Asian Studies*, 1993, p. 268. K. A. Neelakandha Ayier, "Indian Problems in Malaya: Indian Problems in Malaya: A Brief Survey in Relation to Emigration", Kuala Lumpur: *The Indian Office*, 1938, p. 54.

② 参见张秀明《马来西亚华人和印度人认同的比较分析》，中国侨网（http://www.chinaqw.com/node2/node116/node119/node162/node470/userobject6ai29659.html）。

现其与印度千丝万缕的联系。印度独立后,马来西亚印度人爱国热情空前高涨,认同印度的倾向更加明显:悬挂印度国旗,崇拜甘地,对尼赫鲁的到访空前热烈地欢迎。印度领导人在马来亚所受到的欢迎程度,丝毫不亚于在国内。不过,随着印巴分治及随后相继发生分裂,来自不同地区的印度人在认同上发生了一些差异,来自印度的移民认同印度,而来自巴基斯坦、斯里兰卡及孟加拉的这部分人则分别对这些不同的故土依然怀有难舍的情怀。但随着本地化程度的深入,早期的移民对出生地的认同因为人员逐渐减少而淡化。①

战后初期特别是马来亚独立后,马来亚的印度人曾希望保持双重国籍,但这种想法受到了尼赫鲁和印度政府的批评。印度政府为了减少相关国家对印度人移民的顾虑,进而影响印度的外交。独立之初的印度急需获得国际社会的广泛支持,如果坚持双重国籍的话,很可能会失去部分国家的承认。出于现实的考虑,印度并不鼓励双重国籍,提倡印度人选择当地国籍。越来越多的印度人不得不加入当地国籍,实现了国家认同上的艰难转变。但马来西亚的印度人仍保持着对印度的感情和文化联系,关心印度的政治。现在马来西亚的一些印度人文化社团经常邀请印度的艺术家到马来西亚教授传统的印度舞蹈和音乐,也从印度邀请宗教学者充当一些寺庙的主持;印度的电影明星在马来西亚印度人中受欢迎的程度完全不亚于其在印度国内;在体育比赛中,印度人经常狂热地支持印度队,即使与马来西亚队对阵也是如此。所有这些使马来人更加深了这种印象:印度人对印度的感情和政治联系是根深蒂固的,他们更像是印度的儿子而非马来西亚的儿子。②

近几年来,印度对海外印度人实行的新国籍政策对马来西亚的印度人认同上也产生了一些微妙的变化。长期以来,印度政府对待其海外移民基本上是采取不闻不问、任其自生自灭的态度。但在进入21

---

① 参见张秀明《马来西亚华人和印度人认同的比较分析》,中国侨网(http://www.chinaqw.com/node2/node116/node119/node162/node470/userobject6ai29659.html)。

② 参见 Khoo Kay Kim, "Malay Attitudes towards Indians", in K. S. Sandhu & A. Mani, "Indian Communities in Southeast Asia" (ed), *Times Academic Press and Institute of Southeast Asian Studies*, 1993, p. 280.

世纪前夕，为吸引海外印度人对印度发展的支持，印度开始实行原来一直予以否认的双重国籍。如在 1999 年，印度政府宣布，给海外印裔人士颁发一种特殊的"回乡证"，持外国护照的四代以内的印裔人士只需交纳 1000 美元，就可以获得有效期为 20 年的印裔身份卡，凭此卡可在印度购买住宅和非农用土地，在投资和开办企业等方面也将享受一些优惠待遇。① 2004 年 1 月 7 日，在印度的第二届"海外印度人节"开幕前夕，印度双重国籍法的修正案正式通过了总统的批准。至此，1955 年制定的单一国籍的宪法条款得到了修正，印度双重国籍的政策完成了法律化的程序，印度政府又将可给予双重国籍的范围由原来的 7 个国家扩大到 18 个国家，马来西亚也在名单之列。② 这使得一些海外的印度人在情感上发生了一些变化，他们对其父辈们的故土的情感似乎有日趋强烈的发展态势，以致某些海外印度人甚至视印度为其祖国。③ 毫不意外的是，由于马来西亚距印度仅仅一水之隔，且近年来马来西亚印度人社会对政府在制度上的偏差颇有微词，导致其对马来人主导的政府抗议声持续不断，印度的这项新的对海外印度人国籍的举措，势必对马来西亚的印度人社会的国家认同产生一些不可忽视的影响。

战前华人的认同与马来西亚的印度人基本相似，大都只把马来亚当作暂时的居住地。"落叶归根"思想几乎影响着每一位在马来亚的华人移民。外国侨民的身份和意识使得战前的华人和印度人一样与其祖籍国一直保持着较紧密的联系。他们都热切关心祖国的荣辱兴衰，积极支持国内同胞的革命斗争。他们的命运也同祖籍国的命运紧密联系在一起。日本帝国主义入侵中国的战争，进一步激发起广大海外华人的爱国热情，使得马来亚的华人对祖国的认同空前高涨。战后初期的马来亚华人对身为中国的公民而自豪不已，马来亚华人对祖国的认同达到了顶峰。但战后国际形势的风云变幻，使马来亚与中国的联系基本被中断，华人回国无望，而此时华人的本地化程度进一步加快。到马来亚独立之时，

---

① 参见贾海涛《承认双重国籍：印度国籍立法的重大变化》，载《河北法学》2005 年第 5 期。

② 同上。

③ V. Venkatesan, "Partisan Citizenship", *Frotline*, 31 January, 2003.

华人的本地出生率已经高达 79%①，大部分华人在认同上从现实考虑，开始转向认同当地。随着入籍制度的逐步放松，以及新成立的中华人民共和国又不承认双重国籍制度，进一步加快了马来亚华人国家认同的转向。虽然独立前的华人面对中国内部国共两党的战争所持立场不同而有所分裂，但除了海峡殖民地的华人在认同上略有些差别外，绝大部分马来亚华人还是基本趋于认同一个中国，并不像印度人那样从认同一个国家而分裂为对不同国家的复杂认同倾向。

随着时间的推移，独立以来的马来西亚华人社会对马来西亚认同感进一步加强，除了文化上对中华文化一脉相承以外，政治上也一如马来西亚印度人已经基本没有多大联系，而中马的建交也未能在华人社会的认同上掀起波澜。但中国实行改革开放后，华人又逐渐恢复了与中国的联系，特别是经济上的往来日益密切。但这种联系基本上属于经济的领域，而非政治和情感的联系。② 笔者与一些马来西亚的华人有些直接或者间接接触，在认同上，他们全部毫不犹豫地认同马来西亚为自己的祖国，视自己为马来西亚的公民，但同时也为马来西亚当局一些不平等的族群政策而困惑，以至于马来西亚华人心中发出"我们爱马来西亚，但马来西亚爱我们吗？"的疑问。③ 尽管如此，华人对马来西亚的认同感已是毋庸置疑的。有学者认为马来西亚的华人比印度人更难同化，据此而怀疑华人对马来西亚的认同感，但根据上述的分析，在笔者看来，华人社会对马来西亚的认同感丝毫不比印度人社会弱，由于所受到的影响因子不同，印度人的认同在某些方面还是有别于华人的认同。

总之，印度人保持着与华人相同的对祖籍国的情感和文化认同，并因此而同样遭到了马来人对其认同的怀疑，但近年来马来人对印度人的政治忠诚的怀疑，似有加剧的倾向。

---

① 数据参见陈晓律等《马来西亚——多元文化中的民主与权威》，四川人民出版社 2000 年版，第 52 页。

② 参见张秀明《马来西亚华人和印度人认同的比较分析》，中国侨网（http://www. chinaqw.com/node2/node116/node119/node162/node470/userobject6ai29659.html）。

③ 马来西亚独中联合论坛：《国庆日话题：华人应该爱马来西亚吗？》（http：//huawen. info/thread-11727-1-1.html）。

第三节　马印族群关系与马华族群关系比较

一　马华族群关系回顾①

马来西亚的马华族群关系，迄今为止依然是个敏感的话题。纵观其历史脉络，马华族群关系大致可以分为四个阶段：战前关系淡薄、日据时期马华族群矛盾逐渐激发、战后马华族群关系的磨合与冲突，以及20世纪90年代以来的缓和与反复四个阶段。②

战前的马华两族，在英国"分而治之"的政策下，由于行政和经济领域接触不多，战前的马、华两族基本是在两个世界中各自发展，极少接触往来，各自保留独特的经济领域、文化倾向和社会生活。虽然两族间偶有些摩擦或冲突，但大体上族群关系堪称和谐，族群仇视并不常见。"在大部分的领域里，各族所关注的，是其本身与殖民地政府之间的关系，因为整个社会系统由后者所控制及协调。各族之间把彼此之间的关系，放在次要的地位。"③

日据时期，日本军政府的分而治之的政策相对英人而言是"有过之而无不及"。由于华人积极抗日，日军对华人采取残酷的镇压和打压的政策，而对当地的马来人则采取怀柔的策略，以扶持马来人的民族主义势力。④为挑拨马、华关系，日军还大量招收马来人充当警察，参与镇压或对抗日根据地的围剿。马、华两族从互相隔离转为直接对抗，成为镇压与被镇压，反抗与被反抗的两大族群。而日军投降后以华人为主的马抗在惩治敌特、叛徒和歹徒时，均以马来人居多数，引发马来族群的仇恨⑤，以致后来马华之间发生大大小小的仇杀事件，恶化了马华族群关系。日

---

① 关于马华族群关系的研究成果已经很多，故这里只作简要回顾。

② 参见廖小健《马来西亚马、华关系的几个发展阶段》，载《东南亚研究》2003年第3期。

③ 陈祖排：《大马种族关系概况》（http：//myedu. hibiscusrealm. net/index. php? option = com_ content&task = view&id = 80&Itemid = 39）。

④ 参见韦红《东南亚五国民族问题研究》，民族出版社2003年版，第78页。

⑤ 参见 Karl Von Vorys, *Democracy Without Consensus*: *Communalism and Political Stability in Malaysia*, Princeton University Press, 1975, p. 63. 转自廖小健《日军统治对马来亚民族关系的影响》，载《世界民族》2001年第1期。

据时期显然是马华族群关系发展的重要转折点，涉及两大族群权益的任何事情均可能激起两族浓烈的族群情绪。

"5·13"事件后政府对华人的各种限制，引起了华人的普遍忧虑和深切的危机感，加上 1985 年经济衰退、企业倒闭、工人失业，华人在各方面的发展几乎都面临重重困难，对马来人为首的政府的不满与日俱增，他们不断地猛烈抨击政府的新经济政策和教育政策。当1987 年 10 月马教育部派出大批不谙华文人员到多间华文小学担任行政高职时，华社朝野政党与主要华人社团联合进行了激烈的抵制，多个城镇发生系列性的华文小学罢课事件，马、华两族之间的对抗情绪加剧。①

20 世纪 90 年代以来，出于国家发展的需要，马来西亚政府在经济和教育两大华人最为关注的领域大幅度地调整了对华人的各项政策。华人经济在淡化各族股权限制，鼓励私营企业发展的比较宽松的政策下得到了比较自由的发展；教育上政府提高了华小待遇，承认马华公会办的拉曼学院的大部分文凭，并允许华人建立南方学院和新纪元学院等华文高等院校。② 政府对华人经济和文教政策的新调整，营造出一种族群融洽的氛围，"马、华一家人"的论调得到普遍的接受，马、华两族在各方面的合作越来越多，马、华两族过去那种互相隔绝抵触的状况大大缓解。

二　马印族群关系回顾

马来人与印度人的关系，很难按照马、华两族的发展脉络来区分。总的来说，马印族群关系大致可以分为两个阶段。在"5·13"事件发生前，马印族群关系总的来说堪称和谐，两大族群几乎没有发生激烈的矛盾冲突。但"5·13"事件后，印度人族群对马来人政治经济上的特权、文化上的同化政策颇有怨言，关系有所恶化，特别是当印度人族群作为一个群体而遭边缘化之际，对马来人的主导政府深

---

① 参见廖小健《战后马来西亚族群关系研究》，博士论文，暨南大学，2007 年，第46—48 页。

② 参见廖小健《马来西亚马、华关系的几个发展阶段》，载《东南亚研究》2003 年第3期。

为不满。

　　尽管形成相对独立的社区，但由于宗教的关系，19 世纪和 20 世纪初的印度穆斯林与马来人一直保持良好的关系。例如，在马来西亚印度人族群内部，印度穆斯林与印度教教徒之间鲜有婚姻交流，然而在印度穆斯林与马来人之间，跨族婚姻却比较常见；1878 年，当面对海峡殖民地华人批评马来人缺乏积极性的言论时，马来印度人明显袒护马来人，宗教的认同感显然在此发挥了作用。① 不过，由于印度穆斯林的人数不多，印度穆斯林与马来人的亲密接触，并未能成为引领整个马印族群关系的主流。由于宗教的差异，印度教教徒与马来穆斯林之间的关系明显淡漠。20 世纪二三十年代，马来人与印度人之间的关系开始比较微妙，马来人对印度穆斯林的不信任开始初现端倪。马来人认为印度穆斯林无异于阿拉伯人，只会关心他们的切身利益，而不能指望靠他们去改善马来人目前的境遇。② 因此，英属马来亚时期，马印族群关系在很大程度上受到宗教的制约。然而，在伊斯兰世界之外，两者的社会关系比较淡漠。

　　日据时期，在日本军国主义的影响下，马来亚的印度人开始经历一场独特的民族解放运动。日本的泛亚主义政策在一定程度上掩盖了其帝国野心，也蛊惑了一部分觉醒的印度民族主义分子。马来亚的印度民族主义分子与日本人为了各自的目标而走到了一起。在日军的帮助下，马来亚的印度人成立了"自由印度临时政府"，并组建了所谓的"印度国民军"与日军并肩作战。大部分马来人和印度人为了各自的利益与日军站在了同一条阵线上，此时的马印族群关系实际上是一种间接的合作关系。

　　独立后，"二等公民"的现实促使马来西亚印度人逐渐与华人展开合作，希冀借助华人的影响来改善印度人族群的境遇。此时的印度教教徒与马来人的关系已经明显成为马印族群关系中的主流，印度穆斯林由于人数少依然未能在马印族群关系中占据主导地位。在 1969 年的"5·

　　① 　参见 Khoo Kay Kim，"Malay Attitudes towards Indians"，K. S. Sandhu & A. Mani，"Indian Communities in Southeast Asia"（ed），*Times Academic Press and Institute of Southeast Asian Studies*，1993，pp. 211 – 237.

　　② 　Ibid. .

13"事件中，马来人和印度人第一次发生了直接冲突，此次事件中也有为数不少的印度人遭到马来极端分子的暴力侵害。长期关系较为融洽的马印族群关系从此改写，印度人更多的是同处境类似的华人一道与马来人在各个领域展开竞争与合作，维护非马来人的各项权益。例如，在2001年的甘邦美丹事件中，印度人和马来人发生严重的流血冲突，为马来西亚自1969年后最为严重的族群冲突事件。2007年11月25日，在长期的社会贫困与政治苦闷的作用下，马来西亚印度人积极响应"兴都权益行动委员会"的号召，在马来西亚首都吉隆坡市激发了三万多印度人参加的群众运动。① 把矛头直指当下马来人主导的政府及其长期的不平等政策。这个事件被马来人极端分子视为对马来人特权的挑战而使马印族群关系一度趋于紧张。总之，独立以来的马印族群关系，由于不平等的境遇所导致，加之其他一些内外不确定因素的干扰，近来似有恶化之趋势。

三　马印族群关系与马华族群关系比较

从马华族群关系与马印族群关系的性质而言，二者总体上有很大的相似性，都可归结为移民与原住民的关系范畴。战前虽然外来移民在马来亚的经济优势已经引起一些早期的马来民族主义分子的注意，但在英殖民者种族制衡、分而治之的策略下，马、华、印三大族群经济上不平衡的事实却维持了族群关系的相对稳定。战后到马来亚独立前，由于内外因素的推动，华、印两族开始由移民社会向定居社会转型，并在政治上效忠当地社会。独立后随着华、印两族本土化的加深，华、印两族在心理上开始视自己为当地社会的合法主人。既然效忠当地社会，就要享受同等的权利，但华、印公民权的取得，在很大程度上是承认马来人特权地位的妥协产物，为此后的非马来人与马来人的关系起伏埋下了隐患。独立后由于马来西亚政府在国家发展过程中有失公允，造成马来人与非马来人之间的界限更加泾渭分明。非马来人为了维护自己的各种权益而不得不与马来人角力。从此，非马来人与马来人的关系始终是一种

---

① 参见卡比兰（K. Kabilan）《兴都权益大集会的真正英雄：三万名争权益不畏惧的群众》，载大马新闻网（http://www.malaysiakini.com/news/75323）。

在各个领域的竞争与合作关系。虽然马华族群关系与马印族群关系总体上比较相似，但华、印两个移民群体毕竟分属两个社会背景、文化背景完全不同的社会群体，因而马华族群关系与马印族群关系虽然大体上有些相似，但也存在一些明显的区别。

从马华族群关系与马印族群关系的重要性而言，马华族群关系受到的关注程度显然要高于马印族群关系。马来人、华人分别作为马来西亚的第一、第二大族群，二者的关系一直是马来西亚社会关系的主旋律。马华族群关系的和谐与否，对马来西亚社会稳定乃至整个国家的前途命运都十分关键。相较而言，印度人虽为第三大族群，但影响力远不如华人社会，因而在现实生活中马印族群关系一直处于从属地位，对马来西亚社会的影响也远不如马华族群关系。

从发展阶段而言，马华族群关系与马印族群关系在各个阶段也有所不同。在日据时期，由于日军有意挑拨离间，英殖民统治时期构筑的族群之间的藩篱不复存在，马来人与华人处于激烈对抗之中，马华矛盾开始恶化而导致冲突不断。由于华人经济地位突出，而一些华人又充当了中间商的角色，为马来人留下了剥削者之不良印象。马来民族主义的兴起，在很大程度上有针对华人的倾向。[①] 马华经济上的矛盾也开始延伸至其他社会领域。与华人不同的是，印度人在日军的诱骗下，利用其组建的所谓"印度国民军"对抗英人。与此同时，一批激进的马来民族主义分子则希望借助日军的力量来达到马来西亚独立的目标，而日军出于经济与军事上的考虑，也"积极"支持他们的计划。虽然马来人和印度人并没有直接合作，但就其行动和立场而言，马来人与印度人无疑是一种间接的合作关系。

从马华族群关系与马印族群关系的内容而言，就独立前夕马来西亚华人为争取以公民权为主的多项权益而与马来人展开了针锋相对的斗争。但作为第三大族群的印度人，虽同为非马来人，却对马华族群之间的抗争反应冷淡。在政治上，印度人除了幻想组建一个跨族群的政党并与巫统有过一段时期的意见相左外，在其他一些问题上，如公民权、母

---

① 参见 Wan Hashim, *Race relations in Malaysia*, Kuala Lumpur: Heinemann Educational Books (Asia), 1983, p. 45.

语地位、马来人特权等，基本支持或默许马来人的立场。① 换言之，独立前马、华矛盾已经激化，但马印族群关系基本上以合作为主流，且印度穆斯林与马来人的合作关系比较突出。独立后，马来人和非马来人阵线变得更为清晰，印度人族群开始意识到自己的切身利益，逐渐与华人站在了一起。马印族群关系从此开始出现一些微妙的变化。"5·13"事件的爆发，使得马华族群矛盾彻底暴露，亦使马印族群此前的合作基础大为削弱，马印族群关系开始汇入马来人和非马来人的竞争与合作的潮流。

在文化领域，马华族群关系、马印族群关系也有比较明显的区别。

文化是各族群在历史实践过程中所创造的物质财富和精神财富，是各族群赖以生存、发展和保留自己族群特性的归依。因此，无论是华人族群还是印度人族群，都特别重视各自族群文化的传承和发展问题。在文化方面，马华族群关系主要围绕语言和教育等问题展开激烈的角力，全体华人为维护华文教育而不惜几次几乎与马来人社会发生正面冲突，关系一度紧张。同样在文化领域，虽然印度人对维护母语教育的热忱不高，泰米尔文教育也因此日渐衰落、每况愈下，但印度人宗教色彩浓厚，特别是印度教教徒对宗教的虔诚丝毫不亚于马来人对伊斯兰教的态度，在维护自己的宗教传统上比华人立场更为坚定，为保护印度族群的宗教传统而不惜与马来人多次发生纷争。近期，马华族群关系趋于平缓，反观马印族群关系，印度族群认为其社会被长期边缘化，宗教场所也不断遭到马来极端分子的蓄意破坏，不满情绪日益高涨。而此举则被马来族群部分人视为印度族群挑战宪法所赋予的特权，马印族群关系似有逐步恶化之趋势。

从复杂程度而言，马华族群关系与马印族群关系之间也有较大的区别。从历史发展的纵向角度而言，马华族群关系显然要比马印族群关系复杂。马华族群关系大致分为四个不同的阶段，而马印族群关系基本可以视为"5·13"事件前后两个不同阶段。但从横向的角度观之，马华族群关系又不及马印族群关系复杂。如马华族群关系基本可以视为两个

---

① 参见 Sinnappah Arasa ratnamw. *Indians in Malaysia and Sing Apore*. Kuala Lumpur：Oxford University Press，1979.

群体之间的关系，但马印族群关系较为特殊。由于印度人并非一个单一的族群，其语言、宗教的分野导致社会内部的裂痕至今也无法消弭。在马来西亚的印度人中，印裔穆斯林由于信仰的缘故，他们与马来穆斯林的关系比较暧昧。印裔印度教教徒则与马来人基本没有共同语言，双方交往甚少，在宗教上因为马来人不断损毁印度人族群的宗教场所而矛盾重重。

检视马来西亚马华族群关系与马印族群关系的发展，折射出一个多元族群国家族群关系矛盾的本质，即各个族群为分享国家的公共资源或捍卫本族群的权益而与占据主导地位的族群发生各种矛盾与冲突。无论是马华族群关系还是马印族群关系，其发展和波动都受囿于多元族群关系本质规律的影响，都是为了争取平等捍卫本族群的权益而不断与主体族群马来族群相抗争。当然，马来西亚华人族群与印度人族群虽然形成过程类似，但由于他们来自社会背景和文化背景有着显著区别的两个地域。因此，马华族群关系与马印族群关系在表现出某些共性的同时，也存在许多不同之处。华人经济实力雄厚，人数较多，社会也比较单一，在捍卫族群权益的时候影响巨大；印度人人数较少，经济实力远不如华人，且其社会内部因为宗教的缘故而比较涣散。因此，马印族群关系远不如马华族群关系重要。当然，马华族群关系与马印族群关系无论有多大区别，都属于土著与非土著（移民）关系的"二元论"范畴。马来西亚的族群关系，只有消弭"土著"与"非土著"的区别，各个族群只有公平竞争，平等共享社会和发展权益，才能真正实现社会的和谐发展和民族的团结与融合。

小　结

纵观整个印度人社会和华人社会的历史与现状，印度人社会远比华人社会要复杂得多。印度人社会内部的语言、宗教构成上的巨大差异始终是制约其社会发展的一个瓶颈，他们无法像华人社会一样发挥整体效应。在国家认同上，两者区别不大，但在本族群文化上，华人对本族群文化的认同明显要强于印度人。在族群关系上，马华族群关系仍将是马来西亚族群关系的主体，而在未来的马来西亚族群关系中马印族群关系还将处于从属的地位。

结　语

　　纵观整个马来西亚印度人的由来、历史变迁、社会发展，以及其在各个历史阶段的问题，给我们以无限的思考和启迪。

　　就马来西亚印度族群的由来而言，基本是由于英殖民者为攫取巨大经济利益而引发的移民所致。虽然就当时的国际环境来说，劳工在各殖民地之间的流动是一个普遍的现象，但这种流动是在殖民者的刻意安排之下，其出发点并不是要改善殖民地人民的生活水平，而完全是殖民者经济利益使然。这种在当时看似正常的人口流动却给今天的许多第三世界国家带来了一些至今也无法妥善解决的问题，如移民的国籍问题，移民的发展问题，移民与当地土著的关系问题，等等。殖民统治下的劳工移民，导致了这些国家复杂的民族、宗教问题，是影响这些国家独立后社会稳定的一个主要的历史根源。

　　不管殖民者如何美化其殖民统治，受奴役的人民始终难以摆脱被压迫、被剥削的事实。诚然，在英殖民统治下的马来亚印度人，在经济上确有一定的收获，也在一定程度上改善了生活水平。但无论殖民者如何在立法、管理上刻意加以"保护"，但这种保护与其说是保护劳工的正当权益，倒不如说是为维护殖民者自身的利益更为贴切。事实上，相对同一时期的华人移民而言即可看出，这种刻意的"保护"，不但没有起到保护的作用，反而将广大的印度人移民限制在种植园里而失去了更多的向其他社会阶层流动的机会。华人移民由于"任其发展"，反而获得了更多的发展机遇，在经济上获得巨大成功，进而在政治上崭露头角，因而造成两者在独立逾50年后的今天表现出截然不同的命运。独立后马来西亚印度人的境遇，追本溯源，应该说与英国的殖民统治有着直接的关联。

　　就马来西亚印度人自身而言，一直以来，马来西亚的印度人何以难以像华人社会在马来西亚的多元社会中一直发挥较大的影响力来维护自己的权益？根据上述研究，笔者认为，除了人口数量较少而难以发挥人潮涌动的轰动社会效应的客观事实外，马来西亚印度人的影响力还与其社会内部结构复杂、缺乏同质性有很大关系。马来西亚印度人的宗教色彩浓厚、宗教派别繁多、种姓陋习仍然横行，加之受到不同教育背景的干扰，内部矛盾重重，在很大程度上制约了其社会内部的团结协作，无法培育较强的社会向心力，使得马来西亚印度人社会内部始终难以形成像华人社会一样的同质性和凝聚力都比较高的利益群体，也难以齐心协力、患难与共去发挥应有的影响力。

　　就独立以来马来西亚印度人的处境来说，目前已暴露出弱势群体在不平等多元结构国家里的生存和发展问题。在这种不平等的多元结构社会中，各族人民虽有形式上平等的公民权，但在平等背后仍然有所区别，这包括了宪法上对优势群体的无限期特权保障，它显然源于不公平的国家经济发展计划、歧视性政策等的影响。当一个国家的各种资源再分配如果都根据族群身份来划分，那最没有权利保障的少数族群，往往也就是最容易在市场经济中被淘汰的群体。因而，弱势阶级和少数族群身份往往具有重叠性。支配群体的精英不只具有人口与资源上的优势，也享有对暴力工具的合法性垄断。因此，弱势群体要在这种不平等多元结构环境下，通过正常渠道以争取自己的权益，基本难以实现。这势必影响到一个国家内部的族群关系乃至国家的长治久安。当触及对马来西亚"公平"的解释时，有人认为，"政府不可能满足每个族群的要求，当各族群都对政府有所不满时，就说明了政府施政的公平"。① 但这个看法或许还有待商榷，在马来西亚的现实中，一个不容忽略的事实是：有人关注资源分得多不多，但有人却关注资源有或没有。"公平"的起点本身就不是同一水平。特权阶层内的利益分配，与弱势群体中的权利，是两个完全不同的概念。正如有人在乎祈祷场所建得够不够堂皇，

---

　　① 转自潘永强《国家与公民社会之外》，载《视角》2007 年第 11 期（http：//www. mag-horizon. net）。

有人却担心印度庙宇会不会被无情拆毁，两者不能相提并论。因此，马来西亚的印度人的境遇，也暴露出多元族群国家在国家整合的过程中，应该如何注意兼顾弱势族群的发展问题。也只有这样，一个多元族群的国家才能真正得到和谐、稳定的发展。

附 录

评《马来西亚印度人的历史、
问题及其未来》①

罗圣荣

　　马来西亚的印度裔族群是当今马来西亚社会体系中一个重要的构成单元。毋庸置疑，印度裔族群在构建马来西亚现代民族国家的历程中所扮演的角色和贡献，其重要性远不能以这个族群在马来西亚社会中所占的人口比重来考量和诠释。

　　《马来西亚印度人的历史、问题及其未来》（*The Malaysia Indians*: *History，Problems and Future*）系已故的幕扎法·德斯蒙德·泰特（Muzafar Desmond Tate）先生的最后一部学术专著。泰特先生于 1929 年生于伦敦，1952 年作为英国派往海外殖民地的一名殖民官员供职于马来亚，直到马来亚独立。从此泰特先生便与这片热土结下了不解之缘。在获得英国伦敦大学亚非研究学院（The School of Oriental and African Studies，SOAS）授予的历史学学士学位后，泰特先生并没有留恋英国故土，而是立刻返回马来亚"第二故乡"，并长期定居于此。起初，泰特先生投身马来（西）亚教育事业，而后又成为当地一位颇具影响力的专职作家。作为马来西亚一位资深的教育家、历史学家及专职作家，泰特先生在研究马来西亚历史方面成果丰硕，颇有建树。本书是泰特先生在晚年接受的最后一次写作任务。之所以对泰特先生委以这个重任，

---

① 罗圣荣：《评〈马来西亚印度人的历史、问题及其未来〉》，《南洋问题研究》2011 年第 1 期。

按本书前言之说，是"为了确保本书立场和观点的客观公正"。马来西亚这个多元族群社会的复杂性由此可见一斑，马来西亚看似平静的外表实难掩社会内部涌动的族群矛盾。

迨至今日，从宏观的角度研究马来西亚印度族群社会的专著并不多见，多数是从一个侧面，如政治的、经济的、社会的、文化的、历史的等方面来进行研究。《马来西亚印度人的历史、问题及其未来》是迄今为止一部为数不多、比较全面地研究马来西亚印度裔族群的学术专著。本书以时间为序，以不同的历史时期马来西亚印度裔族群的发展历程、所遭遇的问题及对其未来的发展动态等为研究内容，记述了马来西亚印度裔族群百余年的历史与现状，重点剖析了独立以来马来西亚印度裔族群作为一个特殊的群体在独立后的情况及面临的种种困境。本书对马来西亚印度裔族群形成的历史及它在不同的历史时期所经历的某些问题及其原因都作了比较客观公正的分析和描述。

就研究框架而言，本书对马来西亚印度裔族群的发展脉络进行了细致地梳理和划分。透过本书，马来西亚印度裔族群百余年的历史发展脉络跃然纸上，清晰可见，故作者对马来西亚印度族群的三个发展阶段的划分总体上来看也是比较合理的。就研究内容而言，泰特先生的这部遗著填补了一个从宏观、多维视角下对当代马来西亚印度裔族群研究的一项空白。

透过泰特先生在本书中的研究，我们也可以从另一个侧面了解到马来西亚这个现代民族国家形成的历史和现状。马来西亚独立已逾50年，但马来西亚这个多元族群的社会依然在许多方面暗含种族色彩。如何构建一个和谐的马来西亚社会，实现"2020年宏愿"，今天的马来西亚依然需要马来西亚各个族群的通力协作才有可能实现这个美好的设想。这或许是安排写作本书的目的和旨在传达的深切内涵。作为泰特先生晚年的最后一部力著，该书结构严谨、语言流畅、措辞准确、参考资料翔实，既注意了细节，也把握了全局，基本还原了相关的历史事实，不失为迄今为止研究马来西亚印度族群中一部较为全面和权威的学术专著。

尽管如此，由于泰特先生的这部专著在研究时间上跨度较长——其跨越了上百年的历史，研究的内容又比较宽泛。所谓智者千虑，难免有一失，就笔者一孔之见，该部著作仍然有些地方值得商榷。

　　首先，就该部专著的第一部分而言，作者实际上是想还原马来西亚印度裔族群形成的这段历史事实。但就笔者看来，泰特先生对马来西亚印度裔族群的由来的分析和回顾略显不足。如殖民时期印度族群移民马来西亚的原因、过程及其传统社会的嬗变、变迁等都没有一个比较详细的交代和研析。这些都是还原马来西亚印度裔族群变迁及形成印度裔族群的极为重要的客观历史依据。

　　其次，在该书的第二部分，作者对印度裔族群在1945—1957年间在认同上的转变及其原因的分析也似有不足。就认同而言，马来亚的印度族群在认同上并非铁板一块，其与当时华人族群的认同颇有许多相似之处。马来亚土生的印度人的认同较为倾向于马来亚，对这部分印度人而言，马来亚已非客土而是故土。海峡殖民地的印度人由于该地隶属英国皇家殖民地，由英国本土直接管理，身份属于英国公民，因此这部分印度人是以身为英国公民为荣耀，在认同上自然倾向于大英帝国。从印度本土直接移民到马来亚的印度人，无论时间长短与否，则由于故土难离，对印度本土始终怀有难以割舍的感情，因而这部分印度人倾向于认同印度（或南亚次大陆）。

　　再次，就马来西亚印度裔族群所面临的问题而言，作者谈到的基本上是独立后马来西亚印度裔族群在种族政治氛围下的困境，而忽略了印度裔族群内部一些不容忽视的社会问题。实际上印度族群并非一个均质的社会群体，语言、宗教的分类标准将整个印度人社会划分得支离破碎，极大地制约了印度裔族群内部的团结，导致印度裔族群难以在这个多元族群社会中团结一致，合力发挥更多的政治影响力，故而在种族政治色彩比较浓烈的马来西亚难以维护本族群的合法权益。而印度人社会特有的种姓问题、印度裔穆斯林在认同上的窘境[①]均可以从另一个侧面来投射出马来西亚印度裔族群社会的现状。上述这些比较重要的问题都被作者所忽略，可以说是作者对马来西亚印度族群研究在总体把握上一个比较明显的缺憾。

────────────

　　① 从宗教的角度而言，马来西亚印裔穆斯林与马来族群两者兼为伊斯兰教信徒，故而在宗教认同上两者存在一致；从身份的归属来说，印裔穆斯林又属于印度族群的范畴，认同印度族群。但在非此即彼的种族政治氛围的影响下，这种身份归属上的模糊界定和两难选择，将印裔穆斯林置于一种尴尬的两难境地。

　　最后，该书在序言中坦言之所以委请泰特先生来承担这部专著的撰写任务，主要是考虑到泰特先生作为第三方人士，以一个"旁观者"的身份来完成此项写作重任，以确保著作中的立场和言论的客观公正。但就笔者看来，作者在对某些章节上的分析还是有失客观。如在本书的第一部分，由于涉及马来西亚的殖民时期，其时泰特先生曾作为大英帝国的一名殖民官员供职于马来亚，扮演的是殖民统治者的角色，其对印度移民殖民时代殖民统治者"分而治之"的殖民政策的交代，殖民者对外来劳工的种种剥削，特别是种植园里的劳工阶层的境遇和受到的不公正的待遇着墨不多，轻描淡写，难免有失客观公正之嫌。

　　总而言之，上述的不足之处都无损这部著作的学术价值。我们对已故泰特先生为这部专著在晚年所倾注的心血和付诸的努力表示由衷的钦佩，也对他孜孜不倦地投身马来西亚的教育事业、教书育人的奉献热忱表示由衷的赞赏。

参考文献

一 中文文献

（一）专著、编著

1. ［英］理查德·温斯泰德：《马来亚史》，姚梓良译，商务印书馆1974年版。

2. ［英］D. G. E. 霍尔：《东南亚史》（上下册），中山大学东南亚历史研究所译，商务印书馆1982年版。

3. ［新西兰］尼古拉斯·塔林等：《剑桥东南亚史》（上下册），王士录等译，云南人民出版社2003年版。

4. ［美］芭芭拉·沃森·安达娅、伦纳德·安达娅：《马来西亚史》，黄秋迪译，中国大百科全书出版社2010年版。

5. ［苏］邦达列夫斯基：《第二次大战后马来西亚民族解放斗争》，世界知识出版社1950年版。

6. ［马］王国璋：《马来西亚的族群政党政治（1955—1995）》，唐山出版社1997年版。

7. ［马］吴清德：《马来西亚的种族政治》，远东出版社（马来西亚）1989年版。

8. ［马］谢诗坚：《马来西亚华人政治思潮之演变》，友达企业有限公司1984年版。

9. ［马］柯迦逊主编：《马来西亚少数民族母语教育》，黄进发等译，董总教育中心2003年版。

10. ［马］郑良树：《马来西亚华文教育发展史》（第三分册），马来西亚华校教师总会 1999 年版。

11.　［马］张文光：《三角关系——大马宗教自由法律浅析》，吉隆坡马
　　　来西亚雪兰莪中华大会堂 1990 年版。

12.　［马］林水檺、何启良、何国忠、赖观福合编：《马来西亚华人史
　　　新编（第二册）》，吉隆坡马来西亚中华大会堂总会 1998 年版。

13.　［日］李国卿：《华侨资本的形成和发展》，福建人民出版社 1984
　　　年版。

14.　姜永仁、傅增有等：《东南亚宗教与社会》，国际文化出版公司
　　　2012 年版。

15.　马戎：《民族社会学：社会学的族群关系研究》，北京大学出版社
　　　2004 年版。

16.　古小松主编：《东南亚民族》，广西民族出版社 2006 年版。

17.　王民同主编：《东南亚史纲》，云南大学出版社 1994 年版。

18.　朱振明主编：《当代马来西亚》，四川人民出版社 1995 年版。

19.　梁英明等：《古代东南亚历史与文化研究》，昆仑出版社 2006 年版。

20.　梁志明：《殖民主义史：东南亚卷》，北京大学出版社 1999 年版。

21.　梁英明、梁志明等：《东南亚近现代史》，昆仑出版社 2005 年版。

22.　贾海涛、石沧金：《海外印度人与华人国际影响力比较研究》，山东
　　　人民出版社 2007 年版。

23.　林承节：《印度史》，人民出版社 2004 年版。

24.　林承节主编：《殖民主义史：南亚卷》，北京大学出版社 1999 年版。

25.　林承节：《殖民统治时期的印度史》，北京大学出版社 2004 年版。

26.　赵世洵：《马来亚建国史》，星洲世界书局有限公司 1968 年版。

27.　陈晓律等：《马来西亚——多元文化中的民主与权威》，四川人民出
　　　版社 2000 年版。

28.　廖小健：《世纪之交马来西亚》，世界知识出版社 2002 年版。

29.　张海洋：《中国的多元文化与中国人的认同》，民族出版社 2006
　　　年版。

30.　韦红：《东南亚五国民族问题研究》，民族出版社 2003 年版。

31.　贺圣达：《东南亚文化发展史》，云南人民出版社 1996 年版。

32.　萧新煌主编：《东南亚之变貌》，台北"中央研究院"东南亚区域

研究计划 2000 年。

33. 叶玉贤：《语言政策与教育——马来西亚与新加坡之比较》，台北前卫出版社 2002 年版。

34. 钟海清、王喜娟编译：《马来西亚高等教育政策法规》，广西师范大学出版社 2012 年版。

35. 孙振玉：《马来西亚的马来人与华人及其关系研究》，甘肃民族出版社 2008 年版。

36. 林勇：《马来西亚华人与马来人经济地位变化比较研究》，厦门大学出版社 2008 年版。

37. 林远辉、张应龙：《新加坡马来西亚华侨史》，广东高等教育出版社 2008 年版。

38. 白玉国：《马来西亚华人佛教信仰研究》，巴蜀书社出版社 2008 年版。

39. 黄露夏编：《马来西亚华人华侨编年史》，福建人民出版社 2004 年版。

40. 韩方明：《华人与马来西亚现代化进程》，商务印书馆 2002 年版。

（二）期刊、报刊论文

1. 李绍明：《种族和民族》，载《中国民族》1982 年第 12 期。

2. 李红杰：《论民族概念的政治属性——从欧洲委员会的相关文件看"民族"与"族群"》，载《民族研究》2002 年第 4 期。

3. 徐杰舜：《论族群与民族》，载《民族研究》2002 年第 1 期。

4. 李一平：《试论伊斯兰教在东南亚岛屿地区的传播》，载《南洋问题研究》2005 年第 2 期。

5. 李一平：《试论马来西亚华人与马来人的民族关系》，载《世界历史》2003 年第 5 期。

6. 邹启宇：《伊斯兰教在东南亚》，载《亚非》丛刊 1982 年第 1 期。

7. 杨瑛：《英国奴隶贸易的兴衰》，载《河北大学学报》（哲学社会科学版）1985 年第 2 期。

8. 石沧金：《简析日据时期马来亚印度人的独立运动》，载《东南亚研究》2010 年第 3 期。

9. 石沧金：《马来西亚印度人的政治参与简析》，载《世界民族》2009
　　年第 2 期。

10. 石沧金：《二战时期马来亚华人与印度人政治活动的比较分析》，载
　　《南洋问题研究》2011 年第 3 期。

11. 石沧金、潘浪：《二战前英属马来亚印度人的政治生活简析》，载
　　《世界民族》2010 年第 3 期。

12. 石沧金：《二战前英属马来亚印度劳工的政治生活简析》，载《南洋
　　问题研究》2009 年第 4 期。

13. 许斯能：《圆桌会议——被遗忘的历史片段》，载《南洋商报》1993
　　年 3 月 6 日。

14. 吴志生：《评马来西亚的"新经济政策"》，载《亚太经济》1988 年
　　第 2 期。

15. 王士录：《东南亚印度人概论》，载《东南亚研究》1988 年第 3 期。

16. 梁英明：《马来西亚种族政治下的华人与印度人》，载《华人华侨历
　　史研究》1992 年第 1 期。

17. 卢晓中：《试论马来西亚的教育一体化》，载《外国教育研究》
　　1995 年第 3 期。

18. 张禹东：《马来西亚的"伊斯兰化"运动对华人及其宗教文化的影
　　响》，载《华人华侨历史研究》1996 年第 4 期。

19. 王希恩：《民族认同与民族意识》，载《民族研究》1995 年第 6 期。

20. 梁海宏：《宗教认同结构变迁与宗教活动的工具理性倾向》，载《社
　　会学》1998 年第 2 期。

21. 罗圣荣：《马来西亚印度人的处境——兼谈马来西亚的不平等民族
　　政策》，载《世界民族》2009 年第 2 期。

22. 罗圣荣：《马来西亚的族群边界与少数族群的认同——以印度人穆
　　斯林为例》，载《南洋问题研究》2014 年第 1 期。

23. 罗圣荣：《评〈马来西亚印度人的历史、问题及其未来〉》，载《南
　　洋问题研究》2011 年第 2 期。

24. 罗圣荣：《马来西亚印度人的由来及其困境研究》，载《东南亚研
　　究》2008 年第 4 期。

25. 罗圣荣：《英属时期印度人移民马来亚的原因及其影响研究》，载

《东南亚研究》2012 年第 3 期。

26. 罗圣荣、汪爱平:《英国殖民统治前的马来亚印度人》,载《东南亚纵横》2009 年第 3 期。

27. 罗圣荣、汪爱平:《英殖民统治时期马来亚的印度人移民》,载《南洋问题研究》2009 年第 1 期。

28. 罗圣荣、赵鹏:《1957—1980 年的马来西亚民族关系》,载《东南亚纵横》2008 年第 3 期。

29. 柯玉萍、刘军:《浅析印度文化与古代马来亚》,载《思想战线》2013 年第 3 期。

30. 殷民:《东南亚华校发展模式的新思考》,载《侨务工作研究》2004 年第 1 期。

31. 林奋之:《马来西亚华人的新特点》,载《东南亚纵横》2008 年第 3 期。

32. 贾海涛:《承认双重国籍:印度国籍立法的重大变化》,载《河北法学》2005 年第 5 期。

33. 廖小健:《马来西亚马华关系的几个发展阶段》,载《东南亚研究》2003 年第 3 期。

34. 廖小健:《马来西亚民族政党联盟的构建与影响》,载《世界民族》2007 年第 6 期。

35. 孙丽琼:《马来西亚的马来人、华人和印度人》载《黑龙江史志》2014 年第 3 期。

36. 陈建山:《马来西亚华人与印度人的文化认同和政治参与》,载《国际研究参考》2013 年第 7 期。

37. 肖宏飞:《英属马来亚种植园的印度劳工（19 世纪中叶至二战前）》,载《东南亚纵横》2006 年第 3 期。

38. 阮金之:《民主转型环境下的当代马来西亚印度人族群抗争运动》,载《东南亚研究》2010 年第 2 期。

39. 秦云凤、高伟浓:《19、20 世纪到马来亚的中国女性移民》,载《民族译丛》1988 年第 2 期。

40. 许利平、骆永昆:《马来西亚的种族政治与和谐社会的构建》,载《东南亚南亚研究》2014 年第 5 期。

41. 孙振玉：《试析马来西亚构建种族和谐社会之前景》，载《文化多样性与当代世界》会议论文，2006 年 11 月。

42. 姚建国：《协调种族利益确保执政地位——马来西亚巫统的执政理念》，载《当代世界》2005 年第 1 期。

43. 任娜：《马来西亚"新经济政策"下的种族与阶级分野》，载《东南学术》2003 年第 5 期。

44. 许梅：《制约马来西亚华人政党政治发展的种族政治因素》，载《世界民族》2003 年第 1 期。

45. 范若兰：《战后马来西亚种族就业结构比较研究》，载《东南亚纵横》1998 年第 6 期。

46. 拜玉明：《七十年代以来马来西亚各种族间财富转移问题初析》，载《印度支那》1989 年第 3 期。

47. 汪慕恒：《马来西亚种族间经济差距的形成及其性质》，载《南洋问题》1987 年第 4 期。

48. 林马辉、陈家屯：《马来西亚的种族关系和阶级关系（上）》，载《南洋资料译丛》1987 年第 2 期。

49. 林马辉、陈家屯：《马来西亚的种族关系和阶级关系（下）》，载《南洋资料译丛》1987 年第 4 期。

50. 庄礼伟：《从政治形态转型看马来亚种族经济政策的演变——马来亚的一百年：1869—1969》，载《暨南学报》（哲学社会科学）1999 年第 4 期。

51. 曹淑瑶：《马来亚独立前当地华族的民族认同之研究》，载《南洋问题研究》2011 年第 1 期。

52. 叶嘉薇：《马来西亚的原住民与民族政策》，载《共识》2012 年第 7 期。

53. 齐顺利：《政治整合视域下的马来西亚民族建构研究》，载《国际论坛》2012 年第 4 期。

54. 房建军：《马来西亚语言教育政策规划及对少数民族语言的影响》，载《内蒙古师范大学学报（教育科学版）》2012 年第 2 期。

55. 王焕芝：《文化民族主义与马来西亚华文教育》，载《西南民族大学学报（人文社科版）》2010 年第 5 期。

56. 尹晓娜：《马来西亚争取民族和谐的经验研究》，硕士论文，西北大学，2010年。

57. 汪鲸：《从宗教看东南亚华人与土著民族的族群关系——以菲律宾和马来西亚为例》，载《暨南学报》（哲学社会科学版）2010年第3期。

58. 胡春艳：《民族社会学视角：制度规约下的马来西亚族群关系》，载《世界民族》2009年第5期。

59. 齐顺利：《一个民族，两种想象：马来人与华人关于马来西亚民族建构问题争论之述评》，载《华侨华人历史研究》2010年第5期。

60. 齐顺利：《马来西亚民族建构和马来文化强势地位的形成》，载《河南师范大学学报》（哲学社会科学版）2008年第3期。

61. 徐罗卿：《马来西亚民族政治发展的经验与启示》，载《广西师范大学学报》（哲学社会科学版）2008年第2期。

62. 徐罗卿：《马来西亚民族政治文明建设制度解读》，载《东南亚纵横》2007年第4期。

63. 耿虎、曾少聪：《教育政策与民族问题——以马来西亚华文教育为例》，载《当代亚太》2007年第6期。

64. 曾少聪：《东南亚华人与土著民族的族群关系研究——以菲律宾和马来西亚为例》，载《世界民族》2002年第2期。

65. 陈君、周济申、王岑会：《多民族发展中国家的发展路径选择——浅析1970—1990年马来西亚新经济政策》，载《东南亚纵横》2006年第11期。

66. 蒙文彪：《马来西亚民族统一机构执政经验点滴》，载《党建》2002年第9期。

67. 周聿峨、龙向阳：《马来西亚华族的民族母语教育》，载《世界民族》2002年第3期。

68. 童宁：《族际关系与政治发展：以马来西亚为个案的民族政治学考察》，载《经济与社会发展》2007年第2期。

69. ［新加坡］苏瑞福：《第二次世界大战前马来西亚的印度移民》，周益群译，载《中山大学研究生学刊》1986年第4期。

70. 拉丁·苏那诺：《马来民族主义（1896—1941）》，载《东南亚研究》1960 年第 4 期。

71. 李永梁、J. 马蒂纳、汪毅夫：《马来西亚的经济分工与种族差别（上）》载《南洋资料译丛》1988 年第 4 期。

72. 李永梁、J. 马蒂纳、汪毅夫：《马来西亚的经济分工与种族差别（下）》载《南洋资料译丛》1988 年第 6 期。

73. M. G. G. 皮莱：《化干戈为玉帛——马来西亚新的种族政策为其经济腾飞奠定了基础》，载《经济世界》1996 年第 6 期。

74. 约翰·沙拉瓦纳姆都、罗国华、赵银亮：《马来西亚的政治文化——多种族社会的竞争性发展主义》，载《复旦政治学评论》2010 年第 5 期。

75. 威森·梅雷迪斯·利、王振伟：《烈火莫熄运动将何去何从——马来西亚种族和变化中的政治规则（上）》，载《南洋资料译丛》2014 年第 1 期。

76. 威森·梅雷迪斯·利、王振伟：《烈火莫熄运动将何去何从——马来西亚种族和变化中的政治规则（下）》，载《南洋资料译丛》2014 年第 2 期。

77. B. N. 詹：《马来西亚的阶级斗争和种族冲突》，钱文宝译，载《南洋资料译丛》1976 年第 4 期。

78. 雷蒙德·L. M. 李：《归属之两难：马来西亚华印混血人的边缘性》，载《世界民族》1993 年第 3 期。

79. ［日］田川一巳，曾仁寿：《十九世纪马来亚华人契约移民的特点》，载《南洋资料译丛》1985 年第 4 期。

80. ［日］岸胁诚：《独立出气马来西亚的经济开发与国民统一》，载《南洋资料译丛》2005 年第 1 期。

81. ［日］西口清胜：《当代马来西亚的种族对立与收入分配结构》，载《南洋资料译丛》1987 年第 4 期。

82. ［马］洪丽芬：《马来西亚印度人社群研究——以印度人社群语言状况为例》，载《南洋问题研究》2011 年第 4 期。

83. ［马］陈美萍：《寻找马华文化》，载《人文杂志》2000 年第 1 期。

84. ［马］陈中和：《马来西亚印度族群边缘化的根源在哪里？一个宪政体制的分析观点》，载《视角》2007 年第 12 期。

85. ［马］周泽南：《弱势族群与文化屠杀：淡文教育、贫穷与不平等》，载《当今大马》2007 年 12 月 18 日。

86. ［美］E. H. 雅谷比：《马来亚的土地危机》，载《南洋资料译丛》1962 年第 3 期。

（三）网络文献

1. 蔡源林：《马来西亚伊斯兰教化的历史根源》（http：//www. islambook. net/xueshu/list. asp? id = 3089 2002 – 11 – 10）。

2. 马来西亚印度人国大党（http：//baike. baidu. com/view/253698. htm，2008 – 07 – 18）。

3. ［马］陈中和：《马来西亚印度族群边缘化的根源在哪里？一个宪政体制的分析观点》，载《视角》2007 年第 12 期（http：//www. maghorizon）。

4. 东方日报：《固打分配重量不重质，新经济政策削弱竞争力》（http：//cn. keadilanrakyat. org/content/view/623/39/2007 – 2 – 10）。

5. 东古·拉赫曼：《五一三前后》（http：//www. bpguide. org/article/2007/1017/article_ 97. html）。

6. ［马］陈慧思：《马来人原住民同归类土著平均收入数字说真话了吗？》（http：//www. merdekareview. com/news. php? n = 55912007/12/18）。

7. ［马］陈慧思：《失落印记系列（三）》（http：//www. merdekareview. com/news. php? n = 5598）。

8. 独立新闻在线：《李光耀说的没错，印裔也遭边缘化》（http：//www. merdekareview. com/news. php? n = 2629，2006 – 09 – 06）。

9. 马来西亚华文教育独中讯息网（http：//www. djz. edu. my/campus/duzhong. php）。

10. 张秀明：《马来西亚华人和印度人认同的比较分析》，中国侨网（http：//www. chinaqw. com/node2/node116/node119/node162/node470/user object6ai29659. html，2001 – 12 – 28）。

11. ［马］陈祖排：《大马种族关系概况》（http：//myedu. hibiscusrealm. net/index. php? option = com _ content&task = view&id =

80&Itemid = 39）。

12. 南洋社论：《印裔族群社会问题严峻》（http：//wengsan. blogspot. com/2007/12/blog-post. html，2007 – 11 – 30）。

13. 华声报：《马来西亚大学内马来人华人印度人分化严重》（http：// news. sina. com. cn/world/1999 – 10 – 13/21348. html/1999 – 10 – 13）。

14. 马来西亚独中联合论坛：《国庆日话题：华人应该爱马来西亚吗?》（http：//huawen. info/thread – 11727 – 1 – 1. html/2007 – 8 – 31）。

15. ［马］邝其芳：《教育报告书与教育法令》，（马来西亚）董教总网（http：//www. djz. edu. my/，2006 – 10 – 28）。

16. 《马来西亚宪法》第 153 条 Constitution of Malaysia（http：//www1. umn. edu/humanrts/research/malaysia-constitution. pdf）。

17. 《马来西亚宪法》第 160 条，Constitution of Malaysia（http：//www1. umn. edu/humanrts/research/malaysia-constitution. pdf）。

18. 《兴都权益大集会的真正英雄：三万名争权益不畏惧的群众》，载大马新闻网（http：//www. malaysiakini. com/news/75323）。

19. 潘永强：《国家与公民社会之外》，载《视角》2007 年第 11 期（http：//www. mag-horizon）。

二　英文文献

（一）专著、编著

1. Sandhu, Kernial Singh, *Indians in Malaya*：*Some Aspects of their Immigration and Settlement（1786 – 1957）*, London：Cambridge U. P. 1969.

2. Richard Winstedt, *The Malays*：*A Cultural Story*（Revised Edition）, Singapore：G. Brash, 1981.

3. Snodgrass, Donald R. , *Inequality and Economic Development in Malaysia*, Kuala Lumpur：Oxford University Press, 1980.

4. Vidhu Verma, *Malaysia*：*State and Civil Society in Transition*, Boulder, Colo：Lynne Rienner, 2002.

5. Stenson Michael, *Class*, *Race and Colonialism in West Malaysia*: *The Indian Case*, Vancouver: University of British Columbia Press, 1980.

6. Bremmer, *Report of Governor Balthasar Bort on Malacca*, *1678*, JMBRAS, 1927.

7. Arasaratnam, Sinnappah, *Indians in Malaysia and Singapore* (Revised Edition) . Bombay: Oxford University Press, 1979.

8. T. J. Newbold, *Political and Statistical Account of the British Settlements in the Straits of Malacca*, London: Oxford University Press, 1839.

9. Rajakrishnan Ramasamy, *Caste Consciousness among Indian Tamils in Malaysia*, Malaysia: Pelanduk Publications, 1984.

10. Rajeswary Ampalavanar, *The Indian Minority and Political Change in Malaya*, *1945 – 1957*, Kuala Lumpur: Oxford University Press, 1981.

11. Barbara Watson Andaya and Leonard Y. Andaya, *A History of Malaysia*, New York: St. Martin's Press, 1982.

12. Tinker, Hugh, *A New System of Slavery*: *The Export of Indian Labour Overseas*, *1830 – 1920*, London: Oxford University Press, 1974.

13. J. Geoghegan, *Note on Emigration from India*, Calcutta: Government Press, 1873.

14. Virginia Thompson and Richard Adloff, *Minority Problems in Southeast Asia*, Stanford: Stanford University Press, 1955.

15. J. Norman Parmer, *Colonial Labor Policy and Administration*: *A History of Labor in the Rubber Plantation Industry in Malaya*, 1910 – 1941, London: Cambridge University Press, 1960.

16. Jackson K. M. , *Immigration Labour and the Government of Labour*, *1786 – 1920*: A Historical Monograph, Kuala Lumpur: Government Press, 1961 .

17. Thompson, *Labour Problems in South-east Asia*, New Haven: Yale University Press, 1947.

18. Loh Fook Seng, *Seeds of Separatism*: *Educational Policy in Malaya 1874 – 1940*, Kuala Lumpur: Oxford University Press, 1975.

19. Bose, Subhas Chandra, *The Indian Struggle 1920 – 1942*, New York:

Asia Publishing House, 1964.

20. Ghosh K. K. , *The Indian National Army: Second Front of the Indian Independence Movement*, Meerut: Meenakshi Prakashan, 1969.

21. Hua Wu Yin, *Class and Communalism in Malaysia: Politics in a Dependent Capitalist State*, London: Zed Books & Marram Books, 1983.

22. John Michael Gullick, *Malaysia: Economic Expansion and National Unity*, London: Westview Press, 1981.

23. I. J. Bahadur Singh, *Indians in Southeast Asia* (ed), New Delhi: Sterling Publishers Private Limited, 1982.

24. Theodore Gabriel, *Hindu and Muslim Inter-Religious Relation in Malaysia*, Lewiston, N. Y. : Edwin Mellen Press, 2000.

25. Hussin Mutalib, *Islam and Ethnicity in Malay Politics*, Singapore: Oxford University Press, 1990.

26. Wan Hashim, *Race relations in Malaysia*, Kuala Lumpur: Heinemann Educational Books (Asia), 1983.

（二）期刊、报刊论文

1. Rajakrishnan Ramasamy, "Caste Consciousness among the Indian Tamils: A Case Study of Four Rural and Urban Settlements" (M. A. thesis), *Malayxia: University of Malaya*, 1979.

2. Khoo Kay Kim, "Malay Attitudes towards Indians", K. S. Sandhu& A. Mani (eds), Indians Communities In Southeast Asia. Singapore: *Times Academic Press and Institute of Southeast Asian Studies*, 1993.

3. V. Suryanarayan, "Indians in Malaysia" . Singh, Bahadur. I. J. Indians in South East Asia, New Delhi: *Sterling Publishers Pvt Ltd.* , 1982.

4. Yang, Anand A, "Indian Convict Workers in Southeast Asia in the Late Eighteenth and Early Nineteenth Centuries", University of Hawai'i Press: *Journal of World History*, Vol. 14, No. 2, June 2003.

5. F. M. S, "Annual Report of the Labour Department", 1913 – 1940.

6. "Report of the Committee on Emigration from India to the Crown Colonies and Protectorates Sessional Papers", *House of Commons*, Cmd 5192, 1910.

7 "Annual Report of the Agent of the Government ofIndia in British Malaya", ARAGIBM, 1926: 8.

8. K. S. Sandhu & A. Mani, "Indian communities in Southeast Asia" (ed). *Times Academic Press and Institute of Southeast Asian Studies*, 1993.

9. F. M. S, "Proceeding of the Federal Counil", 1932, 1933, 1936.

10. Nadarjah, "The Nattu Kottai Chettiar Community and Southeast Asia", in Proceedings of the First Internationa Conference on Tamil Studies, *International Association of Tamil Research*, Vol. 1, 1968.

11. V. Suryanarayan, "Indians in Malaysia: The Neglected Minority", I. J. Bahadur Singh, "Indians in Southeast Asia" (ed), New Delhi: *India International Center*, 1982.

12. D. W. Devaraja, "A Federation of Indian Associations in Malaya", *The Selangor Indian*. Vol. I, No. 2, April 1932.

13. Chandra Muzaffar, "Political Marginalization in Malaysia", K. S. Sandhu & A. Mani, "Indian communities in Southeast Asia" (ed). *Times Academic Press and Institute of Southeast Asian Studies*, 1993.

14. Sidhu, ACP Amar Singh (2005), "The Rise of Crime in Malaysia: An academic and statistical analysis", *Journal of the Kuala Lumpur Royal Malaysia Police College*, 4: 2754.

15. Malaysia, "Mid Term Review of the Eighth Malaysia Plan 2001 – 2005", Kuala Lumpur: *Percetakan Nasional Malaysia Bhd*, 2003.

16. Malaysia, "Third Malaysia Plan, 1981 – 1985", Kuala Lumpur: *Percetakan Nasional Malaysia Bhd*, 1981.

17. Malaysia, "Eighth Malaysia Plan 2001 – 2005", Kuala Lumpur: *Percetakan Nasional Malaysia Bhd*, 2001 (b).

18. Department of Statistics Malaysia, "Handbook of Rubber Statistics, 1985", *Monthly Rubber Statistics*.

19. Malaysia, "Sixth Malaysia Plan 1991 – 1995", Kuala Lumpur: *National Printing Department*, 1991 (b).

20. R. Rajoo, "Indians in Peninsular Malaysia: Communalism and Factionalism", I. J. Bahadur Singh, "Indians in Southeast Asia" (ed), New Delhi:

India International Center, 1982.

21. Khoo Kay Kim, "Malay Attitudes towards Indians", K. S. Sandhu & A. Mani, "Indian communities in Southeast Asia" (ed) . *Times Academic Press and Institute of Southeast Asian Studies*, 1993.

22. Jan Starkjan, "Indian Muslims inMalaysia: Images of Shifting Identities in the Multi-ethnic State" . *Journal of Muslim Minority Affairs*, Vol. 26, No. 3, December 2006.

23. "Midterm Review of Sixth Malaysia Plan, 1991 – 1995", Table 3 – 5; *Seventh Malaysia Plan*, 1996 – 2000.

（三）网络文献

1. S. B. Sivananthan, "Community Centers for the Empowerment of Indian Women in Malaysia: Report on the Survey conducted to identify locations for establishing Community Centres" (http: //www. fnfmalaysia. org/article/cc_ center_ survey_ report_ 1st_ phase. pdf) .

2. Loren. S. Ryter, A History of Race Relations in Malaysia (http: // www. huaren. org/diaspora/asia/malaysia/racehis. html) .

3. Gregg Huff and Giovanni Caggiano, Migration and Elastic Labour in Economic Development: Southeast Asia before World War II. (http: // www. gla. ac. uk/media/media_ 21791_ en. pdf) .

4. Adapa Satyanarayana, "Birds of Passage; Migration of South Indian Labour Communities to South-East Asia; 19 – 20th Centuries, A. D" (http: //www. iisg. nl/ ~ clara/publicat/clara11. pdf) .

5. Ranjan Borra, Subhas Chandra Bose, The Indian National Army, and The War of India's Liberation (http: //www. ihr. org/jhr/v03/v03p407_ Borra. html) .

6. Dr. Chandrashekar Bhat, "India and the Indian Diaspora: A Policy Issues", (in http: //www. uohyd. ernet. in/sss/cinddiaspora/occ4. html

7. The Case of low Income Malaysia Indians (http: //www. cpps. org. my/downloads/F_ % 20Low_ Income_ Malaysian_ Indians. pdf) .

8. Waytha Moorthy Ponnusamy (Chairman, HINDRAF, Malaysia), Malay-

sian Indian Minority and Human Rights Violations Annual Report 2008. Presented at India during Gopio and Pravasi Summit 2009 （http： // makkal. org/files/mimhrvar2008. pdf） .

9. K. Laxmi Narayan, Indian Dispora： A Demographic Perspective （http： / www. uohyd. ernet. in/sss/cinddiaspora/occ3. html） .

10. Viknesh Jayapalen, A transition from glorious Hindu Malay Kingdoms to crumbling Hindu temples： The past and present of Hinduism in Malaysia （http： //www. idazuwaika. com/articles/vik002. pdf/8 January 2007） .

11. K. Arumugam. 2002. Tamil Schools： The Cinderella of Malaysia Education （http： //www. Malaysia. net/aliran/monthly/2002/5f. html） .

12. Dilip Lahiri, Malaysian Indian Community： Victim of "Bumiputera" Policy （http： //www. observerindia. com/cms/export/orfonline/mod-ules/issuebrief/attachments/malaysia_ 1203067850658. pdf） .

表格索引

表 1—1　马来语中的梵文借词（部分）……………………………………（30）

表 1—2　马来语中的印地文借词（部分）…………………………………（31）

表 1—3　印度契约移民马来亚人数（1880—1910）………………………（50）

表 1—4　1904—1907 年契约制度与坎加奈制度招募人数对比………（53）

表 1—5　坎加奈制度招募移民人数表……………………………………（54）

表 1—6　印度资助移民人数表（1908—1939）……………………………（56）

表 1—7　印度自由移民人数表（1880—1939）……………………………（58）

表 1—8　1794—1871 年槟榔屿、马六甲及新加坡三地的印度人增长
　　　　情况表 ……………………………………………………………（61）

表 1—9　1900—1938 年马来亚橡胶园与印度人人口对比表………（62）

表 1—10　1891—1965 年马来（西）亚三大族群人口增长、
　　　　　构成比例 ………………………………………………………（65）

表 2—1　1921—1957 年马来亚印度人的族群构成………………………（69）

表 2—2　印度人主要职业分布：1911—1957 年 …………………………（71）

表 2—3　1911—1923 年海峡殖民地劳工死亡率 ………………………（85）

表 2—4　1921—1957 年马来亚印度人土生人口在总人口中所占
　　　　比例的变化 …………………………………………………（117）

表 3—1　马来西亚内阁部长三大族群席位分配表 …………………（140）

表 3—2　1970—2004 年马来西亚三大族群股份权对比 …………（143）

表 3—3　西马来西亚三大族群的平均家庭收入对比
　　　　（1970—1979）………………………………………………（143）

表 3—4　印度人在马来半岛城市和乡村的分布 …………………（146）

表 3—5　1972—2005 年马来西亚各语文源流小学发展拨款 …… （157）

表 3—6　1970 年和 1980 年西马各族别高等学府毕业生统计　… （159）

表 4—1　马来西亚各族群人口统计………………………………（176）

表 4—2　马来西亚各族群城市化的比较………………………… （177）

表 4—3　马来西亚各族群家庭平均月收入(1970—2004 年) …… （180）

表 4—4　马来西亚各族群贫困率(1970—2004 年) ……………… （180）

表 4—5　西马华人籍贯组合………………………………………（183）

后　记

本书是在我的博士论文的基础上修改而成的。我于 2009 年通过了博士论文答辩。但此后一直忙于工作及家庭琐事，无暇顾及论文的修改。五年后的今天，将修改完毕的书稿交给出版社时，心中有股难以言喻的轻松。忽然想起自己的求学之路，心中感慨万千。

1991 年我考入江西泰和师范学校，毕业后在江西老家的一所偏僻的农村小学当了三年老师。至今还记得当年那些学生的模样是多么纯真、稚嫩。在小学工作的第三年，我获得了一个进修大专的机会，并顺利拿到了期盼已久的报考名额。经过考试，2007 年 6 月，我很幸运地被江西教育学院录取。虽然进修学院算不上严格意义上的"大学"，但两年的进修时间却让我真切地感知到了外部的世界，也帮我圆了一直以来的"大学"梦。在进修完专科后，基于某些原因，我不得不放弃备考本科的机会，但我从原来的小学调到了中学继续任教。

幸运的是，2002 年我第一次参加全国硕士研究生入学考试，就被云南民族大学人文学院历史系录取了，成为一名真正的硕士研究生，这是我人生中的一大转折点。

在云南民族大学攻读硕士学位的时候，有幸认识了为我们上课的外聘学者、东南亚研究资深专家、云南大学人文学院历史系的何平教授，即我的博士生导师。我被何平教授博大精深的学识所深深吸引，同时也对研究东南亚地区的各种问题产生了浓厚的兴趣。我很感激何平教授给了我报考博士的机会。我至今仍然记得何平教授鼓励我的那句话，"我相信任何人都是可造之才"这句话给了我莫大的信心。2005 年，我顺利考取云南大学何平教授的博士研究生。

这篇博士论文从选题到写作，再到今天的修订出版，都饱含着恩师的心血，何平教授在视力严重下降的情况下，通读全文，并欣然为我作序，在此向恩师何平教授表示由衷的感谢！同时，也要感谢云南大学国际关系研究院的各位领导和老师这些年对我无私的关心和帮助。还要感谢马来西亚华社研究中心的潘永强博士及马来西亚新纪元学院马来西亚族群研究中心的何启才博士给予的指导和帮助。此外，特别感谢云南大学国际关系研究院前任院长刘稚教授，是她的提拔才让我有幸留在母校工作至今。

在这里，我还要感谢我的家人，正是他们的关怀和鼓励，让我时刻能够感觉到亲情的温馨，给了我无穷的信心和力量。在论文的撰写过程中，远在新加坡的堂姐罗兰女士，不辞辛劳地为我复印了大量珍贵的资料，在这里我也要向她表示最诚挚的谢意！

从1994年到2009年，我坚持了15年终于拿到博士学位，一路走来，实属不易，真的很感谢我人生中遇到的那些挑战。如果没有这些艰难曲折，就无法锻造出我坚韧不屈的性格，促使我一路从不轻言放弃，直至今天。

记得我在撰写博士论文时，有关东南亚（马来西亚）印度人的论文总共不超过3篇。时至今日，关于对东南亚（马来西亚）印度人的专题研究成果已大约有20篇，且研究视角丰富独特。尽管目前的研究多集中在对马来西亚印度人的专题研究，但我相信，随着越来越多的学者关注这个东南亚的第二大移民群体，未来的研究一定会更加丰富和深入。这与我当时选择这个选题的初衷——希望借此进一步推动国内对东南亚（印度人）移民社会的研究的目的是一致的。

由于论文的修改工作匆忙，加之本人学识有限，书中难免存在疏漏，概由本人负责。本书参考的前期研究成果和各种相关资料繁多，由于时间关系和本人的疏忽，对于一些未能说明或标明引用的参考资料，在此一并向有关学者致歉，并致以最诚挚的谢意！

本书的出版得到了云南大学国际关系研究院院长吴磊教授，云南大学社科处副处长、云南大学缅甸研究中心主任李晨阳教授，云南大学国际关系研究院东南亚所所长卢光盛教授等人的关心和支持。尤其得到了中国社会科学出版社在本书出版工作上的大力支持，在此特向他们耐心细致的校订、指导和服务工作表示感谢！

"路漫漫其修远兮，吾将上下而求索！"

罗圣荣

2014 年 8 月 31 日于昆明